Diogenes Taschenbuch 23882

detebe

Das Egon Friedell Lesebuch

Herausgegeben von Heribert Illig

Diogenes

Die Erstausgabe erschien 1988
im Verlag C.H. Beck, München,
herausgegeben von Heribert Illig
Umschlagillustration von
Félix Vallotton

Veröffentlicht als Diogenes Taschenbuch, 2009

www.diogenes.ch
30/09/36/1
ISBN 978 3 257 23882 2

Inhalt

Mit * sind im Text die Überschriften versehen, die vom Herausgeber formuliert wurden. Zusätze des Herausgebers in den Texten stehen in eckigen Klammern.

Wenn ich auf einem Berg stehe und von dort aus einen entlegenen Punkt fixiere, so sagen die Resultate meiner Beobachtung von diesem Punkt nicht übermäßig viel aus, wohl aber sehr viel von meiner Sehkraft, der Art meines Standortes, der Atmosphäre, die mich umgibt. Mit anderen Worten: Psychologie ist die Wissenschaft von der Seele – dessen, der sie betreibt.

SB 35 (1915)

Lebe unernst

Es steht nicht in unserer Macht, Irrtümer »abzulegen«, wie man Kleider ablegt, weil einem andere besser gefallen; sondern erst, wenn wir unsere Irrtümer nicht mehr brauchen, wenn sie wirklich »aufgetragen« sind, erst dann entsteht in uns die Kraft, sie abzulegen. EP 90 (1912)

Vorurteile

Unser Leben zerfällt nämlich in zwei Hälften, und jede dieser Lebenshälften hat eine besondere Aufgabe. In der ersten Lebenshälfte werden uns von allerlei fremden Menschen eine Menge von Ansichten, Urteilen und Meinungen mitgeteilt, und wir haben die Aufgabe, diese Ansichten auswendig zu lernen; in unserer zweiten Lebenshälfte haben wir die Aufgabe, diese Ansichten teils zu vergessen, teils durch ihr Gegenteil zu ersetzen.

Der zweite Teil des Pensums ist natürlich viel schwieriger. Einem Urteil zustimmen und sich dabei denken: »Der andere wird's schon wissen« – das ist leicht. Aber sich gegen eine allgemein verbreitete Ansicht stemmen und sagen: »Wieso? Ich halte es für Quatsch. Ich kann in meiner gesamten bisherigen Lebenserfahrung nichts finden, was diesen Grundsatz bestätigt« – das ist nicht ebensoleicht und endet meist mit irgendeiner Entlassung.

In der Tat kommen die wenigsten Menschen so weit, um

auch nur zu ahnen, daß das, was sie von ihren Lehrern und Erziehern übernommen haben, ihnen gar nicht gehört. Wenn ein Gegenstand eine gewisse Zeit lang in meinem Besitz ist und niemand dieses Besitzrecht bestreitet, so geht dieser Gegenstand schließlich auch juristisch in mein Eigentum über. So ist es mit den Meinungen, die wir aus der Schule mitnehmen: niemand bestreitet, daß wir ein Recht auf sie haben, und so behalten wir sie denn, um so mehr, als sie sich als sehr bequeme und nützliche Gebrauchsgegenstände erweisen.

Zum Beispiel: unsere Klassiker. Wir haben sie auf der Schule gelesen, und nun sagen wir unser ganzes Leben lang: Wir kennen die Klassiker. Aber wir haben die interessantesten und persönlichsten Werke der Klassiker gar nicht und die übrigen unter falschen Gesichtspunkten gelesen. Trotzdem sagen wir unser ganzes Leben lang, wenn das Thema auf Goethe oder Schiller kommt, mit Eifer und Überzeugung: »Ja, unsere Klassiker! Das waren noch Kerle!«, und denken uns darüber dasselbe wie die übrigen Menschen, nämlich nichts.

Eine zweite Sache, die lediglich auf Überlieferung und Anpassung beruht, ist die allgemein verbreitete Reisewut. Alle Welt reist oder will doch wenigstens reisen; warum sollten nicht auch wir es tun? Und wir bringen uns in eine künstliche Begeisterung für fremde Völker und Länder. Nun, es ist ja gewiß nicht daran zu zweifeln, daß für manche Menschen das Reisen einen großen Nutzen hat, ja daß es sogar ihr eigentliches Lebenselement ist: Menschen, deren geistiger und physischer Organismus für das Reisen geschaffen ist, wie es ja auch Zugvögel gibt, denen die Winterreise nach dem Süden ein großes Vergnügen bereitet. Das ist aber doch wohl nur die Minorität. Im allgemeinen wird man der Ansicht zuneigen müssen: der Hauptinhalt des Reisens ist Ruß, Staub, Wanzen, freche Kellner, grobe Mitpassagiere, unverschämte Hotelrechnungen und Magenkatarrh. Nachdem eine Reihe edler und heldenhafter Pioniere die Strapazen des Reisens für uns übernommen und ihre Beobachtungen und Erfahrungen in vortrefflichen Bildern und Beschreibungen niedergelegt hat, wäre es eine sinnlose Kraftvergeudung, wenn wir alle diese Strapazen wiederholen wollten, da wir doch die Sachen jetzt ohne alle Anstrengung und ohne jeden Ärger genießen können. Wenn ich zu Hause bleibe, so habe ich drei Dinge, die mir keine Reise bieten kann: vollständige Ruhe und Ungestörtheit, meinen Lehnstuhl, der sich meinen Formen bereits liebevoll angepaßt hat, und meine Phantasie. Meine Phantasie habe ich nämlich auf Reisen gewiß nicht; denn das Auge wird so stark beschäftigt und mit äußeren Eindrücken überladen, daß das innere Gesicht gar nichts zu tun bekommt. Die meisten Menschen reisen, weil es so Mode ist und weil sie ein neues ergiebiges Gesprächsthema haben wollen; denn aus sich selber können sie keines holen. Auch hat man ihnen immer gesagt: Reisen bildet, Reisen erweitert den Gesichtskreis, und wenn es so viele Menschen sagen, so wird es wohl auch wahr sein. Dann aber müßten jene reichen Leute, die niemals zu Hause sind, sondern immer nur dort, wo die »Saison« ist, die gebildetsten Menschen sein. Aber gerade diese sind die ungebildetsten. Andererseits hat man noch selten beobachtet, daß die Bildung eines wirklich bildungsfähigen Menschen unter dem Mangel an Reiseeindrücken gelitten hätte. Kant, der nie über den Umkreis seiner Vaterstadt hinausgekommen war, wußte nicht nur mehr von der Welt und ihren Bedingungen als alle Weltumsegler, er las auch Kollegien über Geographie, die den größten Zulauf hatten. Als er einmal das Straßenbild Londons entwarf, gab er eine so genaue und anschauliche Schilderung der Westminsterbrücke, daß ihn nach dem Kolleg ein Engländer fragte, wie viele Jahre er in London gelebt habe. Und in der Tat: wir tragen alle Landschaftsbilder der Welt in uns. Wir kennen Bombay, Johannesburg, San Francisco. Wollte man die Sache ein wenig mystisch erklären, so könnte man sagen: irgendeiner unserer Vorfahren hat einmal die Welt gesehen, und seine Eindrucksfülle hat sich auf uns vererbt. Aber wir brauchen gar nicht so weit zu gehen. Wir sehen im Laufe unseres Lebens Tausende von Bildern und lesen Hunderte von Reisebeschreibungen. Das übrige tut die Phantasie. Ja, unsere Phantasie leistet sogar viel mehr, als unser Auge leisten könnte. Ich ließ mich einmal dazu überreden, eine Reise nach Kairo zu machen. Diese Reise hat mich nicht nur vierzehn Tage der Bequemlichkeit und Zufriedenheit, sondern auch meine Illusionen von der Schönheit des Orients gekostet. Daß ich während der ganzen Reise nicht eine einzige ruhige oder vernünftige Stunde hatte, würde ich noch hingenommen haben; daß man mir aber *dieses* Ägypten vorführte, traf mich sehr schmerzlich. Ich hatte Afrika bisher nur aus Märchen und farbigen Naturschilderungen, aus schönen Bilderbüchern und aus der Oper kennengelernt. Ich hatte die »Afrikanerin« in Dresden und Wien in wundervoller Ausstattung gesehen und war nun sehr deprimiert, als ich bemerken mußte, daß das wirkliche Afrika das nicht bieten konnte: es war Afrika in der Ausstattung des kleinen Provinztheaters. Mit den Palmen war gräßlich geknickert worden. Die Kamele waren abgearbeitet und schäbig. Und *die* Kostüme! Sie waren offenbar aus der letzten Leihanstalt bezogen, und außerdem gänzlich stillos. Zu einem einzigen Elefanten hatte sich die Regie aufgeschwungen, und der war ein Geschenk der Menagerie Schönbrunn. Der Gorilla der Stadt aber war drei Wochen vor meiner Ankunft gestorben ... Die Haupt- und Grundimpression, die ich von dem Lande empfing, war: heißer Schmutz. Nun, ich tröstete mich damit, daß ich ja noch von Asien und Amerika die abenteuerlichsten Vorstellungen hatte, und war froh, mit einem so geringen Lehrgeld davongekommen zu sein. Trotzdem versuchte ein Mensch mir auseinanderzusetzen, wer in Kairo sei, der müsse sich unbedingt auch

Palästina ansehen; es sei eine Sünde, die Gelegenheit nicht zu benützen. Aber er kam niemals nach Palästina, denn ich drehte ihm sofort die Gurgel um. [...]

Das alles wäre aber noch gar nichts. Das schlimmste Vorurteil, das wir aus unserer Jugendzeit mitnehmen, ist die Idee vom Ernst des Lebens. Daran ist nur die Schule schuld. Die Kinder haben nämlich den ganz richtigen Instinkt: sie wissen, daß das Leben nicht ernst ist, und behandeln es als ein Spiel und einen lustigen Zeitvertreib. Aber dann kommt der Lehrer und sagt: »Ihr müßt ernst sein. Das Leben ist es auch.« Lehrer sind Spielverderber. Anderseits heißt es aber immer: Nimm dir die Natur zum Vorbild deiner Lebensführung! Nun, in der Natur wird nichts als Unsinn getrieben. Die Schmetterlinge tanzen, die Käfer musizieren, der Pfau schlägt sein Rad, der Hahn benimmt sich gräßlich albern, und unser nächster Verwandter, der Affe, hat nichts als Schabernack im Kopf. Selbst wo der Ernst der unerbittlichen Notwendigkeit, in Gestalt der Nahrungssorgen, an die Tiere herantritt, scheinen sie noch zu spielen. Die Katze spielt mit der Maus, bevor sie sie frißt: ihr Spieltrieb ist stärker als ihr Hunger. Der Fortpflanzungstrieb, nächst dem Hunger die ernsteste Macht in unserem Leben, kleidet sich bei Mensch und Tier in die Form eines Spiels, der sogenannten Liebe. Und ich habe auch die niedrigeren Lebewesen, die Pflanzen z. B., sehr im Verdacht, daß es ihnen gar nicht darauf ankommt, etwas zu »leisten«: ich glaube, daß einem Apfelbaum seine Äpfel ziemlich unwichtig sind und daß er seinen Hauptspaß im Blühen und Duften und derlei zwecklosem Unsinn findet.

Im Grunde ist es unter den Menschen auch nicht anders. Alles wirklich Wertvolle ist aus einer Spielerei hervorgegangen. Ich glaube nicht, daß Shakespeare ein sogenannter »ernster Mensch« war. Jedenfalls sind seine Narren immer die gescheitesten Personen in seinen Stücken, während der bleierne Ernst eines Lear oder Othello mit dem Leben nicht fertig wird und lauter Mißgriffe begeht. Ich glaube auch, daß die große Anziehung, die die Frauen auf uns ausüben, darauf beruht, daß sie so gar nicht ernst sind. Die Idee der Dampfmaschine entstand in einem Kinde, das mit einem Teekessel spielte. Das naturwissenschaftliche Experiment war anfangs eine Spielerei. Ja, man kann so weit gehen, zu sagen: Ein Mensch, der nicht weiß, daß er ein Narr ist, ist nicht nur kein Künstler, sondern versteht überhaupt nichts vom Leben. Daß es ernst *ist,* soll nicht in Abrede gestellt werden. Aber daß wir es ernst nehmen sollen, darauf scheint die Absicht der Natur nicht gezielt zu haben. Überall bemerken wir, daß sie bestrebt ist, die finstere Notwendigkeit ihrer Gesetze zu verhüllen. Es ist daher eine Anmaßung, vom Ernst des Lebens zu reden. Ihn könnte nur ein Mensch erfassen, der bis zum Kern des Daseins vorgedrungen wäre. Uns aber bietet sich immer nur die Oberfläche dar, das Spiel des Lebens. [...]

Ich sagte [den Erwachsenen]: Der »Ernst des Lebens« hat seine Berechtigung als pädagogische Maßregel, als regulatives Prinzip der Erziehung und des Unterrichts. Aber außerhalb der Schule ist er Sache des lieben Gotts, und nicht der Menschen... Vorläufig habe ich jedoch nur erreicht, daß die Menschen sich damit begnügen, meine Polemik gegen den Ernst des Lebens nicht ernst zu nehmen. AG 9 (1905)

Der gute Ton

Es ist schrecklich, zu beobachten, wie vortrefflich sich die Menschen darauf verstehen, in allen Dingen, in den größten wie in den kleinsten, die natürliche Mitte zu verfehlen, indem sie sich unablässig zwischen zwei falschen Extremen hin- und herbewegen. Diese beiden Extreme heißen: Snobismus und Philisterium. Der Philister spricht viel und gern vom »goldenen Mittelweg«, aber er wäre höchst erstaunt, wenn er erführe, daß er diesen fast niemals betritt. Was er für das Normale hält, ist nämlich zumeist irgendeine widernatürliche Übertreibung. Er sagt zum Beispiel: Lebe gesund!, und meint damit, daß man sein Dasein in völlig abgezirkelten Grenzen, nach einem genauen, stets gleichförmigen Tagesschema verbringen und alle Aufregungen, Erschütterungen und Unregelmäßigkeiten vermeiden solle. Daß dies aber unnatürlich ist, lehrt uns die Betrachtung jedes höheren Säugetieres: denn das Leben keines solchen Wesens verläuft ohne gelegentliche »Exzesse« und Aberrationen. Ein vollkommen ruhiges und gleichmäßiges Leben ist außerdem der sicherste Weg zur Arterienverkalkung, es ist also ungesund. Gesund und natürlich ist daher die »Mitte«, die aber ganz woanders liegt, als der Philister vermutet. Ebenso verhält es sich mit den ethischen Dingen. Ein ganz »moralisches« Dasein im Sinne des Philisters ohne alle Verirrungen und Mißgriffe wäre einfach unmenschlich und also in einem höheren Sinne unmoralisch. Kein bedeutender Mensch hat uns denn auch das Schauspiel eines solchen tadellosen Lebens gezeigt. Die wahre Sittlichkeit wäre also auch hier wiederum eine »Mitte«, und die »reine Moralität« ist ein lächerliches und wertloses Extrem. Ähnliches gilt sogar in Dingen der Logik und des Verstandes. Absolute Vernünftigkeit ist etwas völlig Steriles und hat noch nie zur Entdeckung von Wahrheiten geführt. Ein Schuß Irrationalismus ist jedem genialen Entdecker oder Erfinder ganz unentbehrlich. Deshalb erfreuen sich auch die ganz gescheiten Menschen, die sich niemals irren und niemals eine Torheit oder einen kleinen Schnitzer begehen, der allgemeinsten Unbeliebtheit. Man hat ihnen gegenüber das sehr richtige instinktive Gefühl, daß sie nicht bloß langweilig, sondern sogar in einem höheren Sinne dumm sind. Woraus allerdings andere Menschen wiederum den Schluß ziehen, daß Mangel an Logik ein Zeichen von Genialität sei. Diese haben natürlich genauso unrecht, sie repräsentieren das andere Extrem, das ebenso dumm ist. Daß der Snob ein Narr ist, wird ziemlich allgemein zugegeben; man sollte sich aber klarmachen, daß der Philister ein ebenso großer Narr ist, denn er ist gewissermaßen nichts anderes als ein »gewendeter Snob«.

Zwischen zwei derartigen Polen bewegt sich nun auch der Mensch hinsichtlich der Frage des sogenannten guten Tons. Es gibt Leute – und sie sind zu bekannt und verbreitet, als daß man sie ausführlich schildern müßte –, die es für ein Kapitalverbrechen halten, wenn jemand sich bei Regenwetter die Hose aufkrempelt, weil man seit einigen Jahren so etwas »einfach nicht mehr tut«. (Wie gesagt, erst seit einiger Zeit: denn früher war es direkt das Abzeichen des »wirklich Eleganten«, bei jeglicher Witterung aufgekrempelte Hosen zu tragen.) Diese Leute, die ihr ganzes Leben damit verbringen, peinlich darauf zu achten, was man »tun kann« und was »einfach unmöglich« ist, braucht man wohl kaum zu bekämpfen, denn sie richten sich von selbst durch ihre eigene Plattheit und Überspanntheit. Wichtiger ist es, der Gegenpartei entgegenzutreten, die genauso unrecht hat. Diese sind die »Unabhängigen«, die sich nicht zu Sklaven einer törichten Mode machen wollen und nicht gesonnen sind, die Gesetze zu akzeptieren, die ein paar Müßiggänger und Hohlköpfe für unsere Kleidung und unsere Manieren dekretiert haben. Sie wünschen ihr eigenes Leben zu leben, nach selbstgeschaffenen Gesetzen, und äußern dies dadurch, daß sie Zugstiefel, Röllchen und genähte Krawatten tragen, die Gabel in der rechten Hand halten, Brot mit dem Messer schneiden und sich die Serviette um die Ohren binden, wenn sie sich nicht entschließen, den Kultus der Freiheit und der individuellen Lebensführung bis zum Schlürfen der Suppe und zur Verachtung des steifen Kragens zu treiben. Sie gehen dabei von folgender Erwägung aus. Sie sagen: Auf welche Gründe der Logik, der Ästhetik oder der Moral gründen sich diese Gesetze? Man beweise mir zuerst einmal die Berechtigung dieser Vorschriften! Dann will ich sie gern befolgen. Aber so ohne weiteres tue ich es nicht. Und zweitens: Ist es eine Schande, Zugstiefel zu tragen?

Was zunächst den zweiten Einwand betrifft, so hat gewiß noch nie ein vernünftiger Mensch behauptet, Zugstiefel, Röllchen oder genähte Krawatten seien eine Schande. Aber ich möchte mir die bescheidene Gegenfrage erlauben. Ist es eine Ehre, Zugstiefel zu tragen? Und ich möchte sogar noch einen kleinen Schritt weiter gehen und fragen: Ist es überhaupt notwendig, Zugstiefel zu tragen? Sie sind nicht billiger als Schnürstiefel. Sie sind nicht dauerhafter als Schnürstiefel. Sie sind nicht gesünder als Schnürstiefel. Sie sind nicht kleidsamer als Schnürstiefel. Warum also? Nur, um nicht als eitler Geck und gefallsüchtiger Laffe zu erscheinen? Dies scheint mir kein genügendes Argument.

Indes der Kardinalirrtum ist der, daß man glaubt, es handle sich um Fragen der Logik. In diese Täuschung ist offenbar Otto Ernst verfallen, der vor einiger Zeit in einer Plauderei dieses Thema behandelt hat. Seine Grundthese ist dabei die folgende: Er sagt: Ich will es gern unterlassen, mit dem Messer zu essen, weil mir dieses Verbot einleuchtet; aus demselben Grunde will ich es vermeiden, den Fisch mit dem Messer zu schneiden; aber warum soll ich zum Beispiel keine genähte Krawatte tragen oder nicht die Saucen mit Brot auftunken?

Die Antwort hierauf ist sehr leicht gegeben: weil es sich nicht schickt. Was aber schickt sich nicht? Das, wovon die sogenannte gebildete Gesellschaft durch irgendeine geheime Abstimmung festgestellt hat, daß es sich nicht schickt. Dies hat man zu unterlassen, und zwar aus diesem einzigen völlig zureichenden Grunde. Zumeist haben die Gebote und Verbote der Gesellschaft ja einen sehr guten Grund. Genähte Krawatten zum Beispiel sind verabscheuenswürdig, weil sie unecht sind, das heißt: weil sie etwas Falsches vortäuschen, nämlich die Tatsache, daß ein Stoffstreifen mit der Hand zu einem Knoten geschlungen worden sei, während er in Wirklichkeit zusammengenäht wurde. Nun wirkt aber alles Unechte häßlich; Echtheit ist eines der obersten künstlerischen Prinzipien. Aus demselben Grunde sind zum Beispiel die sogenannten marmorierten Tapeten etwas Scheußliches, weil sie eine Marmorwand vortäuschen wollen, während eine einfache weiß oder grau getünchte Wand einen sehr ästhetischen Eindruck machen kann. Indes: auf Gründe kommt es, wie gesagt, nicht an. Warum man Saucen nicht tunken darf, weiß ich ebensowenig wie Herr Otto Ernst. Es gibt noch eine Menge solcher Dinge, einige habe ich schon genannt: das Verbot, sich die Serviette vorzubinden oder Brot mit dem Messer zu schneiden. Ich erlaube mir jedoch zu bemerken, daß mich die ganze Logik, Ethik und Ästhetik des »guten Tons« nicht im geringsten interessiert. Ich betrachte diese Gesetze wie Naturgesetze, als etwas Unabänderliches, von einer höheren, geheimnisvollen, mir in vielem unbegreiflichen Macht diktiert, und nehme sie einfach hin, indem ich sie sklavisch und kritiklos befolge und als einzigen Grund dafür angebe: ich tue dies, weil es alle anderen tun. [...]

Was die Kleidung betrifft, so bin ich sehr froh, daß die törichte, absurde und lächerliche Mode mich der Notwendigkeit überhebt, mich mit diesen Dingen beschäftigen zu müssen. Und ebenso gewährt es mir eine große Erleichterung, daß ich nicht gezwungen bin, über die zweckmäßigste und gefälligste Methode, zu essen, zu trinken oder zu grüßen, persönlich nachgrübeln zu müssen. Hingegen ist es meiner Ansicht nach ein untrügliches Zeichen zumindest von partieller Paranoia oder moral insanity, in den meisten Fällen aber das Merkmal eines schurkischen und tiefverbrecherischen Charakters, wenn jemand zum Beispiel mit Samtrock und grünem fliegendem Schlips über die Straße geht. Ein solcher Mensch empfindet unsozial, und dies ist ja eines der wesentlichsten Kennzeichen des Verbrechers. Ein solcher Mensch ist vermutlich auch aller anderen Laster fähig, es sei denn, er sei pathologisch, was aber festzustellen Sache der Gerichtspsychiater ist.

Ich halte es keineswegs für fein und vornehm, sich nach der Mode zu kleiden und die gerade vorherrschenden Manieren zu beobachten; ich halte es bloß für notwendig. Diese Dinge sind weder edel noch verächtlich, sondern nur »gegeben«. Der »Gentleman«, der glaubt, daß er durch die Beobachtung dieser Regeln bereits den geringsten Wert besitze, ist ein Narr. Aber der Verächter dieser Regeln ist ein ebensolcher Narr. Und was die Behauptung anlangt, daß man nicht der Sklave der Modefexen und Salongecken sein dürfe, so ist zu entgegnen: eben weil es sich bei allen diesen Dingen um hohle Äußerlichkeiten und vorübergehende Torheiten handelt, sollte man die Narren und Hohlköpfe nur ruhig diese Gesetze machen lassen und sie befolgen; hingegen Unabhängigkeitssinn, Individualität, Originalität und den Kampf gegen Schablone und Konvention betätige man doch lieber auf wichtigeren Gebieten als auf dem des Fischessens und der Hemdbrust. ZET 29. 7. 1917

Takt

[...Man muß Verstand] haben, sozusagen: »organischen« Verstand, der alle unsre Lebensbetätigungen durchdringt und ernährt wie das Blut unsern Körper. Verstand, um sich in die Seele der Menschen und Dinge versetzen zu können, mit denen man zu tun hat. Ein guter Tulpenzüchter braucht Verstand, um die Seele der Tulpe zu erkennen, um auf ihre Wachstumsbedingungen, ihre Liebhabereien und Eigenheiten richtig eingehen zu können, ein guter Tischler braucht ganz denselben Verstand, um die Seele des Materials zu erfassen, das er zu bearbeiten hat; und wenn wir diesen Verstand auf die Menschen anwenden, mit denen wir verkehren, wenn wir ihren Idiosynkrasien und Besonderheiten, ihren Wünschen und Befürchtungen verständnisvoll entgegenkommen wie ein kluger Arzt oder Lehrer, ja, wenn man will, sogar wie eine Art Irrenwärter: dann haben wir Takt.

Nun kommen wir aber zu einer zweiten, weitaus wichtigeren Feststellung. Alles, was unsere Entwicklung, im Großen wie im Kleinen, irgendwie vorwärtstreibt, beruht immer auf irgendeiner groben Taktlosigkeit. Taktlosigkeit ist das schöpferische Prinzip in der Geschichte der Menschheit. Taktlos ist an sich schon jede neue Erkenntnis. Die Menschen sind zufrieden, heiter und glücklich mit ihrem Besitzstand wohlerprobter, festgesicherter Wahrheiten. Da kommt plötzlich einer und wirft diese Wahrheiten um. Man pflegt solche Personen nach ihrem Tode Genies zu nennen. Ihre Mission ist: Unruhe und Mißtrauen zu verbreiten. Sie machen das Leben, das man eben noch mittels Tabellen und Systemen eingefangen zu haben glaubte, neuerdings zu einer aufreizenden, unentwirrbaren, verhängnisvollen Angelegenheit. Ihre scharfen Fragen dringen durch die Lücken und Risse der geistigen Schicht, auf der wir so behaglich wohnen, lockern sie auf, verwittern sie, spalten sie auseinander. Sie machen sich damit natürlich sehr unbeliebt. Sie wollen »neue Zeiten heraufführen«, aber jede frühere Zeit heißt die gute alte Zeit, und mit Recht; denn das Seelenleben war damals noch einfacher, ruhiger und leichter.

Jeder schöpferische Mensch zeichnet sich vor allem dadurch aus, daß er keinerlei Rücksichten nimmt. Er spricht unbekümmert alle Beobachtungen und Entdeckungen aus, die er gemacht hat, ohne ängstlich zu erwägen, ob dies andern und ihm selber peinlich und unangenehm sein könnte. Er decouvriert.

Ohne Schamgefühl. Nach rechts und links. Nach allen Seiten. Sich, die Mitmenschen, alle toten und lebendigen Dinge, mit denen er zusammentrifft. Er erörtert Fragen, über die die Menschen niemals zu sprechen pflegen, wie wenn sie einen geheimen Kontrakt geschlossen hätten, diese Dinge ein für allemal nicht zu berühren. Er aber bricht diesen Kontrakt, belästigt jedermann und führt lärmende, exaltierte Reden, die niemand von ihm verlangt hat. Das ist taktlos.

Die ersten impressionistischen Bilder, zum Beispiel, waren ungeheure Taktlosigkeiten. Die Menschen haben es auch sogleich empfunden. Sie prallten entsetzt und erbittert zurück, sie riefen nach der Polizei, sie drohten mit Stöcken und Regenschirmen. Was erboste sie so? Die Sujets können es nicht gewesen sein, die waren so harmlos wie nur irgend möglich: eine Baumgruppe, eine Mandolinenspielerin, ein Bund Spargel und dergleichen. Es war die ungeheure Frechheit, anders zu sehen: wirre Farbenflecke auf die Leinwand zu schleudern, wo man schöne saubere Konturen erwartet hatte, und aus der Palette grade jene Farben zu wählen, die das Auge reizten oder ermüdeten. Und darum sollte man immer aufhorchen, wenn in der Kunst irgendeine empörende Taktlosigkeit begangen wird. Es kann ja natürlich auch eine bloße Ungezogenheit sein, aber man ist verpflichtet, der Sache nachzugehen. Man darf sich nicht durch Schwindler und Narren den Blick verwirren lassen. Es könnte eine neue Kunstrichtung – zum Beispiel: der Expressionismus – lauter Betrüger und Impotente zu Vertretern haben und dabei doch einen neuen Abschnitt in der Entwicklung des menschlichen Sehens bedeuten. Es ist ganz so wie in der Schule. Die Schüler, mit denen der Lehrer unzufrieden ist, sind zu neun Zehnteln wirkliche Taugenichtse und Dummköpfe, aber das Talent der Klasse befindet sich bestimmt unter diesen und niemals unter den Braven. Die Braven sind einmal auf jeden Fall nichts wert.

Um sich die prinzipielle Taktlosigkeit aller Kunst klarzumachen, erwäge man einmal, ob es irgendeine bedeutende Dichtung gibt, in der nicht eine Unmenge von »Unerquicklichkeiten« vorkommt. Der eine Shakespeare ist ein unerschöpfliches Arsenal von Bemerkungen und Beobachtungen, die, in der guten Gesellschaft zur Sprache gebracht, den Sprecher sofort für immer unmöglich machen würden. Hamlet und Tasso, die Genies, benehmen sich fast ununterbrochen taktlos, während ihre Gegenspieler Polonius und Antonio durchaus taktvolle Menschen sind. Die Wahrheitsfanatiker bei Ibsen: Brand, Stockmann, Gregers Werle sind als außerordentlich taktlose Persönlichkeiten gekennzeichnet, in der vollen Absicht, die Taktlosigkeit darzutun, die in jeder Wahrheit liegt. Wehe also dem taktvollen Dichter, Denker, Glaubenslehrer! Er hat mit der Wirklichkeit nichts zu schaffen. Er hat uns nichts zu sagen. Er wird uns niemals in irgend etwas weiterbringen. Er ist ein lebendig Toter.

Wollten wir also das Gesagte zum Schluß in einer kleinen, verständlichen, überallhin leicht mitzunehmenden Moralsentenz zusammenfassen, so würde diese lauten: Mensch, sei taktvoll in allen unwesentlichen Dingen des kleinen Lebens und der Stunde, und sei ungeheuer taktlos in allen Dingen, die dir wirklich wichtig sind! AG 200 (1916)

Der Lausbub

In Frankfurt am Main war ich nur drei Jahre auf dem Gymnasium. Dann wurde ich hinausgeschmissen. Mein Ordinarius erklärte plötzlich eines Tages, einer von uns beiden könne die Klasse nicht mehr betreten. Der Rektor entschied sich für mich. Als meine Anverwandten weinend bei jenem Lehrer erschienen und ihn fragten, was denn um Gottes willen gegen mich vorläge, da ich doch im verflossenen Semester nur ein einziges Mal das Löschblatt vergessen hätte, auf Zigaretten jedesmal Übelkeiten bekäme und von der Form der menschlichen Fortpflanzung zwar skeptische, aber völlig irrige Vorstellungen hätte, erwiderte er: »Es ist nichts Bestimmtes gegen ihn zu monieren. Aber er ist ein Lausbub.« Er strich seinen kakaofarbigen Vollbart und fügte drohend hinzu: »Mit fünfzehn Jahren!«

Ich weiß nun allerdings nicht, ob der Professor damals nicht übertrieben hat, denn der Begriff der Lausbüberei war bei ihm ein sehr umfassender; aber es wäre mir sehr lieb, wenn er sich nicht nur damals mit diesem Urteil nicht geirrt hätte, sondern sogar heute noch recht hätte. Denn ich habe inzwischen über diese Frage noch öfters nachgedacht und gefunden, daß ein Lausbub etwas sehr Erfreuliches ist. Ich habe nämlich erkannt, daß die Menschen überhaupt nur in zwei Gruppen zerfallen: in Lausbuben und sogenannte »ernste Menschen« oder, wie ich es manchmal zu nennen pflege, in »Samumisten«, das heißt: Menschen, die wie Samum wirken, indem sie alles Lebendige im Keime ersticken. Oder, um es kürzer und ganz allgemein verständlich auszudrücken: Es gibt nur zweierlei Menschen: lustige und lächerliche. Jene sind talentiert und lebensfähig, diese sind untalentiert und verdienten, aufgehängt zu werden.

Lehrer, zum Beispiel, sind meistens Samumisten und daher so ziemlich die unbegabtesten Mitglieder der menschlichen Gesellschaft. Künstler dagegen sind immer Lausbuben und daher so ziemlich die begabtesten Lebewesen. Will man sich diesen Gegensatz recht unzweideutig anschaulich machen, so braucht man bloß bei irgendeinem großen Dichter nachzusehen. Der Narr in *Was ihr wollt* ist ein Lausbub und eine Künstlernatur, Malvolio ist ein Samumist und eine Lehrernatur. Dasselbe Verhältnis besteht zwischen Hamlet und Polonius oder zwischen Ejlert Lövborg und Jürgen Tesman. In fast allen bedeutenden Dichtungen findet sich dieser Kontrast bewußt oder unbewußt ausgeprägt.

Ich sagte: ein Lausbub sein heißt ungefähr ebensoviel wie: Talent haben, und ich muß nun hinzufügen, daß der Grad, bis zu dem die Büberei in einem Menschen entwickelt ist, im graden Verhältnis zu der Tiefe und dem Umfang seiner Begabung steht. Um dies empirisch zu beweisen, müßte ich die ganze Weltgeschichte erzählen; ich beschränke mich daher auf ein paar notwendige Beispiele. Bismarck hat doch wohl ziemlich unbezweifelbare positive Leistungen vollbracht. Seine Freude am Witzereißen und Anulken war aber so unbezähmbar, daß sie ihn nahezu niemals verließ. Statt irgendeiner der zahllosen Anekdoten, die hierüber berichtet werden, will ich nur auf ein einziges Faktum hinweisen, das mehr beweist als alle Anekdoten, nämlich eine Stelle aus dem Tagebuch Kaiser Friedrichs. Dieser, Bismarck, Roon und Moltke waren am fünfzehnten Juli 1870 dem König Wilhelm, der aus Ems nach Berlin kam, bis Brandenburg entgegengefahren. Unterwegs hielt dann Bismarck dem König einen zusammenfassenden Vortrag über die europäische Lage, und der Kronprinz fügte hinzu: »mit großer Klarheit und würdigem Ernst, frei von seinen sonst gewöhnlich beliebten Scherzen«. Man denke sich in die Situation: zwischen Emser Depesche und allgemeiner Mobilmachung entwickelt der Kanzler des Norddeutschen Bundes dem König, dem Kronprinzen, dem Kriegsminister und dem Chef des Generalstabes die maßgebenden Gesichtspunkte, bleibt dabei vollkommen ernst, macht nicht einen einzigen Witz, und der Kronprinz notiert diese auffallende Tatsache in sein Tagebuch. Hieraus geht doch wohl hervor, daß es Bismarck im allgemeinen am nötigen Ernst gefehlt haben muß, was ihn aber nicht gehindert hat, das größte praktische Genie zu sein, das Deutschland seit Friedrich dem Großen hervorgebracht hat. Dem es übrigens auch am nötigen Ernst gefehlt hat. Von ihm sagt Macaulay (dem man hier die endemische Nationalkrankheit des *cant* zugute halten muß): »Er besaß eine Liebhaberei, die bei einem Knaben verzeihlich sein mag, die aber bei einem Manne von reifen Jahren und gutem Verstande, wenn er sich ihr gewohnheitsmäßig und mit voller Überlegung hingibt, fast unfehlbar auf eine böse Gemütsart schließen läßt. Dies war seine Freude an boshaften Streichen *(severe practical jokes)*. Wenn ein Höfling eitel auf seine Kleider war, wurde ihm Öl über seinen reichsten Anzug geschüttet. Hing er am Gelde, so wurde ein Trick ersonnen, durch den er gezwungen war, mehr zu zahlen, als er zurückbekam. Wenn er hypochondrisch veranlagt war, wurde ihm eingeredet, er habe die Wassersucht. Hatte er sich fest vorgenommen, nach einem bestimmten Ort zu fahren, so wurde ein Brief fingiert, der ihn von der Reise abschreckte.« Mit diesen Dingen befaßte sich Friedrich der Einzige, während er im Begriffe stand, sein Heer zum schlagkräftigsten, seine Verwaltung zur leistungsfähigsten und seinen Staat zum gefürchtetsten im damaligen Europa zu machen. Und nun will ich, um das nüchterne Preußen nicht zu verlassen, nur noch Moltke nennen, dessen finsterer, schweigsamer Ernst sprichwörtlich geworden ist. Als Bismarck Moltke Mitte Juni 1866 zu sich gebeten hatte, um ihm mitzuteilen, daß der König sich endlich entschlossen habe, den Operationen an der böhmischen Grenze eine kriegerische Wendung zu geben, womit der seit mehr als hundert Jahren drohende große Entscheidungskampf endlich zum Ausbruch kam, drehte sich Moltke beim Verlassen des Zimmers noch einmal um und fragte Bismarck, ob er schon wisse, daß die Dresdener ihre große Brücke gesprengt hätten. »Schade!« sagte Bismarck. »Die schöne Brücke! Wann ist sie denn gesprengt worden?« – »Gestern«, erwiderte Moltke, »aber nur mit Wasser.«

Bei den Künstlern wird man mir den Beweis erlassen, denn die ganze Kunst ist ja nichts als eine große Lausbüberei. [...]

Daß die Philosophen ernste Menschen sind, ist ebenfalls nur eine Legende. Ja, ich möchte sogar behaupten: der Philosoph fängt erst dort an, wo der Mensch damit aufhört, sich und das ganze Leben ernst zu nehmen. Das hat schon Pascal gewußt, der doch gewiß um die Probleme des Glaubens und Erkennens so ernst gerungen hat wie nur irgendeiner, und der dennoch den Satz sprach: *Le vrai philosophe se moque de la philosophie*. Und denselben Gedanken findet man in allen möglichen Variationen bei Nietzsche ausgesprochen. Auch Kant läßt in vielen seiner kleineren Schriften einen unverkennbaren Zug zur Ironie durchblicken, und Hegel war einer der witzigsten Köpfe seiner Zeit. Die Vorrede zu Schopenhauers monumentalem Hauptwerk schließt bekanntlich ebenfalls mit einem Witz. Oder denken wir an Sokrates. Erst die humorlosen Aufklärungsphilosophen des achtzehnten Jahrhunderts haben aus ihm einen langweiligen Doktrinär und Tugendprediger, eine Art griechischen Quäker gemacht. Aber seine Zeitgenossen sahen in ihm etwas ganz andres als einen perorierenden Moralphilosophen: für sie war er in erster Linie ein unterhaltsames Original. Alle liefen ihm nach, ganz Athen war von diesem liebenswürdigen, witzigen und geistreichen Poseur fasziniert, der nicht glaubte, weil er ein Philosoph sei, müsse er in seinem Zimmer sitzen, der sich mit allem möglichen niedern Volk unterhielt, mit Schmieden, Topfdrehern, Markthelfern und Dirnen, und an ihnen seine Begriffe entwickelte, der am meisten trinken konnte, jeden Spaß vertrug und eine Art wandelndes satirisches Flugblatt von Athen war. Und zwei der größten Dichterphilosophen des neunzehnten Jahrhunderts haben sogar für Kinder geschrieben: Busch und Andersen. Freilich glauben infolgedessen viele Erwachsene, diese beiden seien für sie nicht gescheit genug. […] NWJ 31. 5. 1914

Das Leben als Spiel

Das menschliche Leben bewegt sich zwischen zwei Klippen: der Gefahr der geistigen Stagnation, Verstockung, Verknorpelung, Eintrocknung; physiologisch ausgedrückt: Arterienverkalkung, und der Gefahr der Überreizung, Überlastung, sozusagen der geistigen Übervölkerung; physiologisch ausgedrückt: Zuckerkrankheit. Das erste ist die schleichende Todeskrankheit des Philisters, die fast schon mit seiner Geburt einsetzt, das zweite das Schicksal aller »Aktivisten«. Es ist daher jedem Menschen die Aufgabe gestellt, zwischen diesen beiden Klippen hindurchzukommen und den totalen Mangel an Aufregungen ebensosehr zu vermeiden wie den schädlichen Überschuß an solchen. Mit anderen Worten: er muß versuchen, sich Aufregungen zu schaffen, die im Grunde keine sind, seine Emotionen wie eine Art Kostüm zu tragen; und daher lautete das zweite, das psychologische Rezept, das ich für die Verlängerung des Lebens zu empfehlen versuchte: Lebe unernst. Hier nun fand eines jener typischen Mißverständnisse statt, von denen ich letzthin sprach: indem nämlich viele das Wort »unernst« in seinem alten wörtlichen Sinne nahmen, während ich es in einer etwas modifizierten, speziellen und subjektiven Bedeutung gebraucht wissen wollte. Ich verstehe unter dem ernsten Menschen den Menschen, der in der Realität befangen ist, den praktischen Menschen; und unter dem unernsten Menschen ganz einfach den geistigen Menschen, den souveränen Menschen, der imstande ist, das Leben von oben herab zu betrachten, indem er es bald humoristisch, bald tragisch nimmt, aber niemals ernst. Beide, der humoristische und der tragische Aspekt, gehen nämlich auf ein und dieselbe Wurzel zurück und sind nichts anderes als zwei entgegengesetzte und ebendarum komplementäre Äußerungen desselben Weltgefühls. Zur tra-

Egon Friedell um 1903

gischen Einstellung gehört ganz ebenso das Nichternstnehmen des Daseins wie zur humoristischen Einstellung: beide ziehen ihre Nahrung aus der tiefen Überzeugung von der Nichtigkeit und Vanität der Welt, daher denn auch alle großen Humoristen auf einem deutlichen, wenn auch nur selten sichtbaren Untergrund von Pessimismus gemalt haben und umgekehrt nur der humoristisch begabte Mensch in der Lage ist, eine Tragödie zu schaffen: denken wir bloß an die drei größten dramatischen Ingenien, die die europäische Kulturentwicklung bisher hervorgebracht hat: Euripides, Shakespeare, Ibsen; aber im Grunde trifft dies alle dramatischen Dichter der Weltliteratur, von Kalidasa bis Maeterlinck.

Überhaupt muß man sich klarmachen, daß alle wertvollen menschlichen Betätigungen auf Mangel an Ernst, auf Spielerei beruhen und nur so lange wertvoll bleiben, als sie eine Spielerei sind, oder erst in dem Augenblick einen Wert bekommen, als sie zur Spielerei werden. Der Philister besitzt die Gabe, aus allem etwas Zweckvolles, Nützliches und Ernstes zu machen und es dadurch zu entwerten; der Künstler ist in der Lage, alles zum Spiel zu erhöhen und es dadurch zum Erfolg zu führen. Der Krieg ist vermutlich die ernsteste Sache, die es gibt; wenn man aber genug Genialität besitzt, ihn nicht ernst zu nehmen, sondern in ihm eine Gelegenheit erblickt, mit Menschen, Pferden und Kanonen zu dichten, wie es Napoleon getan hat, so wird man siegen; wenn man in ihm ein fades, trauriges Schachspiel sieht wie die Feldherren, die Napoleon gegenüberstanden, so wird man geschlagen werden. Wenn man in der Kunst, deren Wesen in sämtlichen Lehrbüchern der Ästhetik als »holde Zwecklosigkeit« definiert wird, materielle Absichten verfolgt, so wird sie natürlich ebenso wertlos wie jede andere Schiebertätigkeit, über welchen Gegenstand ich mich ja wohl in den heutigen Zeiten, wo man die Büchermacher von den Buchmachern nicht mehr zu unterscheiden vermag, nicht weiter zu verbreiten brauche. Übrigens ist für den talentlosen Durchschnittsmenschen auch das Spiel kein Spiel. Billard, Skat, Schach, angeblich »Spiele«, sind für ihn ganz ebenso trostlose Beschäftigungen wie Bilanzmachen und Aktenrevidieren. »Sport« heißt bekanntlich auf deutsch Spiel; aber auch das Jagen, Turnen und Pferderennen wird für den Normalmenschen zum tödlichen Ernst und zu einer niedrigen Knechtstätigkeit, die sich in nichts von den häßlichen, aber doch wenigstens unentbehrlichen Arbeiten der Metzger, Dachdecker und Fuhrleute unterscheidet. Ja sogar aus der Wissenschaft haben die Schullehrer etwas Ernstes gemacht!

Hingegen für Friedrich den Großen ist die europäische Politik ein Gesellschaftsspiel, für Alexander den Großen die Eroberung Asiens ein Sport, für Goethe das Leben eine Privatunterhaltung und für Shakespeare die Welt ein Theater.

Es ist auch ganz klar, warum nur die Spielerei einen Erfolg haben kann. Denn was ist »Erfolg«, die Sache im weitesten Sinn genommen? Erweiterung und Differenzierung des menschlichen Daseins. Ein Mensch, der auf Nutzen und Sinn ausgeht (»Sinn« ist nichts anderes als Nutzen, theoretisch gewendet), ist aber niemals in der Lage, sich intensiv und extensiv zu steigern. Intensiv nicht, weil die fortwährende Rücksicht auf den Endzweck einer Betätigung von dieser Betätigung selbst *ablenkt* und es daher unmöglich macht, sich in sie zu *vertiefen.* Extensiv nicht, weil die Rücksicht auf Nutzen und Sinn einer Beschäftigung diese Beschäftigung notwendigerweise in den alten Formen festhält und somit niemals etwas Neues entstehen kann. Denn als nützlich wird immer nur betrachtet, was *bisher* genützt hat; als sinnvoll gilt, was schon einen Sinn *hat.*

In der Tat sind denn auch alle großen, tiefen und neuen Dinge immer spielend gefunden worden. So verdanken zum Beispiel alle praktischen Erfindungen, von der Urzeit angefangen, ihre Entstehung höchst unpraktischen Beschäftigungen. Das Wurfgeschoß, der Feuerstein, der Hammer: alles dies war anfangs Spielerei. James Watt beobachtete zum Zeitvertreib einen summenden Teekessel, und infolgedessen hat die Erdoberfläche ihr Aussehen gänzlich verändert. Graf Mirabeau, ein geistreicher Schauspieler, der gut reden konnte und sich gern reden hörte, hielt eine Reihe von öffentlichen Deklamationsübungen, und infolgedessen ging das soziale Gebäude Europas aus den Fugen. Ein gutgelaunter älterer Herr namens Sokrates vertrieb sich die Zeit mit Aphorismen, ein ebenso gutgelaunter Landsmann von ihm namens Plato machte daraus eine Reihe amüsanter Dialoge, und Bibliotheken schichteten sich auf, Bibliotheken wurden auf dem Scheiterhaufen verbrannt, Bibliotheken wurden als Makulatur verbrannt, und hunderttausend Köpfe und Mägen leben noch heute von dem Namen Plato.

Der ernste Mensch hingegen erreicht ausnahmslos *nichts.* Er will das Leben zu einer verzinslichen Bankanlage machen, aber es zeigt sich, daß nur *tote* Sachen Zinsen tragen. Er stellt sich vor die Dinge hin und will ihnen ihren Sinn abfragen, aber sie drehen ihm belästigt den Rücken. Denn die Geheimnisse der Welt machen es wie die Kinder: vor einem ernsten, kalten und würdevollen Wesen ziehen sie sich ängstlich zurück, und nun ist nichts mehr aus ihnen herauszubekommen.

Ja ich könnte mir sogar ganz gut einen alten Mystiker vorstellen, der die Behauptung aufgestellt hätte: Gott nimmt die Welt nicht ernst, sonst hätte er sie nicht schaffen können. Nur der Künstler kann nämlich etwas erschaffen, kann Leben erzeugen. Die Kraft Gottes ist, unendlich potenziert, die Kraft, die in jedem Künstler wirkt. Nun aber vermag der Künstler nur deshalb etwas zu gestalten, aus sich heraus zu projizieren, *außer* sich zu stellen, weil er zu diesen Gestalten, zu seinen Geschöpfen bereits das Verhältnis der Distanz besitzt, weil er von ihnen (wenigstens im grob realen Sinn) nicht mehr affiziert wird: weil er sie nicht ernst nimmt. Und hierauf, auf jener Fähigkeit einer unernsten, künstlerischen, rein geistigen Einstellung beruht denn auch in der Tat die Überlegenheit des Menschen über seine übrigen Mitgeschöpfe, ja sie beruht vielleicht allein hierauf. Über die ganze Natur, mit Ausnahme des Menschen, ist eine tiefe Trauer gebreitet: Ströme und Steine, Wiesen und Wälder, Pflanzen und Tiere zeigen uns immer dasselbe ernste, klagende Antlitz. Sie sind noch nicht aus sich herausgelangt, die Kunde, daß die Welt nichts ist, was man ernst nehmen dürfe, ist noch nicht bis zu ihnen gedrungen, und so erharren sie in düsterer Resignation ihre Verwandlung in eine höhere geistige Stufe, auf der sie von sich erlöst werden. Und in der Tat können wir das Fortschreiten dieses Befreiungsvorgangs in der untermenschlichen Welt schrittweise verfolgen. Ein Felsblock: wie finster; ein Schachtelhalm: wie traurig; die phanerogamen Pflanzen schon etwas heiterer, aber doch von einer eigentümlichen Melancholie erfüllt, die sie niemals verläßt; Würmer und Muscheln, Spinnen und Fische in einer ewigen dumpfen Befangenheit dahinbrütend; die Vögel dagegen schon recht muntere Geschöpfe, der Elefant zu mancherlei Spaß geneigt, der Affe sein ganzes Leben lang mit Schabernack beschäftigt; und unser intimster Freund, der Hund, kann bereits lachen.

NWJ 5. 6. 1921

Die zehnte Muse

Wie ich als Kabarettier entdeckt wurde, dürfte heute keinen Menschen mehr interessieren... SA 221(1931)

Geschichte der »Fledermaus«

1907 kam Fritz Wärndorfer, ein geistreicher Gentleman mit sehr viel Geld und Geschmack – zwei Dinge, die bekanntlich fast nie beisammen sind –, auf den Gedanken, durch die Wiener Werkstätte ein Kabarett namens »Fledermaus« bauen zu lassen. Sowohl die buntgekachelte Bar wie der ganz in Schwarz und Weiß gehaltene Zuschauerraum war eine Kostbarkeit an Intimität und Noblesse. Infolgedessen war ganz Wien außer sich, denn man war damals noch gewöhnt, für sein Geld roten Plüsch und vergoldeten Gips zu bekommen. Der spätere Besitzer suchte das Unglück wenigstens zum Teil dadurch wettzumachen, daß er die Türen rosa anstreichen und ein paar fesche Faune an die Wände malen ließ. Großen Verdruß erregte auch die originelle Form des Tischservices, besonders der Löffel, weil man mit ihnen so schwer Sauce essen, und der Messer, weil man sich mit ihnen so leicht schneiden konnte. Der Eröffnungsabend wurde zu einem ungeheuren Skandal. Die dem Unternehmen liierten Künstler: Klimt, Hoffmann, Wimmer, Moser hatten nämlich die ungeheure Frechheit, alles das zu machen, nur viel geistiger, persönlicher und erwachsener, was fünfzehn Jahre später der »Blaue Vogel« unter menschenerdrückendem Zulauf vorführte. Aber sie kamen zu früh. Es ist eben alles Glückssache. Fritz Wärndorfer leitete das Lokal ausgezeichnet. Nie hat es ein farbigeres und beschwingteres, kapriziöseres und originelleres Kabarett gegeben als die »Fledermaus« und nirgends bessere Weine als in der Bar. Aber Wien blieb empört. Man nahm es Fritz Wärndorfer schrecklich übel, daß er als reicher Mann, als Herr aus der guten Gesellschaft sich zum Direktor eines Nachtlokals erniedrigte, für das Narren wie Peter Altenberg und Taugenichtse wie Alfred Polgar Texte schrieben. Hätte er kein Geld gehabt, so hätte man es ihm verziehen und er wäre der Reinhardt des Kabaretts geworden. Es ist eben alles Glückssache. Mir hat man mein Auftreten in der »Fledermaus« nicht verübelt, und zwar weil ich Geld hatte. Man fand es riesig nett, daß ich, obgleich ich es »nicht nötig hatte«, den Leuten jeden Abend einen Wurstel machte. Später verlor ich allerdings, wie alle übrigen Menschen und auch Fritz Wärndorfer, meine Reichtümer. Aber da hatte man sich schon an mich gewöhnt. Es ist alles Glückssache. Nachdem Fritz Wärndorfer Pleite gemacht hatte, erschien ein Fachmann, der duftige kleine Operetten, wie »Putzi, sei doch nicht so fad« und kecke kleine Szenerien wie »Die Geheimnisse eines Bidets« spielte. Aber auch dieser erstklassige Fachmann machte Pleite, und die »Fledermaus« wurde ein Revuetheater, worin schlankbeinige Mädchen auftraten, die man an den Tisch bitten konnte. Ich habe auch gegen diese künstlerische Entwicklungsphase nichts einzuwenden. Wenn nur der Wein sich nicht so verschlechtert hätte. SA 219 (1928)

Goethe

Groteske in zwei Bildern

Goethe
Der Schulrat
Der Professor der deutschen Literaturgeschichte
Ein Prüfungsbeisitzer
Züst, ein schlechter Schüler
Kohn, ein guter Schüler
Linerl, Züsts Freundin
Der Pedell

Schulzimmer: Grünbezogener Prüfungstisch mit Utensilien und drei Stühlen. Schulbank mit Sitz für Kohn. An der Wand eine große Reproduktion des Wiener Goethedenkmals. Große Goethebüste auf Postament.

1 Schulrat
2 Professor
3 Beisitzer
4 Kohn
5 Züst

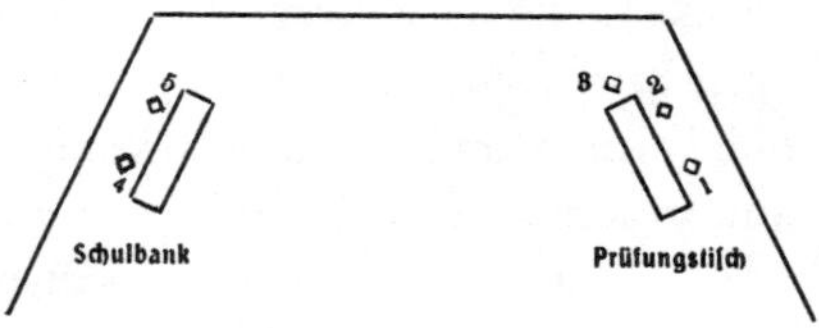

Erstes Bild

Züst und Linerl

ZÜST *(geht memorierend auf und ab, verzweifelt)* Es geht nicht. Es geht nicht!

LINERL Aber schau! Das bisserl Goethe wirst scho' a no derlerna.

ZÜST Das bisserl?!? Hast du eine Ahnung? Bevor man die dreiundzwanzigste Epoche so eines endlosen Dichters auswendig kann, hat man die ersten zwölf schon längst wieder vergessen. Da ist der Körner ein anderer Bursch gewesen! Mit zweiundzwanzig Jahren war er schon tot! Aber dieser Goethe! Dieses olympische Monstrum, das allein mehr Jahreszahlen verbraucht hat als alle anderen Dichter zusammen! Dreiundachtzig Jahre hat er alt werden müssen; in alles hat er sich dreinmischen müssen, bei jedem Datum war er dabei; sooft er mit einem Frauenzimmer was zu tun gehabt hat, ist *er* fruchtbar geworden –

LINERL Aber geh!

ZÜST – und hat einen neuen Brocken gesammelte Werke von sich gegeben.

LINERL Ah so!

ZÜST Aber noch nicht genug! O nein! Wo er ein Gras gesehen hat, hat er ihm gleich wachsen zugehört; alle besseren Herren in seiner Nähe hat er in »Gespräche mit Goethe« verwickelt, und die entfernteren hat er zu zwei- bis dreibändigen Briefwechseln benützt; und wie er schon ganz alt war und nicht mehr hat schreiben können, hat er sich den Eckermann geholt und hat ihm Löcher in den Bauch geredet, nur damit auch aus dieser Zeit etwas über ihn zu lernen ist!

LINERL Aber es wird doch net alles so wichtig sein!

ZÜST Nicht wichtig?! Sag' das einmal dem Professor Hinterhuber! *(Kopierend)* »In Goethes Leben ist nichts unwichtig! Merken Sie sich das, Sie Grünschnabel! Goethe ist ein Heiligtum!« … Auf *vier* italienischen Reisen hab' ich ihn begleiten müssen!

LINERL Gelt, und mit dein' Papa hast nicht nach Prag fahren dürfen!

ZÜST Herrgott, oder waren's gar nur *drei* italienische …? Bitt' dich, schau g'schwind nach!

LINERL *(blättert im Buch)* Jessas! Da schau her! In Karlsbad war er auch!

ZÜST Wa–as?

LINERL Ja, da steht's! *(Liest)* »Kapitel achtzehn! Der Dichterfürst in Karlsbad und seine Bedeutung für die alkalischen Naturwässer des Königreiches Böhmen.«

ZÜST *(wütend)* Na, da hast du's! Jetzt werd' ich am End' noch durchfallen, weil der Herr Geheimrat Verstopfung gehabt hat. Der Teufel soll ihn holen! Der Teufel soll ihn holen! *(Wirft das Buch in eine Ecke)*

Donner

Eine tiefe Stimme: Du mußt es dreimal sagen!

ZÜST *(zitternd, wiederholt automatisch)* Der Teufel soll ihn holen!

Verdunklung, die Tür springt auf, es erscheint Goethe.

ZÜST *(mit schwacher Stimme)* Wer sind Sie? *(Es wird wieder hell)*

GOETHE *(milde)* Ei, kenne Se mich dann net? Ich bin doch der, wo der Deiwel hole soll.

ZÜST *(fällt auf die Knie und wiederholt)* Altmeister ... Dichterheros ... Neuschöpfer der deutschen Dichtung ... Großer Dioskur von Weimar ... Wiederbeleber der Antike ...

GOETHE Ei, lasse Se doch die Förmlichkeite! Sache Se oifach zu mir Exzellenz, verstanne? *(Da der Schüler ihn verständnislos ansieht)* Verstehe Se mei Frankforterisch net recht? *(Lächelnd)* Ja, 's Hochdeutsch hat mer immer Schwierichkeite gemacht. Un nu sache Se mer, was wolle Se eichentlich geche mich, daß Se immer so uff mich rumschimpfe?

ZÜST Ich ... ich ... möchte ... weil ich's nicht finden kann ... wenn Exzellenz so gütig wären ... wie oft waren Exzellenz in Italien?

GOETHE No, dreimal wird's scho gewese soi. – Aber sache Se mer, was geht *Ihne* das an?

ZÜST *(erhebt sich)* Ach, Exzellenz, das kommt doch sicher morgen dran in der Prüfung. Ich weiß ja, alles, was Sie betrifft, ist sehr wichtig und interessant, aber es ist so furchtbar viel. Und wenn ich die Prüfung nicht besteh', muß ich in ein Bankgeschäft, und ich möcht' doch so riesig gern Doktor der Philosophie werden, um im Kabarett auftreten zu können…

GOETHE No, no, nur net gar so hoch hinauswolle!

LINERL Ach ja, er tragt so viel schön vor!

GOETHE *(bemerkt Linerl)* E nett Mäddche! *(Faßt sie unters Kinn)*

ZÜST Ach Gott, manchmal hab' ich den Eindruck: wirklich jede Frage über Goethe könnten eigentlich nur Exzellenz selber beantworten!

GOETHE Was? Ich selber? Sie, da bringe Se mich uff e Idee! Da wolle mer mal 'n kleine Jokus aufführe. Ich wer die Prüfung für Ihne mache. Ich wer mich in Ihne verwandle! Da wird emal der Schüler mehr wisse wie die Herre Lehrer! Alle wern glaube, Sie sind's, und derweil wer *ich* dastehe und alle Frache großartig beantworte. Wenn irchend jemand das Zeich weiß, so bin ich's doch! *(Vergnügt)* Das Zeichnis werd sich gewasche hawwe!

ZÜST *(fällt auf die Knie)* Ach Exzellenz, wie soll ich Ihnen danken!

GOETHE Lasse Se nur! 's macht mer ja selber Spaß, die Federfuchser zu blamiere. Un gar wenn so e nett Mäddche mit bei is, da kann ich scho gar net noi sache! Das hab' ich nämlich nie gekönnt – in meiner ganze Biographie net!

LINERL *(fällt auf die Knie)* Ach, Exzellenz! Wenn Sie schon so liebenswürdig sind, ich hätt' auch eine Bitte! Schreiben S' mir was ins Stammbuch, der Herr Moissi und die Frau Jeritza stehen auch schon drin!

Vorhang

Schulrat, Professor der Literatur, Beisitzer, Kohn, Züst, später Goethe, der Pedell

PROFESSOR Also, Sie wissen, in bezug auf Goethe verstehe ich keinen Spaß. Goethe ist ein Heiligtum.

SCHULRAT *(zahnlos, uralt, von ohnmächtiger Ironie)* In das man nur durch eisernen Fleiß sich den Eintritt erwirbt.

PROFESSOR Wir haben noch den Kohn und den Züst. Züst, Sie sind der Schwächere, stehen Sie auf! … *(Spricht leise mit der Kommission. Währenddessen geht die Verwandlung Züst–Goethe vor sich.)* Goethe ist eine Erscheinung von so gigantischer Bedeutung, daß sie jedem Gebildeten aufs genaueste vertraut sein muß. Nur der kann mit Aussicht auf Erfolg in den Ernst des Lebens hineintreten, der Goethes Leben und Schaffen zu seinem täglichen Brot gemacht hat.

GOETHE *(bescheiden abwehrend)* Bitte, bitte –

PROFESSOR *(scharf)* Sagten Sie etwas?

GOETHE *(grob)* Noi!

PROFESSOR *(blickt in sein Notizbuch)* Wir beginnen mit der Familiengeschichte. Wie hießen, was waren und wo lebten Goethes Großeltern, a) väterlicherseits, b) mütterlicherseits?

GOETHE No, der Vattersvatter war der alt' Schorsch Friedrich Goethe, der war scho Schneider in Frankfort, na und sei Fraa war e geborne Schallhorn, das war de Tochter vom Weidewirt, die hat von Neckergemind 'rübergemacht, un der Bruder, das war der Kaschper Schallhorn –

PROFESSOR *(befriedigt)* Nun, ganz schön. Das wäre ja soweit memoriert.

GOETHE *(unbeirrt)* No un dem sei Fraa, de Bisemerskathrin, das war doch de erschte Hebamm, die vom Großherzog e beeidichtes Diplom gehabt hat, aber sonscht war se e bees

Weib; der ältest' Sohn hat auch weche dem nach Bensheim niwwergeheirat, er hat den Krach net mehr ausgehalte, der Ulrich...

PROFESSOR Nun ja, sehr gut, das genügt!

GOETHE *(nicht aus dem Konzept zu bringen)* ... Der Ulrich Franz Theodor.

PROFESSOR Sie scheinen sich ja soweit in die Materie vertieft zu haben.

GOETHE Des glaab ich!

PROFESSOR Aber nun zum Dichter selber. Er wurde geboren?

GOETHE 28. August 1749.

PROFESSOR In?

GOETHE Frankfort, Großer Hirschgrawe 12. *(Professor will weitersprechen)* In dem blaue Zimmer im zweite Stock links *(In Erinnerung versunken):* Da ware aach die zwää Pendeluhre vom Onkel Rettich mit die nette Amorettcher druff, die oi hat de Schorsch kaputtgemacht, wie er mit eme Klicker roigeschosse hat...

PROFESSOR *(gereizt durch Goethes Mehrwissen)* Verlassen wir Goethes Geburtszimmer... Er bezog wann die Universität?

GOETHE Mit sechzeh' Jahr'.

PROFESSOR Er studierte in welchen Städten zu welchen Behufen?

GOETHE No in Leipzig, dann in Straßburg erscht nix...

PROFESSOR Hm?

GOETHE Und nachher die Rechtswissenschaft und Kunstgeschichte und e *bißche* Philosophie.

PROFESSOR *(zornig)* Wie? Ein bißchen?

GOETHE Na, 's *war* net viel!

PROFESSOR Wann verließ Goethe Wetzlar?

GOETHE Ei, no so um die 71 oder 72.

PROFESSOR *(triumphierend)* Ich frage, wann Goethe Wetzlar verließ.

GOETHE *(unsicher, nachdenklich)* 72, ja, ja, 's wird scho so gewese soi, im Winter 72.

PROFESSOR Mit diesem inhaltlosen Herumgerede werden Sie Ihre Unwissenheit nicht verbergen! Ich meine natürlich: in welchem *Monat* verließ Goethe Wetzlar?

GOETHE In welchem Monat? Warte Se, das werd' ich Ihne gleich sache. *(Denkt verzweifelt angestrengt nach)* Ei, wann war's denn nur? Ei, das hab' ich doch gewißt…

PROFESSOR Ja, das ist Ihre ständige Redensart! Sie *haben* immer nur gewußt! Aber Sie *wissen* nichts. Kohn, wann verließ Goethe Wetzlar?

KOHN Selbstverständlich am 23. September 1772, 5 Uhr nachmittags mit der Fahrpost.

GOETHE *(erfreut)* Ja, richtig, im September mit der Fahrpost…

PROFESSOR *(mit scharfem, strafendem Blick auf Goethe)* Jawohl, mit der Fahrpost. *(Kleine Pause, während der Goethe Kohn freundlich-anerkennend anblickt.)* Aus welchem Anlaß schrieb Goethe die »Laune des Verliebten«?

GOETHE No, da war er noch e junger Mensch, dem so allerlei durch'n Kopp gegange is. Da hat er wohl viel geschriwwe, wo ihm später liewer gewese wär, er hätt's *net* geschriwwe.

SCHULRAT Hihihi! *Ihnen* wäre freilich am liebsten, wenn er *gar* nichts geschrieben hätte. *(Kohn meckert, Goethe sieht ihn strafend an.)*

PROFESSOR Wann las Goethe zum erstenmal Gottsched?

GOETHE *(unwillig)* Ei, das weiß ich net.

PROFESSOR Wie?

GOETHE Das weiß ich net. Das werd doch alles net so wichtig soi!

PROFESSOR In Goethes Leben ist nichts unwichtig! Merken Sie sich das, Sie Grünschnabel!

Goethe blickt den Professor erstaunt an.

PROFESSOR *(im Litaneiton)* Alles hat seine Bedeutung als organischer Tragbalken in dem tektonischen Gefüge dieser in ihrer harmonischen Gegeneinanderwertung von Kraft und Last einzig dastehenden Biographie.

GOETHE *(jovial)* No, so arch harmonisch war's ja gar net.

PROFESSOR Ich denke, diese Frage ist bereits von kompetenteren Köpfen entschieden worden, als Sie es sind. –

GOETHE Ah so!

PROFESSOR Eine andere Frage: Wann besorgte Goethe die erste Umarbeitung der *Stella*?

SCHULRAT *Das* wird doch hoffentlich, mit Ihrer Erlaubnis, wichtig genug sein?

GOETHE Die *Stella*? Warte Se mal. *(Für sich)* E was! *(Dann laut und dreist)* No, 1804.

KOHN *(entsetzt)* Bsss!

PROFESSOR Ich bin starr. Sie wissen wirklich nicht, daß die erste Umarbeitung der *Stella* 1806 stattfand? Ja, sagen Sie, was haben Sie denn eigentlich in Ihrem Kopf? – Wann erschien *Hermann und Dorothea*?

GOETHE *(nach kurzer Überlegung)* 1796.

PROFESSOR *(höhnisch)* Ich würde an Ihrer Stelle *gleich* 95 sagen!

SCHULRAT Oder 94.

PROFESSOR *(brüllt)* *Hermann und Dorothea* erschien im Jahre 1797, Sie Ignorant!

GOETHE *(fest)* Noi, 's war 96!

PROFESSOR 97.

GOETHE *(unerschütterlich)* 96!

Kohn übergibt durch Goethe dem Professor ein aufgeschlagenes Buch.

PROFESSOR Hier! Sie insolenter Bursche!

GOETHE Ja, wirklich … ich hätt' doch druff geschwore, 's war 96!

PROFESSOR Daß ein deutscher Jüngling derartige Daten nicht gegenwärtig hat, könnte einem wirklich den Glauben an die Jugend nehmen! Da muß sich ja Goethe im Grabe umdrehen.

SCHULRAT Hihihi! Pedell, drehen Sie die Goethebüste um, damit ihr *dieser* Anblick *(er zeigt auf Goethe)* erspart wird. *(Es geschieht.)*

Goethe lacht.

PROFESSOR Nun, ich sehe schon, Daten darf man Sie nicht fragen. Nun etwas über Goethes Innenleben. Welche seelischen Erlebnisse veranlaßten Goethe zur Fortführung des *Wilhelm Meister*?

GOETHE No, da hat er doch schon vom Verleger die 200 Taler Vorschuß uff'n zweite Band gehabt, da hat er'n doch aach schreiwe müsse.

PROFESSOR Es ist unerhört! Sie behaupten also, daß schnöde Geldgier die Triebfeder von Goethes genialer Dichtung war?

GOETHE Ei wieso dann Geldgier? 's Geld hat er doch längst net mehr gehabt.

PROFESSOR Nun, das sieht wohl ein jeder: Goethes Leben hat *Sie* nicht beschäftigt. *(Goethe blickt ihn erstaunt an.)* Jetzt will ich schauen, ob Sie wenigstens bei meinen Vorträgen aufgemerkt haben. Was wissen Sie über den Charakter des Tasso?

GOETHE No, das is e kindischer, hysterischer Mensch, der sich net recht ausgekennt hat im Lewe, halt so e verruckter Dichter…

PROFESSOR *(schlägt auf den Tisch, starr)* Ich traue meinen Ohren nicht. *(Automatisch, im lehrhaften Ton, der durch parallele Bewegungen der beiden Zeigefinger unterstützt wird)* Tasso zeigt den Kampf des Subjekts und seiner *Gebundenheit,* das, indem es sich in die Objektivität *auseinanderlegt,* notwendig an der *inneren* Zerrissenheit des Subjekt-Objekts, das heißt der nach *außen* projizierten Individualität, scheitern *muß*. *(Kohn hat die Definition mit Kopfnicken skandierend mitgesprochen; die letzten Worte spricht er schon fast laut mit und schlägt gleichzeitig mit dem Professor auf den Tisch. Goethe erschrickt und ist zornig auf Kohn.)*

SCHULRAT Wissen Sie vielleicht zufällig, was Goethes Hauptwerk war?

GOETHE *(stolz)* No, die Farwelehr'! *(Gelächter)* Was is denn da zu lache?

SCHULRAT Hihihi. Da ist allerdings nur zu weinen.

PROFESSOR Wann entstand der *Tancred*? *(Goethe weiß es nicht, dreht sich fragend zu Kohn um.)*

KOHN *(einsagend)* 1800.

GOETHE *(befreit)* 1800.

PROFESSOR Ein Wunder, daß *Sie* einmal etwas wissen. –

Goethe blickt dankbar auf Kohn.

PROFESSOR Welche Werke entstanden noch in diesem Jahr?

GOETHE No, e paar Gedichtcher, denk' ich.

PROFESSOR Das ist keine Antwort. Gedichte fallen in jedes Jahr. Aber im Jahr 1800 entstand vor allem Palä–, Palä–

Goethe wendet sich wieder fragend zu Kohn.

KOHN *(einsagend) Paläophron und Neotherpe.*

GOETHE *(will erfreut nachsprechen)* Paläophron –

PROFESSOR *(scharf)* Genug! Ich habe jedes Wort gehört. Meine Ohren reichen bis in die letzte Bank. – Was waren Goethes letzte Worte?

GOETHE No, Milch hat er gewollt.

PROFESSOR W–a–as? Ich verstehe immer Milch.

GOETHE No ja, Milch in sein Kaffee, weil er ihm zu dunkel war. Und da hat er gesacht: Mehr licht!

PROFESSOR *(entsetzt)* Es zeigt die äußerste Niedrigkeit der Gesinnung, annehmen zu wollen, daß ein Genius wie

Goethe sich ein so triviales Thema für seine letzten Worte hätte wählen können!

SCHULRAT Wissen Sie vielleicht, wer die Frau von Stein war?

GOETHE No, soi Geliebte.

PROFESSOR *(erhebt sich)* Derartige Ausdrücke sind an einer Staatsanstalt absolut unstatthaft. – Der Dichterheros schätzte Frau von Stein viel zu hoch, als daß er sie zu seiner Geliebten erniedrigt hätte. – Lachen Sie nicht. Sie frecher Bursche! – Warum löste Goethe sein Verlöbnis mit Lili?

GOETHE *(unwillig)* Das kann ich doch net sache. Das wär' doch indiskret.

SCHULRAT Diskretion ist allerdings die Haupteigenschaft, die *Sie* in bezug auf Goethe entwickeln.

Kohn meckert. Goethe blickt ihn strafend an.

PROFESSOR Wissen Sie wenigstens, warum er die Beziehungen zu Friederike abbrach?

GOETHE *(zornig)* Ja, das weiß ich schon, aber das geht doch niemande was an!

PROFESSOR Was behaupten Sie? Goethes Beziehungen zur Blume von Sesenheim, 1770–72, gingen die Wissenschaft nichts an!

GOETHE Noi, das geht niemande was an.

SCHULRAT Wissen Sie vielleicht überhaupt, wer der Herr dort ist? *(Zeigt auf die Reproduktion des Wiener Goethedenkmals)*

GOETHE *(ahnungslos)* Noi, das weiß ich net.

DER SÄCHSISCHE BEISITZER *(der bisher ganz stupid dagesessen ist, mit tiefer Baßstimme)* Also jetz' weiß des blede Luder nich ämal, daß das den Gäthe vorstellt!

GOETHE Was, des soll der Goethe soi?

PROFESSOR Na, wer denn sonst?

GOETHE *(mit der Faust auf den Professorentisch schlagend)* Jetzt werd mersch awwer zu dumm! Erscht frache Se mich

Egon Friedell als »Goethe« in dem gleichnamigen Stück von E. Friedell und A. Polgar

Sache, die koi Mensch wisse kann und die ganz wurscht sinn, nachher erzähle Se mir'n Blödsinn übern Tasso, dann mache Se mer de Farwelehr' schlecht, dann wolle Se iwwer die Weiwer Sache wisse *(Professor will remonstrieren),* die Ihne en Dreck angehn, un jetz' wolle Se mer gar den Toppsitzer da als Goethe uffschwätze! Da muß ich schon de Götz zitiere: Ihr könnt mich alle mitennanna... *(Will wütend ab)*

PROFESSOR Halt! Bleiben Sie! Zur Strafe für Ihre Insolenz sollen Sie Zeuge Ihrer Beschämung sein! *(Tempo von jetzt ab sehr rapid)* Kohn!! – Stehen *Sie* auf! So stehen Sie doch auf!

KOHN Ich steh doch schon!

PROFESSOR Wann verließ Goethe Rom?

KOHN 22. April 1788.

PROFESSOR Welche Orte berührte er noch in diesem Jahr?

KOHN Pempelfort, Münster, Stichroda.

PROFESSOR Wann wurde Eckermann geboren?

KOHN 14. November 1790.

PROFESSOR Was schrieb Goethe im Frühling dieses Jahres?

KOHN *Urpflanze, Amyntas, der Sänger.*

PROFESSOR *(immer erfreuter)* Was übernahm er in diesem Jahre?

KOHN Die Oberaufsicht über die Landesanstalten.

PROFESSOR Für?

KOHN Kunst und Topographie.

PROFESSOR Wie hieß Goethes Schwester?

KOHN Cornelia.

PROFESSOR Geboren?

KOHN 1765.

PROFESSOR Gestorben?

KOHN 1814.

PROFESSOR *(ist in freudiger Erregung ganz aufgesprungen)* Verheiratet an?

KOHN Schlosser.
PROFESSOR Geboren?
KOHN 1754.
PROFESSOR Gestorben?
KOHN 1829.
PROFESSOR Kinder?
KOHN Franz, Georges, Marie, Theophil.

Gleichzeitig im raschesten Tempo

PROFESSOR	KOHN
Geboren?	1780.
Gestorben?	1824.
Wo?	In Magdeburg.
Wann?	November.
Wie oft?	Dreimal.
Warum?	Wegen Herder.
Wo?	In den *Horen*.
Mit wem?	Mit Schiller.
Erkrankt?	Am vierzehnten.
Genesen?	Am neunten.
Woran?	An Darmverschlingung.

Das Kollegium gibt Zeichen der höchsten Zufriedenheit. Goethe hat erst unwillig und erstaunt, dann immer vergnügter zugehört; am Schluß schüttelt er sich vor Lachen.

Nachdem das Prüfungsgeknatter beendet ist, sagt der Professor triumphierend zu Goethe: Sehen Sie! Das ist Bildung!

Raschest Vorhang

GJ 9 (1908/1926)

Der Panamahut

Ich kaufte mir also einen Panamahut. Alle hatten gesagt, ich müßte doch endlich einen Panamahut haben. Er kostete sechzig Kronen. Ich setzte ihn auf und begab mich in eine möglichst belebte Straße.

Gleich sah mich einer meiner Bekannten und sagte: »Ah bravo, bravo! Ein Panamahut. Steht Ihnen fa-mos. – Aber Vorsicht, Vorsicht! *Ein* Regenspritzer, und er ist futsch.« Ich wollte ihn noch um nähere Auskünfte bitten – er war aber schon vorbei.

Der zweite sagte: »*Sehr* chic. Wirklich. – Nur muß man dazu eine anständige Krawatte und anständige Handschuhe tragen. Von den Stiefeln gar nicht zu reden. In *dem* Toilette-Ensemble stört der schöne Hut bloß.«

Professor Müller sagte: »Ei, mein junger Freund, welch prächtiger Hut! – Aber warum nicht lieber ein gutes Buch? – Dieser Hut kostet doch mindestens acht Kronen. Dafür bekommen Sie schon vier Lieferungen von ›Weltall und Menschheit‹. Illustriert!«

Einer sagte bloß: »*Dazu* haben Sie Geld.« Er wußte nicht, daß ich auch den Panamahut noch schuldig war.

Endlich kam mein Freund Adolf Loos, der in unserer Stadt als erster Fachmann in Toilettefragen gilt. Er warf einen prüfenden Blick auf meinen Hut und sagte: »Was hat er gekostet?«

»Sechzig Kronen«, erwiderte ich stolz.

»Ach so!« sagte Loos. »Dann ist's ja gut. Ich fürchtete nämlich schon, du wärst hereingefallen. Für sechzig Kronen *kann* er ja nichts wert sein. Ein echter Panamahut kostet mindestens zweihundert Kronen. Du mußt nämlich wissen: sie werden unter Wasser geflochten...« ...

Aber ein anderer trat herzu und sagte: »Unsinn! Unter Wasser oder ober Wasser – das ist gleichgültig. Die Hauptsache ist, daß er hübsch ist, und das *ist* er – das heißt, bis auf die Form. *Die* ist freilich furchtbar geschmacklos.«

Schon aber mischte sich ein anderer ein und sagte: »Lassen Sie sich nur nichts einreden. Die Form ist sehr gut – sie paßt nur nicht zu Ihrem Kopf.« Und er fügte nachdenklich hinzu: »Vielleicht... haben Sie überhaupt keinen Kopf für Panamahüte...«

Inzwischen war auch jenes Wesen erschienen, dem zuliebe ich mir eigentlich den Panamahut gekauft hatte. Sie sagte: »Ich weiß nicht, was ihr von ihm wollt. Ich finde den Hut einfach reizend. Das Stroh ist fein, die Form ist hübsch, und ich finde auch, daß er ihn ausgezeichnet kleidet. – Nur... eines hab ich dran auszusetzen, aber... das ist meine ganz persönliche Privatsache. Nämlich... Gott, es ist vielleicht eine Marotte von mir... aber ich kann eben Panamahüte überhaupt nicht leiden!« – – – –

Infolgedessen schenkte ich meinen Panamahut einem befreundeten Droschkengaul, der ihn jetzt mit vielem Stolz als Sonnenschützer trägt. Mir selbst aber kaufte ich um zwei Kronen fünfzig einen Filzhut, dessen Form und Farbe niemand zu bestimmen vermag. Ich hatte nämlich die Erfahrung gemacht, daß schöne und wertvolle Dinge ein sehr lästiger und störender Besitz sind, weil sie die Kritik der Menschen herausfordern, während man mit schlechten und billigen Sachen das ruhigste Leben von der Welt führen kann. AG 18 (1906)

Kritik der Natur

Nachdem ich das Abiturium gemacht hatte, beschlossen meine guten Eltern, mich Kabarettier werden zu lassen, und ließen mich daher Philosophie studieren. Was sie aber damals noch nicht voraussehen konnten, war, daß eines Tages sämtliche Kabaretts zusperren würden. Dieser Zeitpunkt scheint jedoch jetzt in bedenkliche Nähe zu rücken. Da ich aber, wie gesagt, nichts gelernt habe als Philosophie, so bleibt mir nur eine einzige Laufbahn: die Universitätsdozentur. Das soll zwar, wie ich höre, viel schlechter bezahlt werden, aber dafür sollen die Kollegen bessere Menschen sein. Ich arbeite auch bereits an einer Habilitationsschrift, sie heißt: »Kritik der Natur«. Sie ist natürlich dem Gebiet der Ästhetik entnommen, denn ästhetisieren kann man bekanntlich alles, und sie ist natürlich polemisch, denn ästhetische Kritik besteht nicht darin, daß man vorhandene Schönheiten erklärt, sondern darin, daß man sie als häßlich nachweist. Die Grundgedanken dieses Werkes sind ungefähr die folgenden.

Nämlich: die Natur ist zweifellos sehr schön, aber sie ist zu einer Zeit geschaffen worden, in der ein ganz anderer Geschmack geherrscht hat. Es ging damals offenbar alles noch viel mehr entweder ins Großzügig-Primitive oder in übertriebene Detailtüftelei. Auch waren die Farbentechnik und die Fähigkeit der Nuancierung noch nicht auf jenem Höhepunkt, den sie heute einnehmen. Es wäre nun dagegen gar nichts zu sagen, denn dies alles ist vom historischen Standpunkt aus ganz verständlich, aber: die Natur geht nicht genügend mit der Zeit weiter. Es ist dies um so merkwürdiger, als sie doch im übrigen in Anpassung Hervorragendes und Mustergültiges leistet, wenigstens seit Darwin.

Zum Beispiel: einige Dinge sind absolut nicht mehr zu machen, denn sie widerstreiten direkt den ästhetischen Bedürfnissen des heutigen Publikums. Die Natur sollte doch einsehen, daß sie sich nach der Kundschaft zu richten hat. Erzwingen läßt sich nichts, und eine so altrenommierte Firma sollte das wissen.

Was sollen zum Beispiel Georginen, Astern und ähnliche

Papierblumen? Man darf solche Sachen heute nicht mehr herstellen, sie sehen aus wie verunglückte Lampenschützer. Immerhin: man hat die Dinger einmal getragen. Daß aber etwas von einem so unmöglichen Gelb wie die Sonnenblume überhaupt irgendwann geschaffen werden konnte, ist schwer zu begreifen. Abzulehnen sind überhaupt fast alle Kompositen. Es ist ein Blütenstand, den man der besseren Gesellschaft nicht mehr aufschwätzen kann. Gewisse Sorten werden allerdings deutlich aus dem Handel zurückgezogen, wie zum Beispiel das Gänseblümchen, das offenkundig unter dem Anschaffungspreis in riesigen Massen verramscht wird. Die Korbblütler sind übrigens noch lange nicht das Schlimmste. Wie lange wird man sich noch unterstehen, uns die Fuchsie vorzusetzen? Da schimpfen die Leute immer über die Sezessionisten: – aber einen kunstgewerblichen Gegenstand von so aufreizender Häßlichkeit haben die nie herzustellen gewagt.

In vielen Fällen ist der Erfolg der Natur eine geschobene Sache. Die Clique hat für gewisse Blumen und Tiere so lange Tam-Tam gemacht, bis das übrige Publikum kritiklos mitgegangen ist. Die Nachtigall zum Beispiel ist so ein künstlich hinauflanciertes Geschöpf. Es ist an ihr gar nichts daran, das wage ich offen zu behaupten. Sie hält nicht entfernt den Vergleich mit dem Vogel Pirol aus, den Peter Altenberg kürzlich entdeckt und in einem sehr anerkennenden Referat gewürdigt hat. Ich bin fest überzeugt davon, daß ihn dabei keinerlei unsaubere Nebenmotive geleitet haben und daß nicht einmal etwas wie »camaraderie« im Spiele ist.

Gegen die Amphibien dagegen benimmt sich das Publikum direkt schamlos. Dabei sind es fast lauter mysteriöse, märchenhafte Tiere von einer bisweilen ganz unwirklichen Schönheit, für die unsere Zeit nur leider noch nicht reif ist. Auch sind einige erstklassige Komiker darunter. Schon die ordinären und überall massenhaft hergestellten Sorten wie Salamander, Kröten und Frösche verdienen das höchste Lob. Man wende nicht ein, daß ja zum Beispiel der Frosch sehr populär ist. Das ist er allerdings: aber doch nur wegen seiner wissenschaftlichen Leistungen als Meteorologe. Als Schönheit nimmt man ihn nicht ernst.

Mit den Insekten steht es etwas besser: aber auch hier sieht man wieder, wie immer der zuletzt recht behält, der auf die groben Instinkte der Masse spekuliert. Am beliebtesten sind die Sorten, die zu den billigsten Mitteln gegriffen haben, wie der Rosenkäfer, der Goldkäfer und andere. Auch von den Schmetterlingen muß ich sagen, daß sie – einige südamerikanische Sorten ausgenommen – alle etwas Süßlich-Kitschiges haben. Die Libelle, eine seit Jahren von den Zeitungen angehimmelte Kreatur, ist um nichts weniger kitschig als eine Spitzentänzerin, obgleich ich ehrlicherweise gestehen muß, daß ich sie mir oft angesehen habe, wie ich ja auch von Zeit zu Zeit gern in ein Ballett gehe. Jedoch man muß sich klarmachen, daß das nichts mit moderner Kunst zu tun hat. Von gemeinen und unanständigen Vorgängen frecher, lügenhafter Reklame, die leider auch nichts Seltenes sind, will ich gar nicht erst reden, da ich mir vielleicht Unannehmlichkeiten zuziehen könnte. Aber *ein* Fall muß doch endlich einmal an den Pranger gestellt werden, nämlich der des völlig wertlosen Marienkäfers, der durch die Vorspiegelung, daß er Glück bringe, in die erste Reihe der Koleopteren gemanagt wurde.

Überhaupt macht sich das Publikum viel zuwenig klar, daß es in vielen Fällen Spekulationen zum Opfer fällt, die gar nichts mit dem ästhetischen Moment zu tun haben. Es findet die Schwalbe besonders schön, aber wenn es ein bißchen nachdenken würde, so würde es sich sagen müssen, daß das ganze widerliche Geschrei, das mit diesen weißschwarzen Nichtigkeiten gemacht wird, nur auf eine Ideenassoziation zurückzuführen ist: weil sie nämlich »den Sommer bringen«. Erstens ist das ein für Kenner höchst durchsichtiger Geschäftstrick, um sich bemerkbar und beliebt zu machen, und zweitens hat das gar nichts mit Schönheit zu tun.

Bisweilen kommen allerdings auch solche durch einen äußerlichen Glücksfall zu Renommee, die es verdienen. Um den Storch zum Beispiel würde sich niemand kümmern, wenn er nicht zufällig die Kinder brächte. Aber er verdient die Karriere, die er gemacht hat, denn er ist ein originelles, modernes und dabei hochanständiges Tier.

Aber wie steht es mit den Robben? Den diskretesten Groteskkomikern unter den Säugetieren, ja ich darf sagen: unter den Wirbeltieren? Und mit den verschiedenen Krebssorten, die das Bemerkenswerteste an originellen Evolutionen leisten, was seit Menschengedenken geboten worden ist? Und mit den Medusen, den Seewasserschnecken, überhaupt allen »niederen Tieren«? (Schon in dieser abfälligen Bezeichnung, die von vornherein gegen diese Geschöpfe Stimmung machen will, zeigt sich die ganze Gemeinheit der Clique.)

Überhaupt: je mehr ich darüber nachdenke, die Hauptschuld hat doch das Publikum. Wenn es mehr Entgegenkommen zeigte, wäre die Natur auch nicht so. Sie ist gar nicht so unmodern: nicht lange nach der Erfindung der Elektrizität hat sie zum Beispiel elektrische Fische ediert. Auch sind in der letzten Zeit einige Tiefseefische an die Öffentlichkeit getreten, die zu den sensationellsten Attraktionen gehören. Sie haben fast alle Leuchtvermögen und prächtige Farben, es sind schwimmende Brillantfeuerwerker ersten Ranges. Einer hat Drachenflügel, ein anderer schwimmt auf dem Rücken. Man wird sagen: Originalitätshascherei! Nun ja, aber es ist doch einmal was Neues.

Alle diese Tiere haben natürlich nicht die »erhabene Schönheitslinie«, die die abgetakelten Professoren der Ästhetik verlangen, die leider Gottes unseren Geschmack noch immer viel mehr beeinflussen, als man glaubt. Wozu hat es eigentlich einen Naturalismus und Impressionismus gegeben, wenn uns immer wiederum die alten, abgegriffenen Repertoirestücke wie Nelke, Vergißmeinnicht, Palme, Pferd, Löwe, Adler usw. vorgeritten werden? Diese Geschöpfe sind durch die Bank langweilig, so langweilig wie ein Gedicht von Schiller oder ein Gemälde von Kaulbach. Und der Pfau, dieser ordinäre Knallprotz!

Und unter uns: ich bin auch gegen die Rose. Aber ich werde mich hüten, das laut zu sagen, denn die hat ja die ganze Presse hinter sich.

BTB 17. 9. 1913

Das Kabarett

Bisweilen werde ich gefragt, was ich von dem gegenwärtigen Zustand des Kabaretts halte und ob ich glaube, daß es noch eine Zukunft habe. Aber wenn ich die Wahrheit sagen soll, oder vorsichtiger ausgedrückt: das, was ich für die Wahrheit halte, so kann ich auf diese Frage nur mit einer Platitüde antworten. Die Wahrheit ist nämlich immer entweder ein Paradoxon oder eine Platitüde, und ob man sie für das eine oder für das andere hält, das hängt lediglich von der Zahl der Menschen ab, die an sie glauben. Hat sie sich bloß bei einigen wenigen durchgesetzt, so erscheint sie allen anderen als Irrsinn oder bestenfalls als Originalitätshascherei; haben sich dann allmählich alle Menschen von ihrer Richtigkeit überzeugt, so nennt man sie einen öden Gemeinplatz. Jede Wahrheit, die größte wie die kleinste, ist dazu bestimmt, die Entwicklungslinie von »absurd« zu »trivial« zurückzulegen. Aber wenn sie trivial geworden ist, bleibt sie darum doch nicht minder wahr, und man muß daher den Mut haben, in einem solchen Falle etwas Plattes zu sagen. [...]

Nachdem ich mich also genügend salviert habe, rücke ich mit meiner Platitüde heraus: ich glaube, daß die Institution des Kabaretts nur so lange existenzberechtigt ist, als sie den Charakter des Dilettantismus und der Improvisation trägt. Ich sage: den Charakter. Damit ist also nicht gemeint, daß in einem Kabarett nur Menschen auftreten dürfen, die künstlerisch nichts gelernt haben, oder daß dort nur aus dem Stegreif gespielt werden darf. Aber es muß immer so aussehen, als ob es dort nur Dilettanten gäbe, und es muß alles so herauskommen, als ob es im Augenblick entstanden wäre. Das Publikum, das überhaupt viel mehr versteht, als die sogenannten Berufskünstler anzunehmen pflegen, hat für dieses Stilgesetz eine sehr feine Empfindung und verhält sich im Kabarett gegen alles andere, und sei es an sich noch so tüchtig und wertvoll, innerlich ablehnend.

Mit anderen Worten: die Zuhörer müssen spüren, daß jeder einzelne Auftretende ein Amateur geblieben ist, das Wort in seiner ursprünglichen Bedeutung genommen: ein Mensch, der seine Sachen riesig gern macht, dem es ein wirkliches Vergnügen bereitet, aufzutreten, der aus Passion, aus Laune, aus Mitteilungsbedürfnis und nicht infolge eines unter Konventionalstrafe abgeschlossenen Kontrakts vor das Publikum tritt. (Womit natürlich wiederum nicht gemeint ist, daß er für seine Leistungen nicht bezahlt werden darf.) Dies ist es, was ich unter dem Charakter des Dilettantismus verstehe. Es muß über dem Ganzen immer die Atmosphäre einer Liebhaberbühne liegen; die Vorträge können noch so gelungen, das Ensemble noch so geschult sein: der Zuschauer muß doch immer die vage Empfindung haben, hier sind Menschen, die sich einen vergnügten Abend machen, und ich sehe zu.

Ferner darf das Programm nicht in Einzelleistungen zerfallen. »Programm« ist überhaupt schon ein Wort, das zum Begriff des Kabaretts nicht paßt. Sondern man muß spüren: jede Einzelleistung ist aus dem Gefühl des Ganzen hervorgegangen und ein jeder ist erst komplett, wenn man alle anderen dazunimmt. Man muß spüren: dieser Mensch, der jetzt hier oben auf der

Bühne steht, könnte dieselbe Sache nicht in jedem beliebigen Raum, in jedem beliebigen Ensemble, in jeder beliebigen Stimmung ebensogut zusammenbringen (was sämtliche Artisten können, die alle nichts anderes sind als kostbare Grammophonplatten). Es gibt unter den Protozoen gewisse Arten, die sich zu großen Zellkolonien, »Coenobien«, vereinigen. Diese Geschöpfe sind zwar selbständige Einzelorganismen und besitzen daher jedes seine Individualseele, aber außerdem hat auch noch der ganze Zellstock ein eigentümliches Seelenleben, eine Art Überseele, die man »Coenobialseele« nennt. Nun, eine solche Coenobialseele muß auch jedes richtige Kabarett besitzen. Dies meine ich mit dem Charakter der Improvisation, der sorgfältige Vorbereitung durchaus nicht ausschließt.

Da also ein Kabarett eine Lebenseinheit, ein Organismus ist, so ist es auch nötig, daß es organisch entstanden sei wie ein natürliches Gewächs. Alle echten Kabaretts haben auch einen solchen Ursprung gehabt, und es hat deren, soviel ich weiß, auf deutschem Sprachgebiet nur vier gegeben: Wolzogens »Überbrettl«, die Münchener »Elf Scharfrichter«, das Wiener »Nachtlicht« und die »Fledermaus« in ihren Anfängen. Bei dem ersten dieser Kabaretts kam ein geistreicher und liebenswürdiger deutscher Schriftsteller auf die Idee, eine Episode aus Otto Julius Bierbaums *Stilpe* in die Realität zu übersetzen. Und das Experiment gelang und hatte großen Erfolg, genau so lange, als es nichts anderes war als ein bizarrer literarischer Scherz, den ein geschmackvoller Gentleman mit dem Publikum machte. Aber alsbald wurde es ein Geschäftsunternehmen, und in dem Augenblick begann das Publikum sich langsam zurückzuziehen. Dann kamen die »Elf Scharfrichter«, die in ihrer damaligen Zusammensetzung eine wirkliche Vereinigung von ausgelassenen und vorurteilslosen Bohèmiens waren: ihre Seele war der Franzose Marc Henry, ein letzter Ausläufer der provenzalischen Sängervagabunden, und unter ihnen befand sich Frank Wedekind. Das »Nachtlicht« war dann eine Art Wiener Kolonie der »Elf Scharfrichter«. Und in der »Fledermaus« saßen dann in der buntgekachelten Bar eine Reihe von gutgelaunten und medisanten Menschen zusammen. Diese Menschen sagten sich ununterbrochen gegenseitig die größten Sottisen und zwischendurch versöhnten sie sich und sagten gemeinsam über die gesamte übrige Welt die größten Sottisen. Und dann kam dazu die ungeheure amerikanische Energie Fritz Wärndorfers und machte unter einem gewaltsamen Hochdruck von zehntausend Volt aus diesen Bargesprächen einen Kabarettabend. Auf die Dauer war es aber unmöglich, dieses boshafte und launische Gesindel zusammenzuhalten, und nachdem Fritz Wärndorfer zwei Jahre lang seine Nerven, sein Geld und sein gesellschaftliches Ansehen aufs Spiel gesetzt hatte, wurde es ihm zu dumm, und er verkaufte das Lokal an einen ruhigen und nüchternen Geschäftsmann, unter dem es nicht schlechter, ja sogar eine Zeitlang besser ging; aber es war eben kein Kabarett mehr.

Von dieser letzteren Art sind nun heutzutage alle deutschen Kabaretts: in Berlin, in Wien, in Köln, in Hamburg, überall. Es sind korrekt betriebene kleine Varietés. Es gibt da natürlich Abstufungen, die pauvresten nähern sich schon bedenklich dem Café chantant, die elegantesten haben unter acht oder neun langweiligen oder albernen oder geschmacklosen Nummern auch einmal ein wirkliches Original. Aber eine einzelne gute Kraft kann wohl Publikum anziehen, aber sie kann nicht ein Kabarett machen; sowenig wie ein einzelner Mensch, und wenn er noch so viel Humor und Phantasie hat, ein Witzblatt machen kann. Alle guten Witzblätter sind denn auch ganz ähnlich entstanden wie die Kabaretts, zum Beispiel der *Simplicissimus*. Auch damals saßen eine Anzahl Münchener Maler und Schriftsteller um einen Biertisch herum und machten sich über alles mögliche lustig. Und auch damals kam eine amerikanische

Energie in Gestalt Albert Langens dazu und schweißte diese Elemente zu einer Zeitung zusammen.

Woraus sich also heutzutage so ein Kabarett zusammensetzt, das sind entweder Marodeure, Menschen, die für ein reguläres Theater zu untalentiert oder zu unzuverlässig sind, oder tüchtige, solide Artisten. Diese wissen: meine Nummer beginnt um elf Uhr zwanzig, und dann werde ich fünfzehn Minuten arbeiten, mit Zugabe neunzehn. Sie kommen eine halbe Stunde früher, ziehen sich um, schminken sich, und wenn sie fertig sind, schminken sie sich ab, nehmen ihren Winterrock oder ihre Boa und fahren nach Haus. Am ersten und sechzehnten holen sie sich ihre Gage, abzüglich zehn Prozent für den Agenten, und ihre einzigen Erschütterungen bestehen darin, daß sie ihren Manager antelephonieren, ob er ihnen noch immer nicht für April einen Abschluß verschafft hat.

Trotzdem sind aber solche zwanglose Institutionen wie Witzblätter und Kabaretts eine Notwendigkeit, denn es wird immer originelle und lebhafte Naturen geben, die in die bestehenden Kunstformen nicht passen, die ihnen sowohl zu weit wie zu eng sind. Aber die Kabarettform ist dazu nicht mehr zu gebrauchen, schon aus dem einfachen Grund, weil jede Kunstinstitution, die auf einen bestimmten aparten Einfall aufgebaut ist, immer nur eine beschränkte Lebensdauer hat. Es ist mit den Witzblättern geradeso. Die *Fliegenden Blätter* waren, so schwer wir uns das heute vorstellen können, einmal ein höchst gefürchtetes und verhaßtes, als frivol und revolutionär verschrienes Blatt; eben damals, als die Witze über die Professoren, die Schwiegermütter und die Leutnants noch neu waren. Und umgekehrt mutet der *Simplicissimus* heute schon recht philiströs an und ist selber schon reif für die Parodie. Und ebenso ist es mit den Kabaretts, den gesprochenen und gespielten Witzblättern. Und darum ist mein Resümee: man muß einen neuen Schwindel erfinden. MD 217 (1914)

Krieg und Nachkrieg

Dieses gefürchtete »eigene Ich«, vor dem [die Menschen] *in fremde Länder davonlaufen, fährt als blinder Passagier überallhin mit. Und wenn diese Ablenkung den Menschen nichts nützt, so spielen sie Hasard oder bringen harmlose Tiere um. Und wenn auch das nicht hilft, so machen sie einen Weltkrieg.*

SB 16 (1918)

Die Philosophie des Weltkriegs

Alle Dinge haben ihre Philosophie, ja noch mehr: alle Dinge *sind* Philosophie. Alle Menschen, Gegenstände und Ereignisse sind einfache Verkörperungen eines bestimmten Naturgedankens, einer eigentümlichen Weltabsicht; und wenn man die Sache so ansieht, so muß man in der Tat zugeben, daß die alten Mystiker recht hatten, wenn sie sagten: vor Gott seien alle Dinge gleich groß. Soweit sie nämlich nichts anderes sind als Gedanken des Schöpfers, sind sie wirklich alle gleich tief und gleich erhaben. Freilich sind viele Dinge daneben auch Verkörperungen *menschlicher* Gedanken, und da pflegt sich dann ihre Physiognomie sehr erheblich zu ändern und meist zu ihrem großen Nachteil. Die Natur hat ganz offenbar mit den Dingen die Absicht gehabt, daß sie sich *selbst* ausdrücken, nicht mehr, nicht weniger; der Mensch aber will sie zu irgend etwas gebrauchen, das heißt also: er will, daß sie etwas anderes ausdrücken. An dem Grade nun, in dem ihm dies gelingt, bemißt er ihren

Wert, und nun erst beginnen sie eine Rangordnung und Skala zu bilden.

Der Philosoph aber hat immer das angenehme Vorrecht besessen, von allen menschlichen Zufälligkeiten und Gewaltsamkeiten abstrahieren zu dürfen, und er wird es sich ein für allemal nicht nehmen lassen, alle Dinge für gleich tief, wertvoll und bedeutsam zu halten. In dem Augenblick nämlich, als er dies tut, sind sie es auch. Whistler erblickt eine wackelige eingeregnete Holzbrücke im Herbstnebel und bringt sie auf die Leinwand. Alles ist entzückt. Was hat er gemalt? Nichts anderes als die *Philosophie* dieser Brücke, den Gedanken, der sie geschaffen hat, den aber nur er sah. Jacob Boehme bemerkte ein dummes altes Zinngefäß, in dem sich die Sonne spiegelte, und sagte sich: Sieh! Es ist nur ein schlechter schwarzer Zinnkrug, und dennoch ist in ihm die ganze Sonne! Darauf wurde er, was man »tiefsinnig« nennt, zog sich zurück und schrieb eines der schönsten theosophischen Bücher. Dionysius Papin beobachtete einen summenden Teekessel und fragte sich: Warum summt er? Welcher Gedanke ist in diesem Summen verborgen? Und er sann so lange nach, bis er ihn fand, und wir wissen, daß dieser Gedanke die Oberfläche unseres Planeten, ja unser ganzes Gefühl von Raum und Zeit vollständig verändert hat. Newton sah, wie ein Apfel zu Boden fiel, dachte darüber nach, und das Resultat war seine »mathematische Naturphilosophie«, auf die sich unsere gesamte heutige Physik und Astronomie gründet. Alle Dinge sind unendlich bedeutend und unendlich tief – wenn man über sie nachdenkt.

So und nicht anders wird der Philosoph der Zukunft – und warum sollte es in der Zukunft nicht ebensogut Philosophen geben wie überall und zu allen Zeiten? – über den Weltkrieg nachdenken. Er wird nach der Idee forschen, die ihm zugrunde lag, nach dem Gedanken, dessen Form er bloß war. Die Dinge pflegen oft erst spät einem einzigen dazu Berufenen ihren Sinn zu enthüllen. Wie lange hat es gedauert, bis der magnetische Stahl dem sehenden Auge Gilberts seine wunderbar wirksamen Kräfte enthüllte! Wie lange hat es gedauert, bis die einfache und elementare Tatsache der menschlichen Seele von einem galiläischen Wanderprediger entdeckt wurde! Wie viele geheime Naturkräfte warten noch immer geduldig, bis *einer* kommt und den Gedanken in ihnen erlöst! Daß die Dinge *geschehen*, ist nichts: daß sie *gewußt* werden, ist alles. Der Mensch hatte seinen schlanken, ebenmäßigen Körperbau, seinen aufrechten, edlen Gang, sein weltenumspannendes Auge seit Jahrtausenden und Jahrtausenden: in Indien und Peru, in Memphis und Persepolis, aber schön wurde er erst in dem Augenblicke, da die griechische Kunst seine Schönheit erkannte und abbildete! Darum scheint es uns auch immer, als ob über Pflanzen und Tieren eine eigentümliche Melancholie gebreitet sei: sie alle sind schön, sie alle sind die Sinnbilder irgendeines tiefen Schöpfungsgedankens, aber sie wissen es nicht, und darum sind sie traurig.

Tiefe Trauer geht durch die Welt, erzeugt durch diesen Krieg, nicht allein wegen all der Leiden, die er mit sich bringt, sondern weil wir vorläufig seinen Sinn noch nicht wissen, noch gar nicht wissen können. Wir sehen Unterseeboote und Luftschiffe, Minenwerfer und Drahtverhaue, Heldentaten und Diplomatenintrigen, Brotkarten und Extraausgaben: aber der Gedanke dieses Krieges ist uns noch nicht erschienen. Er wird erst ans Licht steigen, wenn alles längst vorüber ist.

Zweifellos werden Spätergeborene uns sehr um das Erlebnis dieses Krieges beneiden. Sie werden zu uns mit jenem Respekt emporblicken, den der Außenstehende vor dem Eingeweihten empfindet, sie werden das Gefühl haben, daß wir tiefer an das Geheimnis des Daseins gerührt haben als sie. Sie werden uns mit Fragen überschütten, und wir werden ihnen auf nichts antworten können. Woher kommt das? Die Lösung ist wieder einmal ebenso einfach wie paradox. Das Erlebnis hat nämlich immer eine viel geringere Realität als die Phantasie. Es ist zum Beispiel eine bekannte Tatsache, daß Träume oft viel stärker wirken als tatsächliche Geschehnisse. Man versucht dies häufig damit zu erklären, daß man sagt: Träume seien schrecklich oder bedeutsam, weil ganz ungewöhnlich schreckliche und bedeutsame Dinge in ihnen vorgehen. Das ist aber nicht richtig. Dasselbe Ereignis packt uns oft viel mehr, wenn wir es träumen, als wenn wir es wirklich erleben. Träume sind eindrucksvoll, weil sie Träume sind. Und ebenso verhält es sich mit den welthistorischen Ereignissen, die uns die Geschichte überliefert, und denen, die wir als Zeitgenossen miterleben. Die ersteren sind berichtet, vorgestellt, gedacht, sie sind in der Phantasie und eine Art Traum, die letzteren sind bloß wirklich. Die ersteren kommen zu uns im Gewande der Dichtung und haben daher jene eigentümlich aromatische, betäubende, berauschende, verwirrende Wirkung, die die Poesie immer und die Wirklichkeit nie hat. Die Französische Revolution hat auf alle Späteren einen tieferen Eindruck gemacht als auf die Sensibelsten unter den Zeitgenossen. Wenn wir eine Sache miterleben, so schiebt sich zwischen die tiefen seelischen Eindrücke, die sie machen könnte, immer die Fülle der alltäglichen Details und sprengt die Wirkung. Die Nähe ist zu groß, das Körperliche zu aufdringlich, wir können die Sache gewissermaßen anfassen: die Illusion, die mysteriöse Fernwirkung ist zerstört. Auch sieht der Zeitgenosse ein historisches Ereignis nie im Ganzen, immer nur in Stücken, er empfängt den Roman in lauter willkürlich abgeteilten Lieferungen, die unregelmäßig erscheinen und nicht selten ganz ausbleiben. Die Dinge sind nur groß, wenn man die Möglichkeit hat, sie von oben zu sehen. Um zu erkennen, daß der Montblanc groß ist, muß ich ihn von seiner Spitze oder vom Luftballon aus betrachten. Solange ich ihn besteige, sehe ich ihn überhaupt nicht. Der Atlantische Ozean ist nur auf der Landkarte groß, ohne diese ist er für mich gar nicht vorhanden. Größe bedarf der Distanz. Das Leben, das ich mit meinen Mitmenschen lebe, wird in lauter kleine Molekularbewegungen zerlegt, und darüber kann ich zu keinem Gesamtbild kommen. Je ferner wir einer Sache stehen, desto tiefer wirkt sie auf uns, desto poetischer erscheint sie uns. Die Natur hat immer etwas Poetisches, weil sie uns so fremd ist, weil wir so gar nichts von ihr wissen. Ein Tier ist schon nicht mehr so poetisch wie eine Pflanze, weil uns die Tiere etwas näherstehen. Aus demselben Grunde erscheint uns ein Tier fast immer poetischer als ein Mensch, ein Kind poetischer als ein Erwachsener, eine Frau poetischer als ein Mann, ein unbekannter Mensch poetischer als ein bekannter, ein Toter poetischer als ein Lebender. Und dasselbe gilt natürlich von der Vergangenheit. Schon unsere eigene Vergangenheit hat einen eigentümlichen halbromantischen Charakter: wir denken an vergangene Erlebnisse, selbst wenn sie peinlich waren, immer mit einem gewissen Neid und finden, das Leben sei damals schöner gewesen. Das, was *war,* wirkt auf uns allemal tiefer als das, was *ist.* [...]

Das deutsche Volk hat inzwischen den Weg Fausts durchmessen, getreu den Testamentsbestimmungen seines größten Dichters und Sehers. Es hätte diesen Weg nie durchmessen können ohne jene verheerenden napoleonischen Kriege, die so viele verwünschten. Denn der Krieg hat im Völkerleben eine ähnliche Bedeutung wie das Fieber im Leben des einzelnen: er ist ein Stoffwechselsteigerer, ein Entwicklungsbeschleuniger.

Auch der gegenwärtige Krieg hat sicher eine ähnliche Bestimmung. Aber diese wird erst die Zeit enthüllen, die Zeit und der Dichter. Die ganze Welt ist für den Dichter geschaffen, um ihn zu befruchten und durch ihn wieder die anderen, und auch die ganze Weltgeschichte hat keinen anderen Inhalt. Sie enthält Materialien für Dichter, Dichter der Tat oder des Worts: das ist ihr Sinn. Bis dahin aber wollen wir uns an die Worte Emersons halten: »Der Mensch soll lernen, inmitten des ewigen Wechsels und Flusses nach dem Ewigen auszuschauen. Er soll lernen, daß er hier ist, nicht um zu verarbeiten, sondern um verarbeitet zu werden, und daß, obgleich sich ein Abgrund unter dem anderen öffnet, doch schließlich alles im ewigen Urgrund enthalten ist. Sinkt sein Schiff, so sinkt es nur zu einem neuen Meer.« VD 61 (1915)

Eine Frage

Seit längerer Zeit beschäftige ich mich damit, allen möglichen Menschen eine Frage vorzulegen, eine kleine, unverfängliche, für jedermann leicht faßliche Frage; und dennoch habe ich bis zum heutigen Tage noch keine befriedigende Antwort bekommen. Infolgedessen bleibt mir nichts anderes übrig, als »mich in die Öffentlichkeit zu flüchten«, wie man das so schön auszudrücken pflegt. Diese ungeheuer einfache und ungemein naheliegende Frage lautet: Welchen Zweck hat es für die einzelnen Angehörigen eines Staatswesens, daß dieses Staatswesen groß, mächtig, geachtet und gefürchtet in der Welt dastehe?

Da ich mir keineswegs die Fähigkeit zutraue, ein so schwerwiegendes, universell bedeutsames und verantwortungsvolles Problem selber zu entscheiden, so habe ich mich, wie gesagt, an zahlreiche andere Personen gewendet. Ich teile diese Menschen, die von mir interpelliert wurden, in vier Gruppen.

Die Mitglieder der ersten Gruppe trugen alle einen Vollbart. Sie strichen ihn und antworteten: »Ja, mein Lieber, so ohneweiters kann ich Ihnen das nicht erklären. Da müßten Sie sich schon ein wenig mehr mit Politik, Weltgeschichte und Nationalökonomie befaßt haben.« Da muß ich aber nun doch sagen: Was sollen dann erst die anderen anfangen, die sich *noch* weniger mit Politik, Weltgeschichte und Nationalökonomie befaßt haben als ich, und es gibt doch auch solche? Man sollte doch meinen und wünschen, daß eine Angelegenheit von solcher Wichtigkeit und Allgemeinheit für jedermann ohneweiters zugänglich sein sollte, also auch für alle, die sich *gar nicht* mit Politik, Weltgeschichte und Nationalökonomie befaßt haben! Was übrigens diese letztere Wissenschaft anbetrifft, so möchte ich es mit Ruskin halten, der gesagt hat: »Unter allen Verirrungen des menschlichen Geistes ist vielleicht die seltsamste, sicherlich aber die entehrendste die angebliche Wissenschaft der Nationalökonomie.«

Die zweite Gruppe erging sich in höchst weitschweifigen Erörterungen, in denen Ausdrücke wie »Ausfuhrbilanz«, »Bedarfsdeckungswirtschaft«, »Absatzkrise«, »Unterkonsumtion« und dergleichen die Oberhand hatten. Diese Auseinandersetzungen waren in der Tat dazu angetan, zu beweisen, wie recht die erste Gruppe gehabt hatte: ich verstand nämlich nicht ein Wort. Infolgedessen wendete ich mich an eine dritte Gruppe von Menschen, zu denen ich unbedingt mehr Vertrauen habe: nämlich an die Toten. Von diesen bekam ich eine Reihe höchst überraschender Bemerkungen zu hören, die ich nicht verschweigen will.

Lichtenberg zum Beispiel scheint sich auch nicht recht auszukennen, indem er sagt: »Ich möchte was darum geben, genau zu wissen, für *wen* eigentlich die Taten getan worden sind, von denen man öffentlich sagt, sie wären *für das Vaterland* getan worden.« Schopenhauer hingegen wird schon deutlicher: »Die Raubtiere des menschlichen Geschlechts sind die erobernden Völker, welche wir, von den ältesten Zeiten bis auf die neuesten, überall auftreten sehen, mit wechselndem Glück, indem ihr jeweiliges Gelingen und Mißlingen durchweg den Stoff der Weltgeschichte liefert; daher eben Voltaire recht hat zu sagen: *Dans toutes les guerres il ne s'agit que de voler*. Daß sie sich der Sache schämen, geht daraus hervor, daß jede Regierung laut beteuert, nie anders als zur Selbstverteidigung die Waffen ergreifen zu wollen. Statt aber die Sache mit öffentlichen, offiziellen Lügen zu beschönigen, die fast noch mehr als jene selbst empören, sollten sie sich, frech und frei, auf die Lehre des Machiavelli berufen. Diese ist für die Raublust immer noch eine viel anständigere Hülle als die ganz durchsichtigen Lappen palpabelster Lügen, welche auf die bekannte Geschichte vom Kaninchen, welches den Hund angegriffen haben soll, hinauslaufen.«

Deutschen Oberlehrern möchte ich einige Aussprüche unserer Klassiker empfehlen, die doch gewiß immer das Wahre, Schöne und Gute hochgehalten haben.

Lessing versichert: »Ich habe von der Liebe des Vaterlandes keinen Begriff, und sie scheint mir aufs höchste eine heroische Schwachheit, die ich recht gern entbehre.« Goethe schreibt: »Wenn wir einen Platz in der Welt finden, da mit unseren Besitztümern zu ruhen, ein Feld, uns zu nähren, ein Haus, uns zu decken, haben wir da nicht Vaterland? Und haben das nicht Tausend und Tausende in jedem Staat? Und leben sie nicht in dieser Beschränkung glücklich? Wozu nun das vergebene Aufstreben nach einer Empfindung, die wir weder haben können noch mögen? Römerpatriotismus? Davor bewahre uns Gott wie vor einer Riesengestalt!« Und Schiller: »Das vaterländische Interesse ist nur für unreife Nationen wichtig, für die Jugend der Welt; es ist ein armseliges, kleinliches Ideal, einem philosophischen Geiste ist diese Schminke durchaus unerträglich.«

Adolf Harnack, den man wohl, ohne Widerspruch befürchten zu müssen, als den größten lebenden Theologen bezeichnen darf, sagt mit der ihm eigenen Kürze und Klarheit in zwei Sätzen alles, was eigentlich über diese Frage zu sagen ist: »Wie armselig ist doch der Mensch, der im Patriotismus sein höchstes Ideal erkennt oder im Staate die Zusammenfassung aller Güter verehrt! Welch ein Rückfall, nachdem wir in dieser Welt Jesus Christus erlebt haben!«

Und am deutlichsten wird Tolstoi, indem er sagt: »Durch den Patriotismus sind alle Völker der christlichen Welt bis zu einem solchen Grade der Vertierung gebracht worden, daß ihnen nichts eine größere Freude und Begeisterung gewährt als der Gedanke an vergangene und zukünftige Massenmorde. Der Patriotismus ist ein rohes Gefühl, weil er nur Menschen eigen ist, die auf der niedrigsten sittlichen Stufe stehen; er ist ein schädliches Gefühl, weil er die vorteilhaften und friedlichen Beziehungen zu anderen Völkern stört und eine Organisation hervorruft, bei der der Schlechteste die Gewalt an sich zu reißen vermag und es auch immer tut; er ist ein schimpfliches Gefühl, weil er den Menschen zu einem Kampfhahn, einem Stier, einem Gladiator macht; er ist ein unmoralisches Gefühl, weil ein jeder Mensch unter seiner Einwirkung sich für den Sohn seines Vaterlandes, für den Sklaven seiner Regierung hält, anstatt sich für ein Kind Gottes zu halten, wie es das Christentum lehrt.« [...]

Ich wage trotz alledem noch immer nicht, mir die erwähnte Frage selber zu beantworten; aber ich schöpfe aus diesen (und vielen anderen) Aussprüchen den Mut, nun auch mitzuteilen, was die weitaus zahlreichste vierte Gruppe jener Menschen erwidert hat, die ich fragte, welchen Zweck es denn eigentlich für den anständigen, vernünftigen und bescheidenen Staatsbürger habe, daß sein Vaterland groß, einflußreich und mächtig sei. Die Antwort lautete: »Gar keinen.« SA II (1919)

Die Reparationskommission

Die Kommission, die sich jetzt in Wien häuslich niederlassen wird, um unseren Regierungsköchen in die Töpfe zu gucken, ist nämlich gar nicht die wirkliche mächtige Reparationskommission. Die Weisen aus den Abendländern, die darüber zu entscheiden haben werden, welche von den unzähligen Inquisitionswerkzeugen aus der Rüstkammer des Friedensvertrages angewendet werden können, ohne daß der arme deutschösterreichische Sünder auf der Folterbank stirbt, werden nach wie vor in Paris sitzen. Hierher, an Ort und Stelle, wird nur eine bescheidene Unterabteilung, die »Reparationskommissionssektion«, entsendet, der kein anderes Recht zustehen wird, als über die Ergebnisse der hochnotpeinlichen Untersuchung nach Paris zu berichten. Es ist klar, daß das langwierige und umständliche Verfahren, das da angewendet wird, dem Delinquenten nicht gerade zum Vorteil gereichen wird. Bei allem ehrlichen guten Willen der Sieger, uns am Leben zu erhalten, wird wohl die Betonung bei der Bezeichnung, die man für die Wiener Unterabteilung gefunden hat, nicht so sehr auf das Bestimmungs- als auf das Grundwort zu legen sein. Wenn man in Paris bei der bisherigen Arbeitsmethode und Verständnislosigkeit für die Eigenart unserer Verhältnisse beharrt, wird die Wiener Kommission Österreich nicht reparieren, sondern höchstens noch sezieren, und unsere lieben Nachbarn, die ja auch der neuen Körperschaft als Sachverständige zugezogen sind, würden diese Zerteilung unseres Leichnams gewiß kunstgerecht ausführen.

Nein, nach allem, was bis jetzt über die neue Instanz, die der Oberste Rat geschaffen hat, bekannt geworden ist, wäre es töricht, zu hoffen, daß wir jetzt die Zeit der Prüfungen überwunden haben. Selbst wenn es wahr wäre, daß die Reparationskommission nicht so sehr das Unheil, das wir angeblich in der Welt angerichtet haben, als vielmehr das Unrecht, das die Welt uns angetan hat, reparieren solle, wird sie nach ihrer ganzen Anlage und nach dem Geist, der in ihr vorherrschen wird, nur dürftige Flickarbeit leisten. Mag sein, daß man hie und da ein allzu klaffendes Loch verstopfen wird. Aber dann wird man sicher nicht ermangeln, an anderen Stellen andere Löcher aufzureißen und dafür zu sorgen, daß sie gerade noch groß genug seien, damit durch sie der Ertrag unserer Arbeit, soweit wir ihn nicht zur Fristung des nackten Lebens benötigen, in die Tasche der Sieger fließt. Fürchten wir die Danaer, auch wenn sie uns Geschenke bringen! Wir haben allen Grund, vor dem Wohlwollen der Reparationskommissionssektion womöglich noch mehr auf der Hut zu sein als vor der Unerbittlichkeit der Friedenskonferenz. MOR 13. 9. 1919

Der rechte Mann am rechten Platz

Die Raucher durchleben wieder einmal schlimme Tage. Ganz plötzlich, wie durch den Zauberspruch einer bösen Fee, sind alle Quellen, aus denen wir uns längst gewöhnt haben, unseren Bedarf an Zigarren, Zigaretten und Rauchtabak zu schöpfen, verstopft. Die Händler vor den Bahnhöfen, die Kellner in den Gast- und Kaffeehäusern, die Leute mit den Beziehungen zu der Freundin der Schwiegermutter des Aushilfsdieners in der Tabakfabrik, sie alle haben für unsere flehendsten Bitten, für unsere verlockendsten Kauf- und Tauschanträge nur ein mitleidloses Achselzucken. Wir wissen schon, dieser Zustand hält nicht lange an. In ein paar Wochen, wenn wir erst ganz gebrochen, ganz gefügig geworden sind, werden die Schleusen der Schleichhandelskanäle wieder geöffnet. Dann werden wir gierig nach dem langentbehrten Genuß greifen, und in unserer hellen Freude, wie gut es uns wieder geht, werden wir kaum gewahr werden, daß die Preise wieder einmal um fünfzig, um hundert Prozent gestiegen sind. Das alles hat sich in all den Elendsjahren viel zu oft und viel zu regelmäßig wiederholt, als daß wir es nicht schon zur Genüge, zum Überdruß kennen würden. Um uns darüber aufzuklären, daß es nicht so sehr die Not an Ware als die Machtlosigkeit der Behörden gegen die raffiniert-grausame Preispolitik der Schieber und Kettenhändler ist, die uns Entbehrungen auferlegt, hätte es nicht erst der Nachricht bedurft, daß auf der Wieden in einem kleinen Hotel als herrenloses Gut zwei Fässer mit 1887 Kilogramm ausländischem Tabak gefunden wurden. Was wir noch immer nicht verstehen, ist nur die Lösung des Rätsels, wieso es den Schleichhändlern immer wieder gelingt, solche Mengen an ausländischem Tabak – aus den zwei Fässern können 300000 Zigaretten erzeugt werden – zu beschaffen, während die Tabakregie nach wie vor nicht imstande ist, Ware aus dem Ausland zu beschaffen, und uns immer kürzerhält, weil die alten Bestände, von denen wir heute noch zehren, immer knapper werden. Es ist leider sehr unwahrscheinlich, daß die Eigentümer der zwei Fässer Tabak sich melden werden. Sollten sie aber wider Erwarten doch gefunden werden, dann würden wir vorschlagen, ihnen die Leitung der Tabakregie anzuvertrauen. Wir werden dann zwar nicht billig rauchen, aber wir werden wenigstens rauchen.

MOR 13. 10. 1919

Der Weise von Lundenburg

Dem Stationschef von Lundenburg ist es gelungen, das Gleichgewicht Europas vor neuen schweren Erschütterungen zu bewahren... Mit berechtigter Besorgnis beobachtete dieser Wackere die Gegensätze zwischen der Ostrauer Kohlenkommission, die unserer Verkehrsnot durch die Beschaffung von Kohlen abhelfen will, und der Wiener Sachverständigenkommission, die sich um Waggons müht, um mit ihnen unserer Kohlennot zu steuern. Diese tiefgehende Differenz in der Auffassung der Wiener und Ostrauer Delegierten über das Wesen des Wiener Verelendungsproblems mußte eine bedrohliche Verschärfung durch den Kohlenzug erfahren, der in verbrecherischem Leichtsinn aus Oberschlesien für Wien ins Rollen gebracht worden war und von jeder der beiden Kommissionen als Argument für sich in Anspruch genommen werden konnte. Glücklicherweise erkannte der Stationschef von Lundenburg rechtzeitig die drohende Gefahr, und seine wahrhaft salomonische Weisheit vermochte dem unausbleiblich scheinenden diplomatischen Konflikt die Spitze abzubrechen. Auf sein Geheiß wurden die Kohlen im Lundenburger Heizhaus abgeladen und die Waggons nach Tschechien verschickt. Das Corpus delicti ist aus dem Wege geräumt, und da wir nun weiter weder Kohlen noch Waggons haben, so hat sowohl die Ostrauer als auch die Wiener Kommission recht, und sie können beide beschaulich weiter beraten. Wir Wiener aber werden zwar nach wie vor hungern und frieren, aber wir bleiben dafür auch ein interessanter Fall. MOR 27. 10. 1919

Wegweiser zur Lebenskunst

Vor dem Kriege war es bekanntlich die größte Schande für eine Wiener Hausfrau, wenn sie nicht mit reiner Butter kochte. Ein Gasthaus aber, in dem nicht einmal gewöhnliches Fett, sondern sogar Margarine verwendet wurde, war geradezu verfemt. Diese Auffassungen haben sich nun im Laufe des Krieges rasch gemildert. Aber noch vor einem Jahre hätte jeder anständige Mensch die Zumutung, Pferdefleisch zu genießen, mit der größten Entrüstung zurückgewiesen. Heute gilt ein Roßgulasch für die größte Delikatesse, aber leider! heute kostet es schon wieder so viel wie vor einem Jahr ein Ganslebergulasch. Es scheint also, daß die Menschen immer erst auf den Geschmack einer Speise kommen, wenn diese bereits unerschwinglich geworden ist. Es scheint überhaupt, daß die Menschheit immer erst auf etwas kommt, wenn es zu spät ist.

Der ausgezeichnete Physiologe Albrecht v. Haller, Zeitgenosse Schillers und Verfasser des berühmt faden Epos *Die Alpen*, hat schon vor anderthalb Jahrhunderten den Satz aufgestellt: »Dem Menschen schmeckt alles.« So verhält es sich in der Tat. Bei den Beduinen gelten Heuschrecken, bei den Brasilianern Ameisen als die größte Delikatesse; gewisse Negerstämme essen leidenschaftlich Raupen, Skorpione und Schlangen; von den Indianern Britisch-Guayanas wird berichtet, daß Affen und Käfer ihre Lieblingsspeise bilden. Die Begriffe »schmackhaft« und »ekelhaft« beruhen lediglich auf Worten und Konvention. Das Schwein, das wir so hochschätzen, ist, wie jedes Kind weiß, eines der unreinlichsten Tiere, und wenn fast alle orientalischen Religionen seinen Genuß verboten, so dürfen wir annehmen, daß sie damit ihren Bekennern damals kein großes Opfer zugemutet haben. Hummer und Krebse, die bei keiner feinen Tafel fehlen dürfen, sind genauso widerliche Aasfresser wie Geier und Hyänen. Um sich nun das heutige Leben zu erleichtern und es in einem erträglichen Lichte erscheinen zu lassen, wäre es sehr empfehlenswert, sich auszumalen, wie es bei uns in Wien in einem Jahre aussehen dürfte. Ich stelle mir da zum Beispiel folgendes Gespräch vor:

»Guten Tag, Frau Kommerzienrat, wie geht's?«

»Na, Gott, man lebt. Jetzt haben wir zum Glück einen großartigen Menschen erwischt. Billig ist er nicht, aber er treibt einem alles auf und in jeder Quantität!«

»Wieso? Erzählen Sie!«

»Na, also ich schneide nicht auf, aber gestern hat er uns drei Kilo Rattenfett gebracht, bereits ausgelassen, bitte, schneeweiß und besonders ausgiebig! Er nimmt aber allerdings nicht bloß Geld, sondern verlangt auch Ware. Wir haben ihm dafür von unserem Krötenvorrat abgeben müssen. Na, zum Glück haben wir im Sommer genug gehamstert, mit Kröten sind wir bis zum Juni eingedeckt.«

»Wie, trocknen Sie sie?«

»Ja, da hat unsere Köchin ein eigenes Verfahren, ich sage Ihnen, ganz delikat. Sie legt auch großartig Maikäfer ein, aber das ist leider mehr eine Näscherei, sie geben ja nicht aus.«

»Und wie stehen Sie mit Raben?«

»Sie werden mich ja nicht verraten, liebe Frau Bankdirektor, aber da habe ich einen kleinen Schwindel gemacht. Ich habe nämlich eine Familie, die längere Zeit bei uns gewohnt hat, auf Rabenkarten nicht abgemeldet. Vier Personen, das macht schon was aus!«

»Da können Sie freilich lachen. Uns geht's nicht so gut.«

»Haben Sie denn nicht mehr Ihre Mäusezucht?«

»Ja, das schon, aber da ist im ersten Stock ein Magistratsbeamter, der schnüffelt im ganzen Haus herum, wenn der etwas merkt, können wir schön hineinsausen. Zum Glück ist er ein leidenschaftlicher Raucher, da stecke ich ihm hie und da ein Paket Gras zu. Aber dafür muß man doch wieder die Trafikantin bestechen; es ist halt ein Kreuz.«

»Na, lamentieren Sie nur nicht so. Man weiß von Ihren Beziehungen. Ihr Onkel ist doch Forstbesitzer, und die Selbstversorger sollen ja in Eicheln nur so schwimmen, da wird für Sie wohl auch manches tüchtige Paket abfallen.«

»Das will ich ja nicht leugnen, aber sehen Sie: jeden Tag Eichelgemüse, das wird einem doch auch schließlich über. Man will doch auch einmal einen Happen Fleisch. Wie schön war es doch noch im Zwanzigerjahre! Da hätte man Ratten in jeder Größe und Qualität fast geschenkt bekommen.«

»Und die Krötenjagd war staatlich gänzlich freigegeben!«

»Wenn man bedenkt, daß es noch vor einem Jahr Menschen gegeben hat, die behauptet haben, daß man Raben nicht essen kann!«

»Und jetzt kann man sie wiederum nicht essen, weil man keine mehr bekommt.« WMZ 27. 10. 1920

Über Freunde

Der menschliche Verkehr besteht ganz einfach darin, daß jeder des anderen Irrenwärter ist. Nur aus diesem Altruismus kann man die Kraft schöpfen zu der noch viel schwierigeren und ernsteren Aufgabe: sein eigener Irrenwärter zu sein. SB 43 (1920)

Peter Altenberg

[Eigentlich Richard Engländer, 9. 3. 1859–8. 1. 1919]

Vor etwa fünfzehn Jahren erschienen in Wien eine kurze Zeit lang dünne abscheulich grasgrüne Wochenhefte, die den Titel *Liebelei* führten. Der Name knüpfte unmittelbar an Schnitzlers Schauspiel an, das erste erfolgreiche Bühnenwerk der österreichischen »Moderne«, das das Wiener Publikum offenbar für ein rührendes Volksstück genommen und dementsprechend bejubelt hatte. Die kleine Zeitschrift desselben Namens, angefüllt mit verschlungenen Lyrismen, polemischen Donquixoterien und Gymnasiastenerotik, eine Art billige Öldruckkopie der Berliner *Freien Bühne*, galt als das Organ der Jungen und Revolutionären, erregte allenthalben unbändigen Verdruß durch ihre Überspanntheit und jugendliche Hast und ging sofort wieder ein. Am meisten aber erbitterte eine Anzahl von Skizzen, mit denen ein Autor debütierte, der sich als ebenso unverständlich wie albern erwies: es waren lauter ganz kurze Sachen, konfuse Zwitterprodukte aus geistreichelnder Aphoristik, affektierter Prosalyrik und larmoyanter Miniaturnovelle. Man forschte nach dem Verfasser und eruierte, daß er mit einem exaltierten Sonderling identisch sei, der sich auch schon vorher, ohne zu schreiben, lästig gemacht hatte, indem er in Kaffeehäusern aufrührerische Reden gegen den Philister und für die Frau hielt, nie einen steifen Kragen trug, dagegen lederne Reitgamaschen, ohne jedoch jemals zu Pferde erblickt zu werden, die Nacht zum Tage machte, gemeine Straßendirnen in zartester Weise hofierte, nicht selten mit Kellnern, Fiakern und Zuhältern in angeregter Konversation getroffen wurde und sämtlichen Frauen von der Kaffeehauskassiererin bis zur Doktorin der Philosophie durch lächerliches und widersinniges Geschwätz den Kopf verdrehte. Da er seine Skizzen mit dem Eingehen der *Liebelei* nicht einstellte, wurde sein Name zu einem Kollektivbegriff für moderne Paranoia, Sensationslust, Selbstberäucherung und Originalitätshascherei, und man sagte von da an, wenn man über die Arbeit eines strebsamen jungen Literaten ein besonders vernichtendes Urteil abgeben wollte, in aller Kürze: »Das ist echter Peter Altenberg.« Über Nacht war dieser Name aus einem *nomen proprium* zu einem Gattungsbegriff geworden, und man sagte »Altenberg«, wie man »Cagliostro«, »Casanova« oder »Catilina« sagt. [...]

Er ist kein Umfassender und überhaupt in keiner Richtung ein Vollkommener. Er ist kein Gestalter weithin leuchtender Typen; aber auch das Individualisieren versteht er nicht. Er ist nicht einmal ein Schriftsteller, soweit man unter Schriftstellerei die Gabe versteht, die Dinge zu sagen, so unzweideutig und eindringlich, daß sie alle verstehen müssen und nahezu alle glauben müssen. Er ist kein Lyriker, denn er hat keine Form. Er ist kein Epiker, denn er hat keine Handlung. Er ist kein Philosoph, denn er hat kein System. Seine Gedanken sind barock, sein Stil ist salopp, seine Pathetik ist überheizt. Und im Leben ist er ein Narr. [...]

Als er zum ersten Male auftrat, befand sich rings um ihn herum »Literatur«; nichts als Literatur. Alles war in Artistik aufgelöst. Auf der einen Seite verknöcherte, verkalkte Epigonen, die sich vergeblich bemühten, einige tiefe und schöne Wahrheiten, die aber vor hundert Jahren entdeckt worden waren und daher unmöglich mehr die ihren sein konnten, noch galvanisch am Leben zu erhalten; auf der anderen Seite müde und überreife oder kindische und unreife Herumsucher, die in allen Stilen redeten, nur nicht in dem einzigen, zu dem sie berechtigt waren: dem ihrer Zeit. Dichter, die etwas wußten, was nicht mehr wissenswert war, und Dichter, die noch gar nichts wußten: das war der Zustand.

In diese Situation trat er ein. Nicht als Schriftsteller. Er hatte achtunddreißig Jahre gewartet; nein: nicht einmal gewartet, er hatte nie daran gedacht, etwas zu schreiben. Er hätte es noch weitere zwanzig Jahre unterlassen können. Er hätte es immer unterlassen können. Seine Funktion in dieser Welt war nicht die, zu schreiben, sondern zu *sehen*; zufällig schrieb er dann das Gesehene einige Male auf. Daß er damit plötzlich nun doch in die Gilde der Schreiber geraten war, das bildete keine Zäsur in seinem Leben. Seine Tätigkeit blieb dieselbe, die sie vorher gewesen war: Dinge zu erblicken, soweit es seine eigenen beschränkten Augen gestatteten; Teile, Stücke, Abrisse der Wirklichkeit: aber Wirklichkeiten.

[...] Dies ist das Grundprinzip Peter Altenbergs. Er schreibt »Telegrammstil«. Es kommt ihm niemals darauf an, etwas möglichst schön zu sagen, sondern es möglichst präzis und kurz zu sagen. Er will überhaupt nicht die Schönheit, sondern die Wahrheit; denn er ist überzeugt, daß die Wahrheit immer auch die Schönheit enthält. Bezeichnend für sein leidenschaftliches Bestreben nach Kürze sind seine »Fünfminutenszenen«, eine Reihe von ganz kurzen dramatischen Skizzen. Es sind aber gar keine Fünfminutenszenen, sondern sie dauern höchstens zwei oder drei Minuten. Sie fixieren irgendeinen dramatischen Moment und überlassen das andere dem Leser. Es gelangt einen Augenblick lang Licht auf irgendeine gefährliche Situation der Seele, irgendeine fragwürdige Verwicklung, einen mysteriösen Konflikt, und dann fällt der Vorhang. Diesen Versuchen liegt der treffende Gedanke zugrunde, daß das Leben eben nur minutenlang dramatisch ist und daß der dramatischste Dramatiker daher nur Minutenstücke schreiben dürfe, und fernerhin abermals die für den Leser so ehrende Annahme, daß es genüge, einen Impuls, eine Anregung zu geben, und daß sich jeder schon selber den Rest an Exposition, Aufbau, Nachgeschichte aus eigenem Phantasiekapital dazudichten könne... Dies ist vielleicht überhaupt der Hauptunterschied, der dem Schriftsteller seinen Rang anweist und entscheidet, ob er ein bloßer Talentmann oder ob er eine geniale Naturkraft ist: die einen denken bloß selber, aber die anderen bringen auch die übrige Welt zum Selbstdenken. [...]

EP 125...142 (1912)

Die Altenberganekdoten

[Erstmals vorgetragen 1908 im Cabaret »Fledermaus«)

Das Gespräch von den Kaninchen

Eines Tages sagte Peter Altenberg zu mir: »Nun, das ist doch eine der großartigsten Erfindungen, daß man jetzt herausbekommen hat, daß man die Kaninchen *essen* kann! Denn die Kaninchen schmecken doch genauso gut wie die Hasen und sind dabei um die Hälfte billiger!«

Darauf sagte ich: »Ja, aber das mit den Kaninchen hat einen Haken. Denn wenn alle Welt Kaninchen essen wird, so werden sie schließlich mit der Zeit ebenso teuer werden wie die Hasen.«

Darauf erwiderte Peter Altenberg: »Wieso?!? Das ist ganz

ausgeschlossen! Die Kaninchen können *nie* so teuer werden wie die Hasen! Denn die Hasen muß man doch erst *schießen,* aber die Kaninchen pflanzen sich *von selber* fort!!«

Das Gespräch über Novalis

Peter Altenberg sagte zu mir: »Wenn man von dir nichts anderes wüßte, als daß du ein Buch über Novalis geschrieben hast, so wüßte man schon, daß du ein *gottverlassener Trottel* bist! Wer war denn dieser Novalis!?! Der hat ein paar blöde Bücheln über griechische Kunst und Kultur gelesen und daraus hat er sich dann eine ganz öde, ausgeronnene, gymnasiastenhafte Idee von ›Griechentum‹ zusammenphantasiert! Und das Ganze hat er dann *Wiederbelebung der Antike* genannt! Ich bin aufs äußerste *gegen* Novalis!!«

»Aber nein, Peter«, erwiderte ich, »der mit der Wiederbelebung der Antike, das war doch der Hölderlin!«

»Nun, so wars der Hölderlin, das sind *Namen*!«

Das Gespräch über Frank Wedekind

Wir saßen einmal nachts im Kaffeehaus, und da kam Frank Wedekind vorbei. Peter Altenberg sagte: »Ha, da kommt der bleiche Schurke!«

»Aber geh, Peter«, sagte ich, »versöhne dich doch wieder mit ihm.«

»Was!?!« sagte Peter Altenberg. *»Ich* mich mit ihm versöhnen?? Das ist *ganz ausgeschlossen*! Mit jedem andern meiner Todfeinde könnte ich mich *eher* versöhnen!! Nur mit *dem* nicht! Denn warum? Bei allen übrigen waren es mehr oder weniger privatpersönliche, *subjektive* Animositäten! Aber den hasse ich doch *objektiv*!! Von dem trennen mich *Welten*! Der ist der Satan, der Beelzebub, der *Antichrist* auf Erden!«

»Nun ja«, sagte ich, »aber wenn er dir 300 Kronen leiht?«

»Was heißt das!?! Er leiht sie mir doch nicht!!«

Das Gespräch von der kältesten Nacht

Peter Altenberg sagte: »Nun, ich bin doch der einzige moderne Mensch, der wirklich abgehärtet ist, ich schlafe bei der kältesten Nacht bei *vollkommen geöffneten* Fenstern!«

Darauf entgegnete ich: »Das scheint aber doch nicht so ganz zu stimmen. Denn gestern nacht bin ich an deiner Wohnung vorübergegangen, und da waren alle deine Fenster fest zu.«

»Nun«, sagte Peter Altenberg, »war denn gestern die kälteste Nacht!?!«

Das Gespräch vom Eichhörnchen

Eines Tages sagte jemand: »Mein Bruder hat jetzt ein Eichhörnchen.«

»Großartig!!« sagte Peter Altenberg. »Der moderne Mann muß ein Eichhörnchen haben! Ein Eichhörnchen ersetzt *jede Frau*! Es hat hundertmal mehr Humor, Grazie, Liebenswürdigkeit, Gutmütigkeit als jede Frau, und außerdem belastet es einen nicht, denn man braucht bloß zuzuschauen.«

»Nun ja«, sagte ich, »aber es hat einen großen Fehler: es stinkt.«

»Wieso!?! Wenn es *gezähmt* ist?!?«

Das Gespräch von der Freundschaft

»Egon«, sagte Peter Altenberg, »begehe nie das Verbrechen, daran zu zweifeln, daß ich dein einziger aufrichtiger, absolut ergebener, wirklich vollkommen altruistischer Freund bin! Lasse dich nie von andern gegen mich aufhetzen! Die andern wollen dich nur *ausnützen* und versuchen dich von mir abzubringen, weil sie eine Wut darüber haben, daß *ich* dich ausnütze!«

Das Gespräch vom Nigger

Eines Tages kam ich ins Casino de Paris, ein Wiener Nachtlokal, und sah dort Peter Altenberg mit einem ziemlich ver-

Egon Friedell um 1918

kommenen Nigger sitzen. Als er sich entfernt hatte, fragte ich: »Wie kannst du denn mit diesem abscheulichen Nigger verkehren?«

»Warum soll ich denn nicht mit ihm verkehren?!?« sagte Peter Altenberg. »Mit einem Menschen, der die äußerste Anmut des Gehens, Stehens und Sitzens hat!«

»Ja, ja«, sagte ich, »aber er ist doch ein ordinärer Zuhälter.«

»Was??« sagte Peter Altenberg, *»der* soll ein Zuhälter sein?!? An dieser Bemerkung sieht man, daß du genauso mit infamen, perfiden, niederträchtigen Vorurteilen vollgepfropft bist wie die übrigen Philister! Das ist einer der edelsten, adeligsten, nobelsten, vornehmsten Menschen, die ich je kennengelernt habe! An dem sieht man den Unterschied zwischen *afrikanischer* und *europäischer* Kultur! Der soll ein Zuhälter sein?!«

»Ja was ist er denn sonst?«

»Er ist der Sohn des Königs der Goldküste!«

»Und was macht er in Wien?«

»Er studiert hier Medizin!«

»Und was macht er im Casino de Paris?«

»Er tanzt hier.«

»Ich habe ihn aber nicht tanzen gesehen.«

»Ja, jetzt ist er allerdings entlassen.«

»Wovon lebt er denn dann?«

»Nun, er hat doch das *Mädel*!«

Das Gespräch von der Keuschheit

Einmal sagte Peter Altenberg über eine Dame: »Diese Frau ist doch die einzige wirklich glückliche. Und warum? Weil sie die einzige ist, die ein *vollkommen keusches* Leben führt! Weil sie *nie* das Gift der Sexualität in sich eingesogen hat! Weil sie *nie* geschlechtlich funktioniert hat! Weil sie immer ein vollkommen außerirdisches, jungfräuliches, unschuldsvolles, paradiesisches Dasein geführt hat! Und deshalb ist sie eine *ganz Friedevolle*! Alle Frauen könnten genauso glücklich leben und dieselben geistigen Höhen erklimmen, wenn sie, wie diese, die geniale Kraft hätten, sich *nie in ihrem Leben* von einem Manne berühren zu lassen!!«

»Aber Peter!« sagte ich. »Sie hat doch drei Kinder!«

»Was geht das *dich* an, du Rotzbub?!?«

Das Gespräch über die Veroneser Salami

Wir waren einmal um drei Uhr früh bei einem Greißler und aßen eine Wurst. Sie war sehr schlecht, aber sie schmeckte Peter Altenberg sehr gut, denn er hatte die ganze Nacht mit mir einen furchtbaren Krach wegen der Frauenseele gehabt; und das macht Appetit. Infolgedessen sagte er: »Diese Wurst ist großartig!«

»Ja«, sagte der Greißler, »dös is a a echte Veroneser Salami!«

»Das brauchen Sie mir doch nicht erst zu *sagen*!« erwiderte Peter Altenberg. »Diese Wurst *kann* nur aus Verona sein! Diese Wurst ist der *Extrakt von Verona*! Wenn man diese Wurst ißt, so sieht man *ganz Verona*!! Man sieht die mittelalterlichen Gebäude, man sieht die Scholaren, die in ihren schwarzen Mänteln zur Universität eilen, man sieht den Rector magnificus, man sieht den Romeo und die Julia mit ihren *unerhörten seelischen Komplikationen,* man sieht die reizenden dreizehnjährigen rothaarigen Hexerln, die wegen nichts und wieder nichts verbrannt werden, man sieht den *schiefen Turm* –«

»Aber Peter«, sagte ich, »der schiefe Turm ist doch in Pisa!«

»Nun, man sieht auch *Pisa*!« AL 417 (1922)

Adolf Loos

[10. 12. 1870–23. 8. 1933]

Von Adolf Loos weiß die breitmäulige Wiener Fama nicht viel mehr zu berichten, als daß er vor etwa zwanzig Jahren eine Anzahl aufreizend widersinniger Artikel in die *Neue Freie Presse* geschrieben und den Michaelerplatz durch ein greuliches Haus verschandelt hat, eine Art Scheune, ein »Scheusal von einem Haus«, wie es ein Wiener Gemeinderat genannt hat. Die öffentliche Meinung rangiert ihn, wie das ja bei fast allen prominenten Menschen dieser Stadt üblich ist, zwischen Narr und Hochstapler. Das ist unsere Form des Ostrazismus, durch die die Wiener jeden, der etwas zu sagen hat, der von irgendeinem ernsten Pathos erfüllt ist, zum Scharlatan, Jongleur und Bajazzo zu degradieren wissen. Wird ihnen jemand durch Wahrheitsliebe unbequem, so kommen sie mit der Verdächtigung, es sei Sensationshascherei und Pose, oder mit noch niedrigeren Anschuldigungen. Wer Universalität, Tiefe, Leidenschaft, Objektivität, Denkschärfe hat, den hassen sie; denn alle diese Eigenschaften sind für den Wiener ebenso viele Beleidigungen. Sie wollen jeden umbiegen. Mit ihrer ganzen Ungezogenheit werben sie so lange um ihre Erzieher, bis diese keine mehr sind. Und in den wenigen, die standhalten, erzeugt diese Stadt die Kraft des reformatorischen Hasses.

Was also Adolf Loos nicht ist, das wissen die Wiener ganz genau: kein Baumeister, kein Schriftsteller, kein Innenarchitekt. Wäre aber die Frage zu beantworten, was er ist, so würde das nicht nur ihnen, sondern jedermann Verlegenheit bereiten. In einem anderen Zeitalter als dem unsrigen hätte er wahrscheinlich gar nichts geschrieben, ja nicht einmal gebaut und das Leben seiner Seele überhaupt nicht in Taten entladen, die ja immer nur an der Peripherie unseres wahren Wesens liegen, einen Kompromiß zwischen unseren Gedanken und der Wirklichkeit darstellen und im Grunde nichts sind als eine geistige Krankheitserscheinung. Hätte er im Altertum gelebt, so wäre er wahrscheinlich ein Wanderphilosoph geworden, der auf dem Marktplatz seine Weisheit verschenkt, im Mittelalter vielleicht ein Bettelmönch, der predigend von Ort zu Ort zieht. Was hätte er gepredigt? Natürlich ganz dasselbe wie heute: das, was die Zeit bewegt. Wollte man also durchaus eine Nomenklatur für ihn finden, so könnte man vielleicht noch am ehesten sagen: er ist ein Ferment; ein beunruhigendes, aufsäuerndes Ferment, das gebieterisch Spaltungen und Umlagerungen hervorbringt, alte Verbindungen löst, neue ins Leben ruft und alles in eine brodelnde, schäumende Bewegung versetzt. Durch diese verwegen aufmischende, alle Tradition überrennende, alle neuen Anregungen blitzschnell apperzipierende und energisch weiterleitende Impetuosität, durch die Sicherheit seines Geschmacks, den Reichtum seines Formenvokabulars und die Reinheit, Wärme und Exaktheit seines Kunstwillens ist er einer der größten Wohltäter unserer Stadt geworden.

Er trat auf zu Ende der Neunzigerjahre, in jener Zeit, die – vermutlich von einem Parfumfabrikanten – Fin de siècle genannt worden ist. Es war die Zeit der Gründerkultur, der Philisterdiktatur und der Aristokratie des Geldes. Es herrschte ein völliges Durcheinander aller möglichen Stile, eine absolute Barbarei der Geschmacksmischungen. Die Teppiche waren aus Persien, die Nippes aus dem achtzehnten Jahrhundert, der Salon in Empire, das Speisezimmer in Renaissance, das Schlafzimmer in Gotik. Je gewundener, verschnörkelter, arabesker die Formen, je geschecktер, greller, indianermäßiger die Farben waren, desto beliebter waren sie: am liebsten hätte man das ganze Spektrum beisammengehabt. Das waren keine Wohnräume, sondern Leihhäuser und Antiquitätenläden. Überall nichts als Schaustellung, Parade, Ornament: der bestgelegene, wohnlichste und luftigste Raum des Hauses, welcher »gute Stube« genannt wurde, überhaupt für gar keinen Wohnzweck bestimmt, sondern nur zum Herzeigen für Fremde vorhanden; in allen Zimmern eine Reihe von Dingen, die trotz ihrer Kostspieligkeit keineswegs dem Komfort dienten; Portieren aus schweren, unpraktischen Stoffen wie Rips, Plüsch, Sammet, die auffielen und auffallen sollten, denn sie waren zu nichts anderem da; Butzenscheiben und Glasmalereien, sogenannte Diaphanien, die das Licht abhielten, aber etwas vorstellten; Handtücher, mit denen man sich nicht abtrocknen konnte, auf die aber der Trompeter von Säckingen gestickt war; dünnbeinige Etageren, die immer wackelten und mit permanent umfallenden Überflüssigkeiten vollgestellt waren; Kommoden mit geblümten Decken, die das Zumachen der Laden verhinderten; Riesenprachtwerke, die man unmöglich lesen wollte, weil sie illustriert waren; ein geharnischter Ritter, der sich als Regenschirmständer, und ein hölzerner Maikäfer, der sich als Stiefelknecht entpuppte; und als Krönung und Symbol des Ganzen das Makartbukett, eine vollendete Abscheulichkeit und zugleich das idealste Staubreservoir, das man sich denken kann. Kurz: lauter Dinge zum Staatmachen, aber keineswegs geeignet, den Bewohnern das Leben zu erleichtern.

In diese Stillosigkeit, Zerfahrenheit und Verlogenheit sprang nun Adolf Loos hinein. Man kann wirklich sagen: er sprang, denn seine Art zu reformieren hatte einen Zug von Gewalttätigkeit, Rücksichtslosigkeit und Fanatismus, den er sich in Amerika angeeignet hatte. Es war, als ob er sich das Wort Emersons zum Wahlspruch gemacht hätte: »Ich will gar nichts feststellen, sondern alles verrücken. Keine Tatsache ist mir heilig, keine ist mir profan. Ich stelle ganz einfach Versuche an, als ein endloser Sucher, der keine Vergangenheit im Rücken hat.« Er fragte sich: Gibt es bei uns eine Kultur, die einzige, mit der wir rechnen dürfen, die Kultur von 1900? Eine Kultur, die nicht im Widerspruch steht mit Telephon, Bogenlampe, Untergrundbahn? Und er antwortete mit Nein. Den nächsten Weg zur Gesundung des Geschmacks erblickte er in der Rückkehr zum Handwerk. »Die Maler, die Bildhauer, die Architekten«, sagte er schon in einer seiner allerersten Publikationen im Jahre 1897, »mögen ihre bequemen Ateliers verlassen, die Liebe zur Kunst auf den Nagel hängen und sich an den Amboß, den Webstuhl, die Drehscheibe und die Hobelbank stellen! Weg mit aller Zeichnerei, weg mit der papierenen Kunst! Nun gilt es dem Leben, den Gewohnheiten, der Bequemlichkeit, der Brauchbarkeit neue Formen und neue Linien abzugewinnen! Die Kunst ist etwas, das überwunden werden muß.« Schön und praktisch sind für ihn fast identische Begriffe. »Die erste Grundbedingung für einen Gegenstand, der auf das Prädikat ›schön‹ Anspruch erheben will, ist, daß er gegen die Zweckmäßigkeit nicht verstößt. Den Grad des Gebrauchswertes, verbunden mit der Harmonie zu den übrigen Teilen, nennen wir reine Schönheit.« – »Bei uns herrscht noch die Ansicht, daß nur dem der Entwurf eines Stuhls zugetraut werden kann, der die fünf Säulenordnungen in- und auswendig kennt. Ich glaube, ein solcher Mann müßte vor allem etwas vom Sitzen verstehen.« Und er wird nicht müde, in seinen Aufsätzen über Möbelkunst immer wieder darauf hinzuweisen, daß ein Renaissanceschrank, eine griechische Vase gerade darum und nur darum so schön waren, weil sie ihren Nutzzweck als Schrank und Vase so ideal erfüllten. Im Grunde ist ja aber auch jede Lüge etwas Unpraktisches, Irrationelles, und dieser Gedankengang ist es offenbar, der Loos zum unerbittlichen und unermüdlichen Bekämpfer von allem »Pflanz« und Talmi auf sämtlichen Gebieten des täglichen Lebens gemacht hat. »Wer nicht das Geld für einen ledergepreßten Stuhl hat, der nehme einfach einen Strohsessel. Mancher wird davor zurückschrekken. Ein Strohsessel, wie ordinär! Aber ein Strohsessel ist geradesowenig ordinär wie keine Diamanten oder ein einfacher Tuchkragen am Winterrock. Bloß die imitierten Diamanten, Pelzkragen und Ledersitze, die sind es.« – »Ein prächtiger Holzschrank wird durch künstlich patinierte Bronzereliefs verdorben, die, wenn echt, der Reinlichkeit ihres Besitzers kein gutes Zeugnis ausstellen würden. Man bedenke doch, daß sich die grüne Patina auf den Bronzegegenständen durch das jahrtausendlange Liegen in der feuchten Erde gebildet hat, daß sie aber vollständig fehlte, solange der Gegenstand noch in Gebrauch war.« – »Jedes Material hat seine eigene Formensprache, und kein Material kann die Form eines andern für sich in Anspruch nehmen.« Und darum besteht Loos darauf, in der Theorie und in der Praxis, daß Holz immer deutlich zeigen soll, daß es Holz, Papier, daß es Papier, Schafwolle, daß sie Schafwolle ist. Jedes Ding soll sich selbst ausdrücken: auf diesem ebenso einfachen wie fruchtbaren Satz baute er seine ganze Kunst auf. »Der moderne Geist verlangt Individualität. Das heißt, daß sich im allgemeinen der König wie der König, der Bürger wie der Bürger und der Bauer wie der Bauer einzurichten habe und daß im besonderen wieder jeder König, jeder Bürger und jeder Bauer seine Charaktereigenschaften in seiner Wohnungseinrichtung zum Ausdruck bringen soll. Hierin ist also Adolf Loos, der österreichische Prophet der angelsächsischen Kultur, völlig einig mit Mulford, der ebenfalls gelehrt hat, daß jedes Zimmer der Abdruck der Seele dessen sein soll, der es bewohnt. Und auch er hätte gleich Mulford eine »Religion der Kleider« schreiben können.

Er hat es in gewissem Sinne getan. Seine Prinzipien hat er nicht nur in zahllosen Inneneinrichtungen zum Ausdruck gebracht, in denen er nichts anstrebt, als dem Bewohner ein Helfer zu sich selbst zu sein, indem er ihn zu seinem eigenen Tapezierer, Maler und Dekorateur, zum Verwalter seines eigenen persönlichen Geschmacks machen will; er war den Menschen seiner Zeit und seiner Stadt auch eine Art Innenarchitekt der Seele. Er wollte ihr Dasein auch nach innen komfortabel machen, auf dem einzigen dazu möglichen Weg: indem er versuchte, ihre Erkenntnisse zu bereichern und zu vervollkommnen. Er wollte sie klüger, reifer, gewappneter, lebenstüchtiger machen, auf jede nur irgend erdenkliche Weise. Aber daneben verschmähte er es auch nicht, über alle jene scheinbar profanen und oberflächlichen Dinge zu reden, die doch für unser Leben so ungeheuer wichtig, ja oft entscheidend sind: über Grußformen, Kochkunst, Kleiderschnitt, Fahrräder, Fußbekleidung, Plakatkunst, Wasserklosetts. Und dies alles verkündete er in einem Stil, den ich nicht anders als klassisch nennen kann. [...] Während andere bauten, wie man schreibt, nämlich mit allerlei literarischen Ambitionen und Seitenblicken, schrieb er, wie man baut, Ziegel an Ziegel, Last gegen Kraft gewogen, von einer strengen und klaren Geometrie durchwaltet. Sein Stil ist monumental und wohnlich zugleich.

Und das alles »ins Leere gesprochen«, wie er seine gesammelten Aufsätze betiteln will, die demnächst als Buch erscheinen sollen? Eines der schönsten Kaffeehäuser, die er errichtet hat, heißt Café Capua: sollte das eine symbolische Bedeutung haben und das Wien, in dem er seit fast einem Menschenalter seine drohende Wirksamkeit entfaltet, wirklich nichts anderes sein als ein zum Kaffeehaus ummontiertes Capua? Es ist vielleicht wirklich so; aber vielleicht verdanken gerade er und seinesgleichen diesem Umstand das Stichwort und den Ruf zur Leidenschaft. Vielleicht hat auch er aus dem Gesetz der Aktion und Reaktion, das die ganze Welt, sogar die sogenannte tote beherrscht, die Kraft zu seinen stärksten Leistungen gezogen. Wer sich gegen etwas zu stemmen hat, wird dadurch nicht schwächer, sondern lernt, die Energie des Gegners zu der seinigen hinzuzuaddieren. Und so erleben wir denn das sonderbare Schauspiel, daß aus dieser Stadt, die alles Neue und Vorwärtsdrängende immer viel zu spät und auch dann meist noch widerwillig und mißverstehend in sich aufnimmt, doch immer wiederum Naturen von höchster Tonstärke und Schlagkraft emporwachsen, Menschen von einer geistigen Konsistenz und Witterung, wie sie vielleicht keine zweite deutsche Siedelung hervorbringt. SA 86 (1921)

*Alfred Polgar**

[Eigentlich Alfred Polak, 17. 10. 1873–24. 4. 1955]

Vor kurzem ist Alfred Polgar fünfzig Jahre alt geworden. Dieses Ereignis ist ohne nennenswerten Lärm verlaufen. Um in Österreich gefeiert zu werden, muß man bekanntlich entweder der Mittelpunkt zahlreicher Bestechungsaffären oder ein rosa getünchter Schauspieler oder ein schwachsinniger Professor sein. Dies alles hat Alfred Polgar nicht zu bieten. Er hat sich nie von etwas anderem bestechen lassen als von weiblicher Anmut oder erlesenen Kunsteindrücken, und um selber bestechen zu können, dazu fehlen ihm leider die nötigen finanziellen Mittel; gegen die Schauspielkunst hegt er einen beträchtlichen Abscheu, und zum Schwachsinn hat er eine exorbitant schwache Veranlagung. Er hat aber für die Unauffälligkeit, mit der sich sein Übertritt in das zweite Semisäkulum seines Lebens vollzog, eine sehr noble und geistreiche Rache genommen: da man ihn nicht fetierte, hat er das Publikum regaliert, und gleich mit zwei kostbaren Geschenken auf einmal: mit einem neuen Skizzenband »An den Rand geschrieben« und der ersten Abteilung seiner gesammelten Kritiken, der in kurzem zwei weitere folgen sollen. Der Verlag Ernst Rowohlt in Berlin hat es nämlich übernommen, Polgars zahllose verstreute Meisterminiaturen, die Gelegenheitsarbeiten im besten Sinne des Wortes sind, zu sammeln, ihnen ein ebenso geschmackvolles wie apartes und somit des Inhalts würdiges Äußeres zu geben und so allmählich das Lebenswerk Alfred Polgars vor der Leserwelt neu erstehen zu lassen; und der große Erfolg dieser beiden ersten Publikationen hat dem Verlag gezeigt, daß er damit nicht nur ein gutes, sondern auch ein kluges Werk getan hat.

Manchem wird das Wort »Lebenswerk« im Hinblick auf Polgars Schriften etwas zu pathetisch vorkommen. Aber das ist auch eines der vielen Vorurteile des deutschen Lesers, daß er glaubt, zu einer bedeutenden literarischen Leistung müßten notwendig »zusammenhängende« Konzeptionen gehören. Was mich betrifft, so finde ich in Lichtenbergs »Bemerkungen vermischten Inhalts« mehr Tiefblicke in die Rätsel des Lebens und der Kunst als in Lessings komponierten großen Abhandlungen und sogar, ich bitte um Entschuldigung, in Johann Joachim Winckelmanns »Geschichte der Kunst des Altertums«, in den »Fragmenten« von Novalis, die er selber nur als »Blütenstaub« bezeichnete, mehr echte romantische Philosophie als in den dicken, ungenießbaren Schmökern, die die Brüder Schlegel verfaßten, und in Kürnbergers »Siegelringen« mehr Geist, Psychologie und Belehrung als in den bornierten Platitüden seiner berühmten Zeitgenossen Dühring, Eduard v. Hartmann und David Friedrich Strauß. Und ich gebe für ein Bändchen Polgarscher Skizzen sämtliche mehrbändigen Romane von – nun ich will keine Namen nennen, und für ein Bündel seiner Wochenreferate alle richtunggebenden Essays des ihm stilistisch fast ebenbürtigen, im übrigen aber erschreckend leeren und aufgeblasenen, nervenlosen und kunstblinden Theatergottes Ludwig Speidel. Übrigens, auch Polgars Gedanken und Bilder »hängen zusammen«, nur weniger gewaltsam als in einem »seriösen« Werk, zarter, freier, menschlicher. Und daß seine »kurzen Sachen« zusammen kein Ganzes bilden, kommt einfach daher, daß jede von ihnen selber ein Ganzes ist. Es ist der sonderbarste Dank, den ein Autor für seine äußerste geistige Konzentration, für sein unter stärkstem Hochdruck arbeitendes Denken und Gestalten empfängt, wenn man seine Edelprodukte, die eben wegen ihres komprimierten Gehalts nicht umfangreich sind, als »Kleinigkeiten« nicht ernst nimmt.

Polgars Kritiken sind Selbstdarstellungen, nicht mehr und nicht weniger. Sie sind kein theatergeschichtlicher Baedeker, sondern die Autobiographie eines für alle Schwingungen seiner Umwelt empfindlichen, extrem hellhörigen und hellsichtigen Künstlers, entwickelt an einer Reihe von bisweilen bedeutenden, zumeist abschreckend trivialen äußeren Anlässen. Ein Stück Kunst oder Kitsch, gesehen durch ein Temperament. Nie hat ein Kritiker von Rang etwas anderes vollbracht oder auch nur zu vollbringen versucht. Die Begriffe »Gerechtigkeit« und »Objektivität« wären bei solcher künstlerischen Kritik, der einzig berechtigten, ebenso deplaciert wie bei einem lyrischen Gedicht im Hinblick auf die darin abgeschilderten und beurteilten Naturgegenstände und Weibspersonen.

Polgar hat den ersten Band seiner gesammelten Kunstbetrachtungen »Kritisches Lesebuch« genannt, und ein solches ist er auch in einem von ihm nicht beabsichtigten Nebensinn. Er ist ein Schulbuch des guten Stils, an dem man durch fleißiges Studieren lernen kann, was es heißt, die Sprache souverän zu handhaben, für jeden Eindruck das durchsichtigste und kantigste, saftigste und gehaltvollste, farbigste und einprägsamste Wort zu finden; alles ist gesättigt von einer verschwenderisch reichen und doch niemals belastenden Fülle schwebender, opalisierender und dabei stets scharf und sicher geprägter Metaphern. Die Reinheit und Buntheit dieser bis ins Feinste und Kleinste abschattierten, jede Gedanken- und Gefühlsnuance restlos ausschöpfenden Ausdruckskunst übergießt alle, auch die nichtigsten, Objekte wie mit einem schillernden Lack und macht sie dadurch zugleich schön und dauerhaft.

Ähnlich wie zum Theater verhält sich die Kritik Polgars

auch zu der zumeist noch viel dilettantischeren, banaleren und langweiligeren Komödie, die das Leben spielt. »An den Rand geschrieben« sind seine Noten und Glossen; aber sie sind viel reicher und aparter als der alltägliche Text, den sie begleiten. Jede dieser Skizzen ist eine kostbare Essenz, ein wohlriechender Extrakt, gepreßt aus dem Duft, den tausend kleine Lebenserfahrungen zurückgelassen haben. Dieses Parfüm riecht freilich nicht allzu milde, vielmehr ziemlich scharf und beißend, denn Polgar besitzt, wie Lichtenberg einmal von sich sagt, »die Gabe, aus allem Gift zu saugen«. Aber wenn man ein Vierteljahrhundert lang gezwungen ist, Theaterkritiken zu schreiben, kann man nicht gut eine sonnige Weltanschauung haben.

Es könnte nun vielleicht dem einen oder anderen scheinen, daß ich für Polgars Werke ein wenig voreingenommen bin, weil ich bei einer Reihe von heiteren Gelegenheitsarbeiten sein Kompagnon war. Aber dies hieße erstens das Wesen des Mitarbeiters vollkommen verkennen, denn es gibt (Schwägerinnen vielleicht ausgenommen) keine zweite Menschenklasse, innerhalb deren der gegenseitige Abscheu so ausgebildet wäre wie unter den literarischen Kollaboratoren. Wenn ich bedenke, mit welchem Respekt mich mein Freund Sassmann betrachtet hatte, ehe er mit mir ein Nestroy-Stück bearbeitet hat! Und zweitens ist die hohe Meinung, die ich von Polgar habe, nicht die Folge, sondern die Ursache unserer Kollaboration. Da ich ein ziemlich intelligenter Mensch bin, so müßte es doch sonderbar zugegangen sein, wenn ich mir nicht den besten Mitarbeiter ausgesucht hätte, der aufzutreiben war. Im übrigen ergänzen wir uns ganz vortrefflich. Von mir ist gewöhnlich der schöpferische Einfall, die treibende Grundidee. Von mir stammte zum Beispiel die Idee, für das Kabarett »Fledermaus« eine Reihe lustiger und geistreicher Einakter zu schreiben, und die Idee, zu den Wiener »Bösen-Buben-Bällen« witzsprühende satirische Faschingszeitungen zu verfassen. Die mehr untergeordnete Arbeit der detaillierten Ausführung dieser fruchtbaren, zielweisenden Gedanken war dann Polgars Sache. Nur in einem ergänzen wir uns nicht: ich bin faul und er ist nicht fleißig. Das heißt: er besitzt nur Fleiß in der Ausbosselung der Einzelheiten, aber zu etwas Systematischem langt es nicht. Besäße er die erhabene Kraft, seine delikaten kritischen Bonbons unter Zusatz von viel dickem Mehl und wässerigem Eiklar zu der großen konsistenten Torte einer »Dramaturgie der Gegenwart« zu verkneten oder seine superben psychologischen Beobachtungen an dem groben Faden eines »Zeitromans« aufzureihen oder einfach seine Meisterfeuilletons zu Dialogen zu dramatisieren, wie dies so viele andere mit weit wertloserem Material zuwege bringen, so hätte ich zwar keinen Anlaß mehr, mich für ihn zu begeistern, aber das wäre dann auch ganz überflüssig, denn dann würden sich die »führenden Kreise« für ihn begeistern, er wäre zu seinem fünfzigsten Geburtstag Ehrenbürger und Hofrat geworden, und der Stadtrat hätte die Stiftung eines »Polgardanks« beschlossen. Im Grunde bedaure ich das sehr, denn – hier kommt zum Schlusse eben doch der gehässige Mitarbeiter zum Vorschein – ich würde es ihm von Herzen vergönnen. SA 194 (1926)

Die österreichische Seele

[Hans Saßmann, auch Hanns Sassmann, 17. 12. 1882 – 8. 5. 1944]

1.

Herrn Dr. Egon *Friedell, Wien.*

Wir wären sehr erfreut, wenn Sie sich an unserer Weihnachtsumfrage, über deren Thema Sie aus der Beilage das Nähere ersehen, beteiligen wollten. Wir sind überzeugt, daß Ihr Beitrag eine Perle werden wird. Gewiß werden Sie das Bedürfnis fühlen, sich über den Gegenstand möglichst umfassend und eingehend zu äußern: trotzdem möchten wir Sie bitten, Ihre Darstellung mit Rücksicht auf die zahlreichen anderen Zusendungen möglichst zu komprimieren.

Hochachtungsvoll
Redaktion der *Frankfurter Zeitung*

2.

Sehr geehrter Herr Friedell!

Wir erhielten ein Couplet »In der Welt geht's drüber, drunter, aber Östreich geht net unter« aus der Feder des Salonhumoristen Eugen Friedel, dem die Post irrtümlicherweise unsere Einladung zugestellt hat. Wir schicken Ihnen anbei einen Durchschlag unseres Briefes und erwarten Ihr Manuskript in spätestens acht Wochen, d. i. bis zum 15. Dezember.

Frankfurter Zeitung

3.

Herrn Schriftsteller Hans *Saßmann, Wien.*

Lieber Freund,

es wird Dich gewiß freuen, zu hören, daß mich die *Frankfurter Zeitung* zu einem Weihnachtsbeitrag aufgefordert hat. Noch selten hat mich eine Arbeit so interessiert wie diese. Endlich erinnert man sich an das Land Walthers von der Vogelweide! Das Ausland braucht uns halt doch! Und Österreich wird ihm zeigen, was es kann. Der Beitrag muß eine Perle werden. Du wirst daher einsehen, wie wichtig es ist, daß Du Dich sofort an die Arbeit machst. Aber bitte, nicht zu kurz, sonst heißt es gleich wieder, daß wir nur Plaudereien schreiben. Ich erwarte Dein Manuskript in spätestens acht Tagen.

Dein Egon Friedell

PS: Gib acht, daß nichts vorkommt, was bei Bahr und Hofmannsthal Anstoß erregen könnte. Das ist das Wichtigste.

4.

Lieber Friedell,

ich bin sehr erfreut und geschmeichelt, daß Du an mich gedacht hast. Auch mich hat noch selten eine Arbeit so interessiert wie diese. Nur kannst Du nicht verlangen, daß ich Dir meine *wichtigsten Überzeugungen* zum Opfer bringe. Warum soll man *Bahr* und *Hofmannsthal* nicht *giften*? Gerade bei der Behandlung eines so ernsten Gegenstandes, wo noch dazu die ganze Welt auf uns blickt, dürfen keine *persönlichen Rücksichten* mitsprechen. Das wäre *österreichisch.*

Das Manuskript erhältst Du binnen drei Tagen. Um welches Thema handelt es sich denn überhaupt?

Dein Hans Saßmann

5.

Lieber Saßmann,

ich habe es kommen sehen, daß ich, sowie ich mich mit Dir einlasse, sofort Scherereien haben werde. Ich habe natürlich keine Zeit gehabt, den Brief so genau zu studieren, weil ich rasch ins Theater mußte, um ihn dort herumzuzeigen, und kann ihn jetzt absolut nicht mehr finden. Möglicherweise habe ich ihn im Café Prochaska auf dem Stammtisch liegen lassen. Im Café Grillhuber habe ich ihn bestimmt noch gehabt. Es kann auch sein, daß mir ihn in der City-Bar jemand gestohlen hat, um sich damit patzig zu machen. Ich ermächtige Dich jedoch, bei der *Frankfurter Zeitung* anzufragen, worum es sich handelt.

Dein Friedell

6.

Lieber Friedell,

ich tue doch gewiß alles, was nur menschenmöglich ist, aber das kannst Du nicht von mir verlangen. Ich kann doch nicht an eine Zeitung schreiben, von der ich kein einziges Redaktionsmitglied persönlich kenne. Ich weiß auch gar nicht, wie man eine solche reichsdeutsche Redaktion anredet. Zum mindesten müßtest Du mir also das Konzept des Briefes aufsetzen.

Dein Saßmann

Gestern im »Schriftstellerklub« sind alle zersprungen, weil Du mich und keinen von ihnen aufgefordert hast.

7.

Lieber Saßmann,

zuerst hast Du die Sache mit Begeisterung übernommen, und jetzt soll ich alles für Dich machen. *Große Reden führen* und dann *nichts leisten:* das ist *echt österreichisch.*

Dein Friedell

8.

Lieber Saßmann,

habe soeben vom Zahlkellner im Café Demimonde erfahren, daß es sich um einen Artikel über Österreich handelt. Jetzt hast Du also keine Ausrede mehr.

Dein Friedell

9.

Lieber Friedell,

über Österreich zu schreiben ist schwer. Was wird das Ausland dazu sagen?

Saßmann

10.

Hochverehrter Meister!
Sehr geschätzter Herr Saßmann!

In meinem Restaurant habe ich erfahren, daß Sie der Hauptmitarbeiter der *Frankfurter Zeitung* sind. Schon lange war es mein Wunsch, an diesem hervorragenden Organ ebenfalls mitarbeiten zu dürfen. Es wird Ihnen ein leichtes sein, durch Ihre Beziehungen dies zu vermitteln. Ich habe mich zwar bis jetzt noch nicht schriftstellerisch versucht, bin aber ein langjähriger persönlicher Bekannter von Franz Werfel. Sollte Ihnen eine mündliche Aussprache erwünscht sein, so finden Sie mich täglich von zehn bis eins und drei bis sechs im Café Pyramide.

In aufrichtiger Bewunderung
Franz Zehntbauer, städtischer Marktkommissär

11.

Sehr geehrter Herr Friedell,

wir vermissen Ihren Beitrag. Wir rechnen um so gewisser auf sofortige Einsendung des Manuskripts, als es uns so kurz vor Weihnachten nicht mehr möglich wäre, für Sie einen Remplaçanten zu finden.

Ergebenst *Frankfurter Zeitung*

12.

Lieber Saßmann,

Weihnachten steht vor der Tür, und Du hast mir noch immer nicht die englische Seife für Lina besorgt. *Echt österreichisch!*

Dein Friedell

13.

Dringendes Telegramm an Egon Friedell.
Rasute blifta settmil hapta hapta 1/2.

Trankfurter Leitung

14.

Lieber Saßmann,

zu meiner Bestürzung erfahre ich im Café Eden, daß Du den Beitrag für die *Frankfurter Zeitung* richtig verschlampt hast. Damit hast Du mir ungemein geschadet; denn das hätte für mich der Anfang einer dauernden Mitarbeit werden können, und außerdem werden sie mich jetzt bei der nächsten Rundfrage möglicherweise übergehen. Ganz abgesehen vom *Prestige beim Ausland.* Das alles verdanke ich Dir!

Friedell

15.

Lieber Friedell,

ich weiß nicht, was Du noch haben willst. Erst vorige Woche war ich in drei Gesellschaften, die bisher noch nie das geringste von Dir gehört hatten und sich jetzt um mich gerissen haben, bloß weil ich mit Dir bekannt bin. Überall werde ich vorgestellt als »der Freund des berühmten Friedell, der die *Frankfurter Zeitung* hat aufsitzen lassen«. Du bist die populärste Persönlichkeit von Wien. Und das verdankst Du mir. Du siehst also, daß ich doch nicht so »unzuverlässig« bin, wie Du immer behauptest.

Saßmann

16.

Lieber Saßmann,

in Österreich wird man eben nur zum großen Mann, wenn man etwas *auffällig nicht tut.* Kaiser Josef hat unter größtem Aufsehen keine Reformen durchgeführt, Laudon hat unter allgemeiner Aufmerksamkeit Friedrich den Großen nicht besiegt und Lueger hat unter ungeheurem Zulauf nichts für Wien geleistet. Für die *Frankfurter Zeitung* haben schon viele nicht geschrieben, aber keiner ist dadurch der Mittelpunkt Wiens geworden. Weil die anderen eben alle kein Talent hatten. Zumindest kein österreichisches Talent.

Friedell

17.

Von der Steuerbehörde für den 18. bzw. 19. Bezirk, Wien, Niederösterreich.

Herrn Dr. Egon Friedell, Chefredakteur der *Frankfurter Zeitung*.

Auf Grund der amtlichen Erhebungen werden Sie auf Grund Ihrer Lohngenüsse bzw. dauernden Emolumente aus Ihrer Tätigkeit als ausschließlicher Verfasser der periodischen Druckschrift *Frankfurter Zeitung* für die Jahre 1926 bis 1929 in die Gruppe Ia der allgemeinen Erwerbsteuer resp. Ib der temporären Einkommensteuer eingereiht. Die Höhe der vorauszuzahlenden Nachtragssteuer wird aus der Einkommenstufe für das zweite Semester der unmittelbar dem dazwischenliegenden Jahre des vorhergehenden dritten Halbquartals als zweite Rate der Zuwachsstaffel vorgeschriebenen Katasterumlage, jedoch vermehrt um den mit der Steuernovelle vom 3. Jänner 1921 für die nicht in die für die unter die Befreiung von der direkten Einkommensmehrertragssteuer fallenden vorgesehenen kommunalen Erwerbszuschlag, jedoch abzüglich der bereits für die der Versteuerungsperiode vorausgegangenen letzten drei – soweit sie noch in diese Periode fallen – schuldigen Vermehrungssteuerquoten bis spätestens zum als Stichtag geltenden 1. Dezember 1926 eingezahlten Beträge errechnet.

FZE 25. 12. 1926

Theatralisches

Immer ist der Vorhang unten, nur einmal ist er oben – eben im Theater. Gerade dort also, wo sich nach der landläufigen Meinung der Herrschaftsbereich der Verstellung, des Kostüms befindet, springt der Mensch wahrer, nackter, ungeschminkter hervor als sonst irgendwo. SA 172 (1923)

Wie ich interner Kritiker war

Von allen Theaterberufen ist der des Kritikers vielleicht der schrecklichste. Vor einiger Zeit schrieb mir der Chefredakteur der Berliner *B. Z. am Mittag*: »Denken Sie eigentlich noch hie und da daran, daß wir Sie als Wiener Theaterkorrespondent engagiert haben?« Ich antwortete ihm: »Selbstverständlich denke ich daran, sogar täglich und stündlich, und weil mir vor diesem Gedanken ununterbrochen so furchtbar graust, eben darum schicke ich Ihnen ja keine Berichte.« Vor ungefähr drei Jahren genoß ich sogar das Glück, als sogenannter interner Kritiker dem Redaktionsstab einer neugegründeten Wiener Tageszeitung anzugehören. Ich wollte zunächst ablehnen, weil ich nämlich in Erfahrung gebracht hatte, daß ein Burgschauspieler, mit dem ich seit Jahren befreundet bin, in der nächsten Saison eine große Shakespeare-Rolle kreieren werde, und dann sagte ich mir überhaupt: es ist dir bis jetzt unter ungeheuren Opfern an Intelligenz und Charakter gelungen, dich so ziemlich mit allen Leuten gut zu stellen, kaum bist du aber Kritiker, so ändert sich das sofort; denn schimpfst du auf einen Dichter oder sonstigen Zeitgenossen, so hast du ihn zum Feind; lobst du ihn aber, so hast du alle seine Kollegen zu Feinden. Der liebenswürdige Herausgeber beruhigte mich aber, indem er sagte: »Mit *Ihrer* Feder dürfen Sie sich erlauben, was Sie wollen, denn Sie nimmt ja kein Mensch ernst. Im übrigen erwarte ich von Ihnen, daß Sie die Wiener Tageskritik auf ein ganz neues Niveau heben werden.« Nun, darin sollte er sich nicht getäuscht haben: das Niveau meiner Referate war wirklich neu. Nachdenklich angelegt, wie ich nun einmal bin, hatte ich bereits lange Jahre über die Stellung des Theaterkritikers im Weltall gegrübelt und war zu dem Resultat gekommen, daß die geistige und sittliche Reformierung dieses Berufes nur von dem Prinzip strengster Aufrichtigkeit und rücksichtslosester Wahrheitsliebe ihren Ausgang nehmen könne. Ohne nach rechts und links zu blicken und mich jemals durch irgendwelche Kameraderien und Protektionssachen beirren zu lassen, fußte ich in meinem Urteil immer nur auf der klaren Realität der Tatsachen. Ich schrieb zum Beispiel: »Dieses Stück ist ein wahres Kleinod, denn ich war beim Verfasser schon viermal zum Essen eingeladen«, oder: »Diese Schauspielerin ist ein Phänomen, denn sie ist die Cousine eines Redaktionskollegen.« Aber mit diesem Wahrheitsfanatismus erntete ich ebenso wenig Dank wie Brand und Gregers Werle. So nahm es mir zum Beispiel ein Wiener Dichter furchtbar übel, daß ich bei einem derartigen Anlaß geschrieben hatte: »Seine Dichtung ist ein Gipfelpunkt europäischer Theaterkunst; aber ich muß trotzdem sagen: noch lieber wäre es mir gewesen, wenn ich bei *Maeterlinck* Grammelpogatschen bekommen hätte.« Er stellte mich empört zur Rede und sagte: »Ich möchte wirklich wissen, was Sie zu diesem rüden Ausfall veranlaßt hat. Von dem Niveau Ihrer Kritik will ich gar nicht reden; aber Verleumdungen verbitte ich mir. Ich führe eine erstklassige Küche: wann haben Sie je bei mir Grammelpogatschen bekommen?« Ich erwiderte: »Nun, das war so eine kleine poetische Lizenz. Übrigens habe ich mich da vielleicht wirklich ein wenig vergaloppiert, aber ich werde Sie rehabilitieren. Sie wissen ja, daß die *B. Z. am Mittag* meine Kritiken nachdruckt: ich werde sofort telegraphieren, daß dort ›Mohnnudeln‹ genannt werden.« Es passierten mir aber auch sonst allerhand Entgleisungen. Da lebt zum Beispiel in Wien ein Mensch namens Lunzer, der jahrelang Schauspieler war. Jetzt hat er sich geläutert und spielt nicht mehr Theater, sondern schreibt mit meinem älteren Bruder Operetten. Der gab einmal in einem Detektivstück eine Episode, die nur im ersten Akt auftritt, einen Arzt. Ich schrieb infolgedessen: »Gestern abend habe ich gesehen, wie vorsichtig man mit Superlativen sein soll. Ich habe immer geglaubt, Herr Lunzer sei der schlechteste Schauspieler der Welt; aber der Mensch, der im vierten Akt den schurkischen Kammerdiener gibt, ist noch unvergleichlich schlechter.« Am nächsten Tag sagte der Herausgeber zu mir: »Da haben Sie das Blatt wieder einmal schön blamiert, der im vierten Akt war doch auch der Lunzer!« Durch diesen Vorfall bekam mein kritisches Ansehen seinen ersten Stoß. Ich begann zu erwägen, ob es nicht besser sei, Schluß zu machen. Aber mit Redaktionen ist es recht schwer, sich auseinanderzusetzen. Wenn einem beim Theater etwas nicht paßt, so braucht man nur zu dem altbewährten Mittel des reinigenden, befreienden, alles lösenden großen Krachs zu greifen. Dessen Durchführung stößt jedoch in einer Redaktion auf Schwierigkeiten. Auf der Bühne zum Beispiel genügt die einfache Bemerkung: »Bitte, dann kann ich ja gehen«, um sofort einen beispiellosen Skandal auszulösen. Ein einigermaßen routinierter Regisseur oder Direktor wird darauf prompt antworten: »Aber bitte, es hält Sie niemand!«; hierdurch gerät nämlich der Wortwechsel sogleich in den richtigen Fluß, von seiten des Schauspielers fällt das Wort »Schmiere«, von seiten des Leiters das

Wort »Schmierant«, und das übrige macht sich dann von selbst. In einer Redaktion jedoch wird jede scharfe Bemerkung sogleich durch eine urbane Erwiderung abgeschliffen, von allen Seiten eilen Beschwichtiger herbei, kurz die primitivsten Gesetze des gesellschaftlichen Verkehrs werden außer acht gelassen. Denn das mindeste, was man verlangen kann, wenn man ausfällig wird, ist doch dies, daß auch der andere ausfällig wird. Hier aber keineswegs! Man stößt in luftgefüllte Säcke. Auf die Bemerkung zum Beispiel: wenn den Herren meine Art der Theaterkritik nicht passe, so mögen sie sich den Mist doch vom Redaktionsdiener schreiben lassen, erhielt ich die Antwort: »Wir werden sofort Ihre Anregung mit Dank weiterleiten, fürchten aber, daß es an den Honorarbedingungen scheitern wird.«

Von da an ging meine Kritikerlaufbahn steil abwärts. Zunächst kam die Sache mit Karl Forest. Es war nämlich gerade wieder eine Teuerungsbewegung unter den Kohlenhändlern ausgebrochen, und ich klagte Forest, daß man sich ja unter diesen Verhältnissen gar nicht mehr richtig werde erwärmen können. Darauf sagte Forest: »Ja wenn du aber auch so dumm bist, mit Kohle zu heizen! Ein vernünftiger Mensch heizt doch heutzutage nur noch mit Alkohol. Das ist nicht nur viel schmackhafter, sondern auch viel billiger!« Ich erwiderte: »Das erstere leuchtet mir vollkommen ein, aber beim letzteren käme es auf eine Probe an.« – »Die können wir ja gleich machen«, sagte Forest, »gehen wir zu Stiebitz, prüfen wir den dortigen Slivowitz, und wenn ich finde, daß ich genug von den darin enthaltenen Kalorienmengen abbekommen habe, so werde ich es dir sagen, und du wirst mir recht geben müssen.« Die Sache verlief aber nicht vollständig programmgemäß: er bekam zwar genug, konnte es aber nicht mehr sagen. Auf dem Heimweg wären wir noch beinahe wegen Wachebeleidigung arretiert worden: ein Schutzorgan sagte nämlich zu uns »Legitimieren Sie sich!«, und wir erwiderten ihm etwas Ähnliches. Am nächsten Tag sagte der Nachtredakteur zu mir: »Sagen Sie, warum fehlten in Ihrem gestrigen Nachtreferat in allen Sätzen die Prädikate? Verfolgten Sie damit eine bestimmte stilistische Absicht?« – »Ja«, sagte ich, »es war ein Versuch, die Dinge etwas gedrängter und chiffrierter beim Namen zu nennen, expressionistisch sozusagen; aber ich bin von dieser Schreibweise inzwischen wieder abgekommen.«

Kurz: an jedem meiner Beiträge hatte man irgend etwas auszusetzen. Eines Tages aber bekam ich sogar einen rekommandierten Brief, in welchem stand: »Verehrter Herr Doktor! Sie sandten uns gestern einen sehr interessanten Aufsatz über *Macbeth*, den wir aber bereits im *Prager Tagblatt*, in den *Frankfurter Nachrichten* und in der *Düsseldorfer Lokalzeitung* gelesen haben. Wir machen Sie höflichst darauf aufmerksam, daß man mit einem Gesäß nicht auf mehreren Hochzeiten tanzen kann.« Es blieb mir nichts anderes übrig, als eine Postkarte zu nehmen und darauf zu antworten: »Sehr geehrte Redaktion! Sie unterschätzen mein Gesäß.«

Schließlich fanden alle diese Konflikte eine Lösung darin, daß das Blatt Pleite machte. Übrigens eine meiner schönsten Pleiteleistungen: eine Tageszeitung, die in vier Monaten eingeht; das ist vielleicht ein in der Geschichte des Gazettenwesens einzig dastehender Fall. [...] SA 158 (1922)

Premiere im Raimundtheater

Also von der *Komödie der Irrungen* wird doch wohl der unbekehrbarste Shakespeareomane zugeben, daß sie ein Schmarrn ist. Schon die ganze Voraussetzung, auf der sie ruht, ist für moderne Zuschauer unannehmbar. Da sind zwei Brüder, die ganz gleich heißen, was schon eine Seltenheit ist, da man

Namen gewöhnlich zum Zweck der Unterscheidung gibt, und die sich zum Verwechseln ähnlich sehen, was noch seltener vorkommt, und die zwei Diener haben, die ebenfalls ganz gleich heißen und sich ebenfalls zum Verwechseln ähnlich sehen, und das kommt schon fast gar nicht mehr vor. Schade, daß nicht auch die beiden Schwestern, die die beiden Brüder lieben, austauschbare Zwillinge sind: es wäre schon in einem Aufwaschen gegangen. Man braucht wirklich nicht weniger modern zu sein als der alte Laube, der bereits erklärt hat, daß die meisten Lustspiele Shakespeares für uns »insipid« geworden seien. An der Posse *Zeitvertreib*, die dann folgte, hat Nestroy sicher nicht länger als einen Tag gearbeitet; trotzdem ist sie voll liebenswürdiger und lustiger Einfälle.

Herr Böhm ist eine interessante Mischung aus Kean und Mitterwurzer, Herr Loibner eine Synthese aus Thespis, Talma und Novelli, Fräulein Rie erinnert teils an Fanny Elßler, teils an die Judic, teils an die unvergeßliche Neuberin. Die Herren Neugebauer, Ziegler, Ehmann, Zeisel, Wall und Kersten und die Damen Kaiser und Fasser gelangen bis an die äußersten Grenzen schauspielerischer Möglichkeiten. Lina Loos überschreitet sie, Maria Gutmann läßt sie weit hinter sich. So, und jetzt hoffe ich, wenn ich nächstens ins Konversationszimmer des Raimund-Theaters komme, nicht wieder mit so eisigem Schweigen empfangen zu werden wie das letzte Mal.

MD 159 (1923)

Wienerische Dramaturgie

Mit dem *Don Karlos* reißt die verheißungsvolle Entwicklung der Sturm- und Drangbewegung in der Mitte ab, und es vollzieht sich jener verhängnisvolle Frontwechsel zum Klassizismus, ohne den die Deutschen damals vielleicht eine ebenso hohe Blüte des Dramas erlebt hätten wie die Griechen unter Perikles und die Engländer unter Elisabeth; Schuld trägt der allgemeine Zeitgeist, die vom Kunstpräzeptor Winckelmann verflachte Antike und: sagen wir es rundheraus, auch jener berühmte zehnjährige Bund mit Goethe, den wir unter dem Titel *Die beiden Dioskuren* fürs Abiturium lernen müssen. Abgesehen von alledem, was ja mehr oder weniger Sache des wechselnden Geschmacks ist, hat aber der *Don Karlos* einen Fehler, der für ein Bühnenwerk katastrophal ist: er ist viel zu lang. Schon Schiller selber, der ja nicht selten sein bester Dramaturg war, äußerte im Jahre 1786 in der *Thalia*: »Es wird wohl kaum mehr nötig sein, zu bemerken, daß der Don Karlos kein Theaterstück werden kann«, und auch später hat er immer wieder darauf hingewiesen, daß er »viel zu breit zugeschnitten« sei. Das liegt ganz einfach daran, daß er aus zwei Theaterstücken besteht, die sich noch heute in der Retorte des Dramaturgen ziemlich sauber voneinander sondern ließen, da sie ja niemals eine wahrhafte chemische Verbindung miteinander eingegangen sind, sondern immer nur ein mechanisches Gemenge gebildet haben. Der für das Theater wertvolle Teil ist das Intrigenstück Don Karlos, von dem selbst der unerbittlichste Schillerkritiker Otto Ludwig zugegeben hat, daß es als solches ganz außerordentlich sei und offenbar das stärkste und lehrreichste Muster für Scribe und seine Schule abgegeben habe. Den ungestrichenen *Don Karlos* spielen, wie es das »Deutsche Volkstheater« jüngst getan hat, heißt für Schiller mehr tun, als er selbst verlangt hat, und der Spannkraft des Publikums mehr zumuten, als eine zweitausendjährige Theatererfahrung gestattet; ihn auf zwei Abende verteilen, wie es Schlenther getan hat, heißt die dramatische Ladung zum großen Nachteil ihrer Schlagkraft verdünnen: ich glaube daher, daß der einzige praktikable Weg der wäre, durch sehr resolute und pietätlose Kürzungen das reine Familiendrama herauszuarbeiten, wie es mein Freund Felix Fischer in seiner Bühneneinrichtung getan hat. Dort sind die einzigen Hebel der dramatischen Handlung die Liebe des Infanten zu seiner Mutter, der Argwohn des Königs und die Gegenschiebungen der Hofkamarilla. Die gesamte politische Handlung ist entfernt, Posa tritt nur ein einziges Mal im ersten Akt auf und heißt dort bloß »ein Malteserritter«. Dieser Eingriff ist gar nicht so sakrilegisch, wie es auf den ersten Blick aussieht, denn bekanntlich hat ja Schiller selber ursprünglich ohne Flandern, Freiheit und Posa komponiert, und im Bauerbacher Entwurf verschwindet dieser auch sehr bald aus der Handlung. Eine ähnliche Verschiebung des Schwerpunktes hat Mitterwurzer als Philipp rein schauspielerisch bewirkt, indem er aus dem *Karlos*, den man bisher als einen dramatisierten Leitartikel gespielt hatte, das schauerliche Gemälde königlicher Einsamkeit machte. Dann starb Mitterwurzer, und der *Karlos* war wieder ein dramatisierter Leitartikel. [...] MD 135 (1920)

»Kaiserin Messalina«

Ein kleines Mädchen sagte einmal zu mir: »Wenn man Prosa reimt, wird sie vollkommen unverständlich.« An dieses ästhetische Bekenntnis mußte ich mich erinnern, als ich Kessers »Kaiserin Messalina« hörte. Es herrscht in diesem Drama eine zügellose Abundanz an Worten, puren Worten, die nicht Zeichen für Vorstellungen und Empfindungen sein wollen, was doch schließlich mehr oder weniger ihre Bestimmung wäre, sondern den Ehrgeiz haben, als bloße Lichter, Blitze und Farbenflecken, Dekorationen, Fiorituren und Koloraturen zu wirken; der Hörer gerät in eine so wilde Jagd von seltenen, kostbaren, einander kreuzenden und aufhebenden Metaphern, daß seine Aufnahmefähigkeit sehr bald versagt. Er sitzt geduckt und betäubt unter diesem prasselnden Regen von Dichterwortwelsch und wartet schüchtern, was sich denn nun noch ereignen werde. Aber es ereignet sich sehr wenig.

Wir sehen eine Messalina, von der wir auf Treu und Glauben hinnehmen müssen, daß sie auch wirklich das ist, was man sich so für gewöhnlich unter einer Messalina vorstellt; denn zum Vorschein kommt keine dämonische Mangeuse d'hommes, sondern eine halb sentimentale, halb hysterische Pseudoexpressionistin, die allerlei unartikulierte Menageriegeräusche von sich gibt. Einige ordinäre Bordellausdrücke, die über die einzelnen Szenen verstreut sind, sollen offenbar schwüle Atmosphäre erzeugen, würden aber nur genügen, um dem Verfasser, wenn er noch auf dem Gymnasium säße, zur Relegation zu verhelfen. Die Luft jenes prachtvoll verfaulten Zeitalters einzufangen, in dem jeder zweite Mensch ein dramatischer Charakterkopf war: dazu ist nicht einmal der Versuch gemacht. Die Figur des Kaisers Claudius zum Beispiel hätte ein Mensch von Theaterblut und Sinn zur seelischen Komplikation bloß abzuschreiben brauchen: diese Mischung aus imposanter Würde und grotesker Lächerlichkeit, Gelehrsamkeit und Gedankenflucht, großartigem Unternehmungsgeist und tierischer Freß- und Weibergier. Die Gestalt ist so interessant, daß schon ihre bloße äußere Erscheinung, wie sie uns von der Geschichte überliefert ist, dem Schauspieler die dankbarste Aufgabe bietet: der gebietende Cäsarenkopf und der hohe Wuchs in sonderbarem Kontrast zu dem Spitzbauch und den wackeligen Beinen, das Anstoßen mit der Zunge, das faunische Lachen und der epileptische Schaum im Zorn. Leider war gerade diese Rolle im »Deutschen Volkstheater« ganz unzulänglich mit Herrn Kammauf besetzt, der den Imperator in Ton und Haltung eines über zuwenig Sperrgeld erbitterten Hausmeisters spielte. [...]

Die Inszenierung Direktor Bernaus war mit großem Geschick bemüht, Atem und Tempo in den Dialog zu pumpen, und hatte den Massenszenen große Sorgfalt zugewendet; daß man sich die Bewohner der Via sacra doch ein wenig anders vorstellt, ist nicht seine Schuld. Als ein besonders wohltätiger Regieeinfall wirkte der leuchtende nächtliche Springbrunnen des zweiten Aktes, indem er die Verse Kessers fast vollständig verschlang. MD 67 (1919)

»Liliom«

Liliom, dieses Wunderwerk voll unkonventioneller Poesie, schwereloser Weisheit, zartester Drastik und menschlicher Menschenbeobachtung, das auf die Vorzugsnote »Unsterblich« unbedingten Anspruch hat, besitzt seit etwa einem Jahrzehnt in Wien eine begeisterte kleine Gemeinde; die übrigen Trottel kümmern sich nicht darum. Hoffentlich verhilft jetzt der Name und die grandiose schöpferische Dämonie Pallenbergs dieser Dichtung zu einem breiteren Erfolg. Wie er die in der dramatischen Weltliteratur einzig dastehende Figur des Liliom aufbaut und abwandelt, nuanciert und steigert, ist bewunderungswürdig. Eine Debütantin, Fräulein Grete Wagner, bringt für die Julie alle inneren und äußeren Bedingungen mit und ist auch im ersten Teil ihrer Rolle einfach unübertrefflich; die zweite Hälfte kann bis ins letzte wohl nur einer ganz ausgereiften Künstlerin gelingen. Den Mörder Ficsur Karl Forests wird wohl niemand vergessen, der ihn gestern gesehen hat: er zaubert eine ganze soziale und moralische Atmosphäre um diese Gestalt. Höchst plastisch ist auch Adrienne Geßner als Marie und meisterhaft Lina Loos als Frau Hollunder, von entzückender Echtheit Louis Böhm als Vorstadtphotograph. Die übrigen Episoden, jede einzelne eine kleine Kostbarkeit, sind teils überpointiert, teils unterexponiert, teils überhaupt nicht gestaltet. Die Wirkung des Ganzen war trotzdem sehr stark, und sie wäre noch stärker gewesen, wenn man nicht die unbegreifliche Kühnheit gehabt hätte, diese Dichtung, in der jedes Wort tief existenzberechtigt und mit feinstem künstlerischem Takt loziert ist, durch barbarische Striche zu entweihen.

MD 105 (1924)

Bemerkung zu Hans Müllers »Flamme«

Im dritten Akt der *Flamme* sagt einer, und zwar ziemlich deutlich ad spectatores, wie man das ja von Hans Müller gewohnt ist: »Der Schaffende ist im Tiefsten unverwundbar.« Wenn sich das also so verhält, und ich glaube: man kann gar nicht daran zweifeln, dann fallen sämtliche Hemmungen bei mir weg, und ich will dem Dichter einmal rund und offen sagen, was ich von ihm halte.

Ein geistvoller Literarhistoriker machte vor einiger Zeit im Gespräch zu mir die Bemerkung: Der künstlerische Grundzug Hans Müllers ist die Schamlosigkeit. Ich finde, daß mit diesem einen Wort wie durch eine Strukturformel die ganze Art Hans Müllers erklärt wird: seine großen und dauernden Erfolge bei der Menge und zugleich das Mißbehagen, das er Menschen von etwas anspruchsvollerem Geschmack immer bereitet hat und wohl auch immer bereiten wird. Es ist nämlich in der Kunst nicht viel anders als in der guten Gesellschaft: es gibt eine Menge Dinge, die nicht eigentlich verboten sind, ja, die man nicht einmal durch irgendwelche Verbote einigermaßen eindeutig und unmißverständlich umschreiben könnte und deren Vorhandensein dennoch äußerst peinlich, ja katastrophal wirkt. Hans Müller besitzt die eigentümliche Gabe, mit allem, was er sagt oder auch nur andeutet, mit jeder Bewegung, jedem Gesichtsausdruck, den er als Dichter annimmt, alle feineren

Empfindungen zu verletzen. Wie er das fertigbringt, das ist eben sein Geheimnis, das geht in die unaufschließbaren Quellen hinunter, aus denen jede Persönlichkeit gespeist wird. Und Hans Müller ist ganz zweifellos eine Persönlichkeit, so gut wie Sudermann eine ist oder wenigstens war: Er ist der stärkste, konzentrierteste, umrissenste Ausdruck der Kitschbedürfnisse um 1920. Um nun den jeweiligen Wünschen der oft recht launenhaften Kundschaft stets mit einer solchen Flinkheit und Unbedenklichkeit entgegenkommen zu können, muß man ebenjene Eigenschaft besitzen, die in der menschlichen Sprache als Schamlosigkeit bezeichnet wird.

Aber wie ist denn das? Ist denn die Schamlosigkeit nicht gerade das Privileg des Künstlers, ist sie nicht die unerläßliche Voraussetzung, der treibende Motor, der tiefste Sinn seines ganzen Schaffens? Hat es je einen großen Dichter, Denker, Gestalter gegeben, der nicht sein innerstes Wesen in seinen Werken ununterbrochen ans Licht gespült hätte? Hat nicht schon Goethe den Götz »das Bruchstück einer großen Konfession« genannt, und verdienen nicht alle seine anderen Werke ganz dieselbe Bezeichnung? Haben große Maler, zum Beispiel Rubens, Rembrandt, Raffael, je etwas anderes dargestellt als die verborgensten Geheimnisse ihrer Sexualität? Reißt sich nicht Strindberg coram publico die Brust auf, und gibt es irgendeinen Winkel in seinem Privatleben, den er nicht wiederholt und deutlich dramatisiert hätte? Das ist ja eben der Hauptwert des Künstlers, daß er frei ist von den ängstlichen Rücksichten des Philisters, der sein ganzes Leben mit Masken und Vorhängen umgibt, daß er alle Welt teilnehmen läßt an den Wundern seines Schicksals, an den lehrreichen Kreuzungen seiner Erdenbahn.

Also Schamlosigkeit ist sozusagen das Handwerkszeug des Künstlers, und man kann ihm aus dieser Eigenschaft so wenig einen Vorwurf machen, daß vielmehr ihr Mangel einen Einwand gegen ihn bilden würde. Aber die Legitimation dazu kann er nur aus einem ethischen Pathos von höchster Intensität ziehen, aus einem fanatischen, fast pathologischen Besserungswillen, aus einem moralischen Furor, der ihn fast wider Willen unaufhaltsam vorwärts treibt. Und vor allem: aus der unbedingtesten Ehrlichkeit. Diese fehlt aber Hans Müller. Er weiß das vielleicht selber gar nicht, denn er ist objektiv verlogen, er lügt sich offenbar auch selbst an. Das Recht zur psychologischen Vivisektion mit allen ihren Grausamkeiten und Peinlichkeiten hat jedoch nur der echte Seelenanatom, und das Recht zum psychologischen Exhibitionismus hat nur der echte Reformator. Es ist nichts dagegen einzuwenden, daß »in Pfuhle hinabgeleuchtet werde«; aber kokett arrangierte Pfuhle, die mit der Realität gar nicht übereinstimmen, Pfuhle, die nur dazu da sind, einem wichtigtuerischen Autor von ziemlich subalternen geistigen Absichten ein Modesujet abzugeben, die brauchen wir uns nicht gefallen zu lassen. Hans Müller hat keine Ahnung von der Psychologie einer Prostituierten, er hat nur eine sehr deutliche Ahnung davon, wie man aus dem Prostituiertenmilieu ein effektvolles und erfolgsicheres Theaterstück herausschlägt.

MD 109 (1921)

Das höchste Theater

[...] Die für jedermann ganz offenkundige, nur dem Wagnerianer Chamberlain verborgene Wahrheit ist, daß Wagner weder ein Musiker war, der Gedichte, noch ein Dichter, der Musik gemacht hat, sondern ein Theatraliker, der beides gemacht hat, sooft er es brauchte. Das Gesamtkunstwerk besteht ganz einfach darin, daß alle Künste dem Theater subordiniert werden, dem Willen zur zauberischen Illusion, die die Wirklichkeit bald steigert, bald auslöscht, aber immer überwältigt, zur gemalten, aber pittoresken Vedute und arrangierten, aber effektvollen Fioritur, zum Gazeschleier der Stimmung und Kolophoniumblitz der Leidenschaft, der, gerade weil er nicht echt ist, suggestiver wirkt als der natürliche. Wagner ist immer zuerst und zutiefst Regisseur. Seine Prosa ist merkwürdig unmusikalisch; wenn er nicht Theater machen darf, bewegt er sich so plump und hilflos wie eine Schildkröte, die ihr glitzerndes flottierendes Element verlassen hat; ja sogar seine Operntexte entbehren, wenn man sie losgelöst betrachtet, was man freilich nicht darf, aber die Wagnerianer tun, in einem höheren Sinne der Musikalität, indem ihre Klangwirkungen ganz äußerlich durch Reim, Rhythmus und Alliteration erzeugt und nicht selten durch befremdende Kakophonien, gequälte Wortstellungen, holprige Satzbildungen geschädigt werden. Er hat damit selbst den Beweis für die Richtigkeit der schopenhauerischen Theorie geliefert, daß die Wortsprache eine Ausdrucksform darstellt, die gerade dem echten Musiker fremd, ja feindlich ist. Wagner scheint das, zumindest in seinen späteren Werken, dunkel gefühlt zu haben, indem er der Pantomime einen sehr breiten Platz einräumte: sein Musikdrama ist nicht bloß Gesang und Begleitung, sondern auch Bewegung und wird dadurch erst zum wahren Gesamtkunstwerk. Schritte, Gesten, Blicke sind bei ihm nicht dem Zufall oder der Willkür überlassen, sondern durch die Musik genau bestimmt. Dies erstreckt sich sogar auf die Bewegungen der stummen Natur: der Strom im *Rheingold*, der Wald im *Siegfried* sind beseelte Wesen, deren Lebensäußerungen das Orchester aufmerksam begleitet. Hierin zeigt sich Wagner wiederum als grandioser Regisseur. Und es ist überhaupt mehr als wahrscheinlich, daß man in ihm das größte Theatergenie aller Zeiten zu erblicken hat. Dramatische Momente wie das Erscheinen Lohengrins, die Landung Tristans in Cornwall, der zweite Aktschluß der *Meistersinger* und noch viele andere bezeichnen absolute Höhepunkte der Bühnenkunst. Weisen die Gegner darauf hin, daß der Effekt dieser Szenen hauptsächlich der Musik zu danken ist, so ist ihnen zu erwidern, daß zu jedem echten Drama die Musik als integrierender Bestandteil gehört, wie zu jeder wahren Skulptur die Farbe, und daß das reine Sprechstück ein modernes Entartungsprodukt darstellt. Wagner gibt in jedem seiner Werke theatralisch das Letzte: unbestreitbar hat im *Rienzi* die Spontinische Spektakeloper, im *Holländer* die Marschnersche Dämonenoper, im *Tristan* die Liebesoper, in den *Meistersingern* das musikalische Lustspiel, in *Lohengrin* und *Tannhäuser* die gesamte Romantik ihre höchste Vollendung erreicht; zumal der letztere kann ohne Übertreibung als das großartigste Bühnenwerk der Weltgeschichte angesprochen werden. Ja; Wagner hat das höchste Theater gemacht, das erdenklich ist; und es läßt sich bloß noch fragen, ob das Theater das Höchste ist.

KN 1313 (1931)

Warum ich nicht Theaterdirektor geworden bin

Ich gehöre zu den nicht gar so zahlreichen Subjekten, die nahezu sämtliche Berufe, die es beim Theater gibt, bereits ausgeübt haben. Ich bin – um mit der, wie ich selbst zugeben muß, unwichtigsten Funktion des Theaters zu beginnen – Dramatiker, Verfasser einer richtiggehenden Tragödie, die vom Burgtheater angenommen ist; da hierüber ein sorgfältig ausgearbeiteter, genau stipulierter Vertrag mit Termin, Konventionalstrafe und allen möglichen Schikanen vorliegt, so wird sie allerdings wohl niemals zur Aufführung kommen. Ich war jahrelang Schauspieler, und zwar nicht bloß an einer Reihe von Wiener Bühnen, sondern auch an einem wirklichen Theater, nämlich bei Max Reinhardt, und wenn ich alle die Rollen, die ich schon gespielt habe, zusammenzählen wollte – wozu ich aber durch keine Macht der Welt zu bringen bin –, so würde sicher weit

Egon Friedell um 1930

mehr als ein Schock herauskommen. Wie ich Regisseur war, das habe ich in den Kabaretts schon so oft erzählt, daß ich damit niemanden mehr behelligen will, ferner war ich Theaterkritiker und bin es sogar leider noch, ich war auf verschiedenen Sommertourneen Beleuchter und Vorhangzieher, ja ich war auch sogar schon Theaterpublikum, kurz, ich habe den Unfug gründlich und von allen Seiten mitgemacht; *im* Theater, *fürs* Theater, *übers* Theater, was man will. Nur an einem einzigen Unfug habe ich mich noch nicht beteiligt, dem gröbsten: Theaterdirektor war ich noch nie. Ich hätte es ja – es bleibt hoffentlich unter uns – schon ein paarmal werden können: man hat mich bei mehreren der letzten Direktionskrisen gefragt, wie denn ich mich zu der eventuellen Konstellation der möglicherweise ins Kalkül kommenden Frage einer Direktionsübernahme stellen würde; natürlich nur so ganz unter der Hand, denn direkt ins Gesicht wagt man ja einem unbescholtenen Menschen so etwas nicht zuzumuten. Ich muß gestehen: Ich habe anfangs ein wenig geschwankt, aber dann habe ich einen Zettel genommen und darauf sauber aufgeschrieben, was für und was gegen eine solche Position spricht; bekanntlich pflegte ja auch Kollege Schopenhauer sich eine solche Liste anzulegen, wenn er mit einem wichtigen Entschluß kämpfte. Und da befand sich auf der linken, der Proseite, eigentlich nur ein einziges, allerdings sehr gewichtiges Argument: es werden eine Menge Menschen zerspringen. Dem stand aber auf der Kontraseite eine endlose Serie von Einwänden gegenüber. Nehmen wir an, ich wäre vor zwei oder fünf Jahren oder irgendwann Leiter einer Wiener Bühne geworden – heute wäre ich es auf keinen Fall mehr, denn ich wäre sicher noch schneller hinausgeflogen als die übrigen Direktoren –, was wäre eingetreten? Nun, zunächst einmal hätte ich mich mit der ganzen Welt verfeindet. Erstens mit sämtlichen Kritikern, weil ich ihre Theaterstücke abgelehnt hätte – denn Kritiker schreiben fast immer schlechte Theaterstücke –; zweitens mit allen übrigen Dramatikern, denn auch diese hätte ich ja nur zu einem kleinen Bruchteil spielen können, und die wenigen, die ich gespielt hätte, hätten behauptet, ich hätte sie in Grund und Boden gespielt; drittens mit sämtlichen Schauspielern: mit den bei mir engagierten, weil ich sie ungenügend beschäftigt hätte – und *jeder* Schauspieler findet sich ungenügend beschäftigt, weil man ihn doch beim besten Willen nicht an allen Abenden gleichzeitig alle Rollen spielen lassen kann –, mit den bei mir nicht engagierten, weil ich sie nicht sofort mit einer Riesengage für mein Unternehmen gewonnen hätte; und schließlich mit dem gesamten Rest der Wiener Bevölkerung, weil es ja in dieser schönen Stadt überhaupt keinen Menschen gibt, der nicht entweder ein Stück in der Lade liegen hat oder sich für einen heimlichen Kainz oder Girardi hält. Außerdem aber hätte ich mich überhaupt unmöglich gemacht, denn ich hätte das Theater schlecht geleitet. Oder kann mir vielleicht irgend jemand sagen, wie ich es hätte anstellen sollen, es gut zu leiten? Ist irgendein Programm erfindlich, das Aussicht gehabt hätte, den Beifall der Presse, des Publikums, der Mitglieder zu finden? Hätte ich sogenannte Dichter gespielt, so hätte es geheißen, ich mache müßige literarische Experimente, ich sei ein Snob, aber kein praktischer Theatermann; hätte ich Kassenstücke, also Mist gespielt, so hätte ich mich damit natürlich auch nicht in der Achtung der Menschen befestigt; hätte ich einige prominente Schauspieler engagiert, so hätte man geschrien, bei mir herrsche eine unkünstlerische Starwirtschaft; hätte ich versucht, ein Ensemble zu schaffen, so hätte man mir vorgehalten, ich sei ein Unterdrücker der machtvollen künstlerischen Individualität. Hätte ich expressionistisch inszeniert, so hätte ich mich als Narr und Schwindler dekouvriert; hätte ich normal inszeniert, so wäre ich als reaktionärer Schwachkopf dagestanden: hätte ich das Bühnenbild zurücktreten lassen, so hätte man gesagt, mein Theater sei eine dürftige Schmiere; hätte ich viel auf Ausstattung verwendet, so hätte man es einen Zirkus genannt. Kurz, die von mir seit Jahren mit dem größten Aufwand an Umsicht und Geschicklichkeit verheimlichte Tatsache, daß ich vollkommen unfähig bin, wäre binnen wenigen Monaten unwiderruflich ans Tageslicht gekommen; mein ganzes mühsames Lebenswerk wäre mit einem Schlage vernichtet gewesen, ganz abgesehen davon, daß noch allerhand andere diffamierende Details aus meinem Privatleben von meinen zahllosen Feinden aus dem Dunkel gezerrt worden wären, zum Beispiel, daß mein älterer Bruder Operetten schreibt, und dergleichen mehr. So aber: wie schön ist das Leben! Immer wird es einige edle gütige Optimisten geben, die von Zeit zu Zeit sagen: »Warum dieser Friedell nie eine Theaterdirektion bekommt! Der hätte doch wahrhaftig das Zeug dazu, eine Art moderner Laube! Aber natürlich: da ruft man alle möglichen ahnungslosen Idioten herbei, und nur an den, der es wirklich könnte, denkt niemand! Das ist echt österreichisch.« Und das ist sogar ein Verhältnis, das sich von Jahr zu Jahr verbessert. Denn immer mehr Menschen blamieren sich als Theaterdirektoren, immer kleiner wird der Kreis derer, die es noch nicht waren, immer höher schwillt das Unrecht, daß man mich übergeht. Und diesen, wie jedermann zugeben wird, für mich durchaus angenehmen und schmeichelhaften Zustand wünsche ich bis zu meinem Tode zu erhalten. [...]

SA 136 (1922)

Als Christ

Eines Tages wurde in einer fernen verachteten Provinz ein sonderbarer Mensch geboren. Der verstand von der Philosophie mehr als Plato und vom Erobern mehr als Alexander und erlöste diese Menschheit.

NWJ 25. 3. 1917

»*Die Judastragödie*«

Zwei Szenen

[...] *Pilatus kommt aus dem Hause, blickt unruhig zum Himmel, über den einige zerfetzte Wolken jagen, geht auf und ab, sieht Judas, will ihn anreden, zögert, entschließt sich endlich und geht schnurstracks auf ihn zu.*

PILATUS Du bist Judas?
JUDAS So heiß ich.
PILATUS Aus Karioth?
JUDAS Ich weiß es nicht. Die Leute sagen's. Ich habe nie eine Heimat gehabt.
PILATUS Ich dachte, Jerusalem sei aller Juden Heimat.
JUDAS Ich wurzle in der Stadt, doch in den Menschen nicht.
PILATUS Und doch bist du ihr Führer gegen Jenen.
JUDAS Königliche und Bettler ziehen oft die gleiche Heerstraße. So mag es denn auch scheinen, als hätten sie *ein* Ziel.
PILATUS Wer ist denn euer König?
JUDAS *David!*

PILATUS Der ist ja schon lange tot.

JUDAS Sein Geist ist nicht tot.

PILATUS Was ist ein König unter den Juden, und was vermag er?

JUDAS König ist immer der, der der Stärkste ist im Glauben.

PILATUS An eure Satzungen?

JUDAS Nicht an unsere Satzungen, sondern an die Größe unseres Volkes.

PILATUS Und wann ist euer Volk am größten?

JUDAS Wenn es von seinem Gott das Größte glaubt und erwartet.

PILATUS Ist euer Gott so groß, was bedarf er vergänglicher Menschen?

JUDAS Gott bedarf der Mittler unter den Menschen.

PILATUS Ist er ein wahrer Gott, so bedarf er nicht der Mittler, wohl aber seid ihr nicht wahre Gläubige, wenn ihr den Mittler fordert und erwartet.

JUDAS Seit Juden leben, hat Gott sich der Propheten bedient.

PILATUS Viel eher haben die Propheten sich Gottes bedient!

JUDAS Unsere heiligen Urkunden wissen es anders.

PILATUS Eure Urkunden – ich kenne sie nicht! Aber glaube mir, nie wird Gott zu den Menschen kommen.

JUDAS Und Moses? Sah er nicht im Dornbusch den Allerhöchsten?

PILATUS Er *fand* ihn im Dornbusch, da er ihn suchte.

JUDAS Wir suchen nicht. Wir warten. Er wird kommen. Er muß kommen. Er ist unter uns. Er wird erscheinen.

PILATUS Wer?

JUDAS Der Held, der Sieger, der Überwinder!

PILATUS Und was soll er überwinden?

JUDAS Die Welt, die ganze Welt!

PILATUS Ja – wenn man nur wüßte, was das heißt: die Welt überwinden!

JUDAS Die Welt, die Ihr Römer überwunden habt, die wird *er* überwinden; zum zweitenmal und für immer.

PILATUS Und wird er darum frei sein? Ist ein Herrscher frei, der herrschen *will*? Der Herrscher braucht Knechte, und diese sind ebensogut *seine* Herren, wie er der ihrige.

JUDAS Er wird seine Knechte verachten und frei sein.

PILATUS Und wird er auch von sich selber frei sein? Wird sein eigener Machthunger ihn jemals ruhen lassen? Blickt auf uns Römer, und statt euch in Neid und Haß gegen uns zu verzehren, sucht von uns zu lernen! Sieh: es gab da ein kleines Völkchen, das wir lange Zeit ebenso haßten wie ihr Juden uns Römer. Da kam ein Tag, an dem wir unsere Rache kühlen durften: das kleine, hochmütige Volk, das uns so lange getrotzt hatte, geriet in unsere Hände. Wir hatten ihm Vernichtung geschworen, und unser Schwur ist erfüllt worden: es gibt keine Griechen mehr. Wir zerstörten ihre Tempel, wir raubten ihre Tafeln und Bildsäulen, wir verbrannten ihre Bücher und Pergamentrollen; ihr ganzes Leben gedachten wir mit *einem* wuchtigen Schlag zu verlöschen. Aber ihren Geist vermochten wir dennoch nicht zu töten. Und diesen Geist haben sie uns sterbend als rächendes Vermächtnis hinterlassen: er wird ihren Fall sühnen, tiefer und schmerzlicher, als es das feurigste Kriegsschwert vermag. Dieser Geist erzählt uns täglich und stündlich von dem Unwert unserer Eroberung. Er weist uns unerbittlich von unserem Siegerwerk auf uns selbst zurück, und alle die Städte und Völker, die uns zu Füßen liegen, sind für uns keine Dinge mehr, an denen wir unseren Herrscherstolz sättigen können, sie sind grinsende Fratzen geworden, die uns höhnisch entgegenraunen: »Was habt ihr vollbracht? Könnt ihr etwas besitzen, solang ihr euch selbst nicht besitzt? Ihr seid stärker als wir. Aber seid ihr auch stärker als eure Taten? Ihr habt euch betrogen – betrogen!« – Ihr Juden, lernt von uns

Römern! Die Weltgier hat uns arm gemacht. Auf Kaiserthronen sind wir Bettler geworden. Von der Welt umbuhlt, umbuhlen wir uns selber. Warum wollt ihr siegen, hassen, töten? Lernt lieben, danken und bewundern! Lechzt nicht nach gebeugten Knien, sondern erfleht von eurem Gott, daß er *eure* Knie sich beugen lehre! Dann werdet ihr die Könige, die wahrhaft Reichen sein, und wir Weltbeherrscher werden zu euch pilgern und euch um Almosen bitten!

JUDAS *halb für sich* Die Weisheit des Nazareners …

PILATUS Ich habe mit ihm gesprochen, und er hat mir vieles enthüllt.

JUDAS Die Zeit wird erst enthüllen, ob er die Wahrheit geredet hat.

PILATUS Was ist Wahrheit? Jene Lüge, die die meisten glauben! Betet zu eurem Gott um den Messias, und wenn er ein gütiger Gott ist, dann – dann sicherlich wird er ihn euch nicht senden!

JUDAS Ich bete zu meinem Gott, damit er mir meine Wünsche *erfülle*!

PILATUS Es gibt viele Menschen, die an unerfüllten Wünschen sterben, doch am unglücklichsten sind jene, die an ihrer Wünsche Erfüllung zugrunde gehen.

JUDAS Ich kenne meinen Weg. Gottes Wille ist die Fackel, die ihn erleuchtet. Und Gott weiß von keinem Messias, der am Kreuze stirbt.

PILATUS *Der* ist *kein* Messias! Aber ob er sterben wird – *er geht nach hinten, kommt wieder nach vorn, steigt die Treppe hinauf und dreht sich auf den ersten Stufen noch einmal um:* – wer weiß? *Er begibt sich auf die Terrasse und bleibt in der äußersten Ecke links unbeweglich an die Brüstung gelehnt.*

Der Himmel umwölkt sich. Wetterleuchten.

JUDAS Herr, sendest du mir diesen zur Prüfung? *Vor sich hin murmelnd:* Gott versucht die Gerechten, aber nur der Ungerechte versucht Gott. *Plötzlich leidenschaftlich:* Ein Zeichen – Herr – ich bedarf eines Zeichens! *Ferne Donnerschläge.* Hier will ich warten, bis du mir ein Zeichen schickst, hier will ich harren, bis der Tag erlischt, und wollen, wollen, wollen, daß er stirbt. *Er kauert sich unter den Baum.*

PILATUS *kommt nach vorn, blickt zum Himmel, geht wieder unruhig hin und her und murmelt:* Wie sonderbar, daß solche Menschen sterben können! *Plötzlich in einer höchsten Erregung:* Wenn es wahr ist, wie der Rabbi sagt, daß es über den Wolken einen Zeus gibt, der mehr ist als Zeus und mehr sogar als die allmächtige Tyche, die unser Leben dichtet, wenn du da droben wirklich bist, dann tu ein Wunder! *Rasch ins Haus.* [...]

Das Volk verläuft sich.

Die vierte Wache kommt zurück und späht ängstlich der Menge nach. Von der anderen Seite kommt in großer Aufregung ein anderer Soldat rasch an der vierten Wache vorbei. Er zeigt einen blutbefleckten Mantel und sagt: »Mordanschlag auf den Prokurator!« *Beide bestürzt ab in den Garten. Hornsignale; entfernter Waffenlärm. Der Himmel überzieht sich allmählich mit Feuerschein.*

Pilatus kommt auf Strobylus gestützt langsam von hinten und setzt sich auf die Bank.

STROBYLUS Der Stoß glitt an der Gürtelschnalle ab. War diese nicht, so war's der Tod.

PILATUS *hier wie im folgenden mehr zu sich selbst als zu Strobylus sprechend* Der Tod. Wie sonderbar ist doch der Tod. Wie seltsam ist es, daß die Geister sterben mit den Körpern.

STROBYLUS Du bebst. Ich will um Fackeln.

PILATUS Da lag er, ganz entseelt. Der soviel Seelen weckte, er selbst nun ohne Seele. Welch ein Geheimnis.

STROBYLUS Von wem redest Du? Das Fieber scheint –

PILATUS Er kann nicht mehr zu Ende denken. Und außer ihm kann's keiner. So werden wir ein stummes Rätsel bleiben müssen.

STROBYLUS Du sollst nicht sprechen. Die Schwäche –

PILATUS Er starb, und Rom stand nicht an seinem Kreuz.

STROBYLUS Das Blut fließt wieder stärker. Soll ich um Heliodorus schicken?

PILATUS *ungeduldig* Du siehst ja, daß ich lebe. *Wieder vor sich hin:* Und doch – nun ist ihm ja geworden, was er gewollt hat: Die Welt liegt ganz fernab von ihm, ganz fern…

Ein Hornruf.

STROBYLUS Das ist die Ala Reiter, die uns Herodes zur Hilfe schickt.

PILATUS Er ging im tiefsten Ekel. Er hat die Menschheit erkannt und starb daran. Ich habe sie auch erkannt und bleibe leben. Es ist im Grunde wenig Unterschied, der Unterschied einer Geste. Es gibt nur dies: Wissen und sich von der Welt abwenden oder ein blinder Tatenheld sein. Und beides ist nicht das Rechte. Der große Plato hat sein Leben mit Gedanken gefüllt, und es war nicht das Rechte. Der große Alexander hat sein Leben mit Taten gefüllt, und es war nicht das Rechte. Und dennoch gibt es kein Drittes! Zwischen Weisheit und Handeln kein Drittes! Oder weißt *du* ein Drittes?

STROBYLUS Nein. Man steht an seinem Platz und ist einmal denkend, einmal tätig, wie es der Augenblick verlangt.

PILATUS Vielleicht haben die Propheten dieses Volkes doch recht. Vielleicht tritt bisweilen doch Gott unter die Menschen. Ein Gott, der nicht im rechten Augenblick *erscheint,* ist nur ein Ornament.

STROBYLUS Glaubst du an Theophanien?

PILATUS Ich weiß es nicht. Aber das weiß ich: *wenn* Gott überhaupt jemals die Erde berührt, so müßte er es jetzt tun.

STROBYLUS Jetzt? In dieser verruchtesten aller Zeiten, wo nur Gewalt, Geld und Genuß am Ruder sitzt?

PILATUS Ebendarum. Zeiten, in denen Güte und Weisheit herrscht, bedürfen keines sichtbaren Gottes.

STROBYLUS Der Himmel ist ganz in Feuer getaucht. Die Juden legen Brand an den Tempel. So fängt es immer an.

PILATUS Bisweilen aber ist mir, als ob es nicht bloß Ekel gewesen wäre, was ihn zum Sterben brachte, als ob er noch etwas anderes damit gemeint hätte …

STROBYLUS Was könnte das sein?

PILATUS Ich weiß es nicht.

STROBYLUS Der Boden donnert unter uns. Man kann nicht recht erkennen: ist es das Erdbeben oder unsere Katapulte?

PILATUS *erhebt sich* Für Großes fallen sah ich viele, für Großes sterben nur den einen. *Er schauert zusammen.* Mich friert.

STROBYLUS Komm, komm ins Haus.

PILATUS Mich friert, und 's ist doch eine Maiennacht.

Sie gehen in den Garten. […] JT 67, 86 (1916)

Die Philosophie der Christusmythe

Es ist ganz und gar richtig, wenn Drews … sagt, es handle sich bei dem Streit, ob Jesus gelebt habe oder nicht, um zwei philosophische Bekenntnisse. […] Es handelt sich eben darum, diese Weltanschauung zu bekämpfen, die alle Geistesgeschichte auf »Ideenbewegung« zurückführt, was nur eine verfeinerte Umschreibung für Massenbewegung ist. Sie setzt an die Stelle der »Christus-Mythologie« nur eine andere Mythologie, die ödeste, armseligste, anämischste Art von Mythologie: nämlich Begriffs-Mythologie. Der »finsterste« Aberglaube hat mehr Lebenskraft als diese Schreibstubenweisheit. Darin liegt vor allem die Gefahr dieser ganzen Richtung: sie hat den Zweck, unser ganzes Leben, Denken und Fühlen zu *sterilisieren.*

Gewiß, die Lehre Jesu, seine Gottessohnschaft, ja sogar seine Existenz: dies alles ist bis zu einem gewissen Grade eine Sache des Glaubens. Wer absolut will, kann an allem zweifeln. Die ganze Welt, ja mein eigenes Ich ist auch nur ein Glaube. Und es hat ja in der Tat Menschen gegeben, die das Ich, die überhaupt alles Wirkliche leugneten. Zu allem brauchen wir Glauben, zu jeder einfachen Betätigung. Von diesem Glauben leben wir. Das war eben die ewige Tat, die Jesus vollbracht hat, daß er einer Menschheit, die bereits gelernt hatte, an allem zu zweifeln, zurief: »Zweifelt nicht! Diese Welt *ist,* und sie ist ein Werk *Gottes. Alles ist,* auch das Geringste und Niedrigste: die Ärmsten und Einfältigsten, die Kinder, die Sünder, die Lilien und Sperlinge – alles dies ist, wenn ihr daran glaubt, wenn ihr es liebt!« Diese beiden großen, ja einzigen Realitäten: Gott im Himmel und die Liebe auf Erden hat er neu bekräftigt.

Die Mythentheorie, das wird man ihr nicht absprechen können, ist von einer außerordentlichen, einer furchtbaren und vernichtenden Konsequenz. Sie ist von einer solchen Konsequenz, daß wir, wenn wir ihr Schritt um Schritt nachgehen, schließlich vor einem ungeheuern grauen und leeren Abgrund stehen. Sie muß, folgerichtig weiterentwickelt, zur Gottleugnung führen; und sie führt auch dazu. In einer Welt, in der nicht die Persönlichkeit, der große Einzelne, der denkende, handelnde und leidende Held, die Geschichte macht, sondern die »Ideen«, das dumpfe Unterbewußtsein der Vielzuvielen, ist für einen Gott kein Platz. Denn der monistische, pantheistische »Gott«, der hier etwa als Ersatz eingeführt wird, ist ja wiederum nichts als der »Geist« dieser Masse, etwa auf dem Niveau der »Zönobialseele« eines Pflanzenstockes, ein stupider

Gemeinschaftsinstinkt, eine Tautologie. Leugnet man die Bedeutung der Einzelseele, die Individualität, dann muß man auch die großen Männer leugnen, und damit den größten von allen: Jesus von Nazareth. Der umgekehrte Weg – und es ist der Weg der Zukunft – wird wieder zu Jesus zurückführen. Wir werden wieder glauben lernen, daß in jedem, auch dem geringsten von uns, eine göttliche Seele lebt, einmalig, einzigartig, keiner zweiten vergleichbar, nie vorher dagewesen, niemals so wiederkehrend – dieser Glaube trägt jeden anderen im Keim in sich. Ebendarum lehrte ja auch Jesus als erstes die Seele. Ohne Gott keine Seele, aber ohne Seele auch kein Gott! Eine Kollektivseele (die nämlich gar keine ist) kann nicht an Gott glauben, kann überhaupt an gar nichts glauben als an stumpfsinnige, tote Massenmechanik. Eine solche Seele, die nichts ist als das Resultat gemeinsamen Ineinanderarbeitens von Massenteilchen, hat nämlich auch jede richtig gebaute Maschine! Die Maschine glaubt nicht an Übermaschinen, glaubt nicht, daß eine höhere, überlegene Kraft sie geschaffen hat, glaubt nicht an »Geist« und »Persönlichkeit«, sondern nur an sich selbst, an Schrauben, Räder, Transmissionsriemen, an Öl und Dampf! In dem Augenblick aber, wo wir glauben, daß wir selbst eine Seele haben, glauben wir auch notwendigerweise an einen Schöpfer dieser Seele, glauben wir an höhere Seelen, die diesem Schöpfer noch näher verwandt sind als wir, glauben wir an große Männer. Und wenn unter diesen sich einer befindet, der alle so sehr überragt, daß er dem Schöpfer mehr zu gleichen scheint als den Geschöpfen, dann ist es ganz logisch und natürlich, wenn wir ihn Gott nennen.

Die Form, in der die Menschheit dem großen Genius ihren Dank abstattet, besteht darin, daß sie alles, was an tiefen und lebenskräftigen Vorstellungen dunkel in ihr lebt, nun auf ihn überträgt. Der Genius hat ihr die Zunge gelöst, und nun spricht sie von niemand anderem als von ihm. Das Genie ist auch nach dem Tode noch fruchtbar und schöpferisch: das ist, wenn man will, der Sinn des Auferstehungsgedankens. Das Genie kann nicht sterben. Aber statt die unvermeßliche, unerschöpfliche Wirkung einer solchen Naturkraft anzustaunen und schon aus dieser Tatsache allein einen unwiderlegbaren Beweis für ihre Existenz zu schöpfen, sagt man: Sie hat nicht existiert! Wo Rauch ist, muß Feuer sein oder doch gewesen sein, wo Licht ist auf dieser Erde, muß es von irgendeinem strahlenden Himmelskörper kommen, denn unsere Erde kann sich nicht selbst erleuchten, das steht einmal fest. Man bezweifelt die Existenz Shakespeares, weil zufällig seine Papiere verloren gegangen sind. Aber ich frage: Wer hätte denn diese sechsunddreißig Dramen, deren Gewalt und Fülle bis heute noch keiner erreicht hat, schreiben sollen, wenn nicht Shakespeare? Vielleicht hieß er nicht Shakespeare: was kümmert uns seine Adresse! Aber vorhanden muß er doch gewesen sein. [...]

Ich glaube, man kann an allem eher zweifeln als an der Existenz solcher Männer. Ich glaube, man kann eher an der Existenz der Menschheit zweifeln. Denn der große Mann ist das Primäre, die Menschheit ist bloß sein Produkt. Irgendein Genius muß der Grund gewesen sein, daß aus wilden affenähnlichen Horden, die sich gegenseitig auffraßen, eines Tages die erste friedliche Arbeitsgemeinschaft, das erste Menschentum entstand. Irgendein Genius muß den Pflug, den Hammer, die Säge, das Feuerzeug erfunden haben, nicht das »Massenbewußtsein«, die »Kollektivseele«, das »Volk«. Wir wissen von diesen Männern noch viel weniger als von Jesus. Aber darum haben sie doch gelebt. Und vielleicht wird eines Tages jede Kunde von Goethe verschwunden sein, und alle großen Gedanken und guten Taten seines Jahrhunderts werden von der Nachwelt instinktiv ihm zugeschrieben werden. Man wird vielleicht seinen Namen vergessen haben oder nur noch in falscher Form besitzen. Und dann wird eine ganze Literatur entstehen, die nachweist, daß Goethe eigentlich soviel wie Gothus heißt und Gothus in unserer Zeit der Name eines Lichtgottes war, und daß der Geburtsort Frankfurt symbolisch zu nehmen sei, in dem Sinne, daß ein sagenhafter Stammesheros Frankus sich alljährlich im Frühling eine Furt macht, um das neue Jahr einzuleiten, und daß der Faust eine Sammlung von Volkssprüchen sei.

Es gibt eine weitverbreitete Sorte von Menschen, die die merkwürdige Gabe besitzen, alles zu komplizieren. Sie befinden sich überall, in allen Ländern, in allen Gesellschaftsschichten, Berufen und Ständen. Sie verwirren jedes menschliche Unternehmen, mit dem sie in Berührung treten, sogleich in unauflösliche Schwierigkeiten, Unklarheiten und Widersprüche. Der einfache Mann aus dem Volke kennt diese Menschenklasse sehr wohl und fürchtet sie wie die Pest. Sie bringen in alle Beziehungen, auch in die einfachsten, unscheinbarsten und alltäglichsten, ein Element des Mißverständnisses und der Hemmung. In den geistigen Dingen sind sie aber noch weitaus gefährlicher. Sie sehen hinter jedem noch so simplen Tatbestand etwas, das noch »aufzudecken« und »aufzuklären« sei. Sie decken den vermeintlichen Hintergrund auf, sie erklären diesen zweiten Sinn, den die Sache angeblich hat, und nun ist die ganze Angelegenheit für jedermann rettungslos unverständlich geworden. Dies eben war der Zweck, den sie erreichen wollten. Sie wollen sich eine besondere Weihe verleihen und in den Geruch der Tiefsinnigkeit und Originalität gelangen, indem sie nichts so sehen, wie es ist oder wie jeder gesunde Mensch erwarten sollte, daß es ist, sondern alles »anders« auslegen. In der Kommentierung der klassischen Literaturwerke ist dieser Unfug fast die Regel und allzu bekannt, als daß man ihn beschreiben und durch Beispiele belegen müßte. Neuerdings ergreift diese Unsitte auch die Geschichtsforschung. Da war alles weltgeschichtliche Geschehen weiß Gott wie verwickelt, hintergründig und doppelsinnig. Aber siehe da: Es war gerade umgekehrt! Wenn wir der geistigen Entwicklung genialer Neuschöpfer – ob sie nun Dichter, Denker, Religionsstifter oder Politiker waren – genau nachgehen, so sind wir immer ungeheuer erstaunt, wie einfach alles war! Das Genie ist immer einfach, ebendarin besteht ein großer Teil seiner Genialität. Kompliziert sind die »Talente«, die »Fachleute«, die Literaten. Es ist zumeist nur ein einziger ebensogroßer wie selbstverständlicher Gedanke, der das Leben des Genius erfüllt und bestimmt. Es ist zumeist nur ein einziger dunkler Wunsch und Trieb, der das Gesamtleben eines ganzen Zeitalters gestaltet und bewegt. Dieser Geniegedanke und dieser Zeitgedanke sind aber wiederum ein und dasselbe. Jedoch die Dutzendgelehrten machen alles schwierig. Sie verhalten sich zum großen Publikum wie törichte Eltern und Erzieher, die den Kindern auf die meisten ihrer Fragen antworten: Das verstehst du nicht! Aber die Kinder würden es ganz gut verstehen, in ihrer Art, wenn die Lehrer nicht zu dumm und zu hochmütig wären, um es ihnen zu erklären. Was der wahre und eigentliche, der göttliche Sinn jedes Ereignisses ist, das ist freilich für Kinder »zu hoch«, aber es ist auch für Erwachsene zu hoch, für jedermann zu hoch! Das bißchen aber, was wir davon wissen können, ist so einfach, daß es jedem Kind begreiflich gemacht werden kann.

Die »Entstehung des Christentums« ist das größte Ereignis der Weltgeschichte und darum das einfachste. Es hat keine symbolische, allegorische oder irgendwelche andere Nebenbedeutung, es ist klar wie das Tageslicht. Ein großer gottgesandter Mann, größer als alle bisherigen Gottgesandten, tritt in die Welt und löst durch die schlichte Tatsache seines Lebens und Sterbens das Rätsel des Menschen, indem er ihm mitteilt, daß er eine Seele besitzt. Seine Worte und Taten haben eine so ungeheure Gewalt, daß jedermann sich ihnen unwillkürlich unterwirft; erst der kleine Kreis, in dem er wirkte, später ein größerer, schließlich die halbe Welt. Dieser Prozeß erfordert naturgemäß Zeit. Er ist auch heute noch nicht ganz abgeschlossen. Wir haben auf der einen Seite den Genius Jesu Christi, auf der anderen Seite die Menschheit, jener spendend, diese aufnehmend und weiterbildend, ein nahezu zweitausendjähriger Kontakt zwischen zwei realen Weltkräften. Gibt es etwas Einfacheres als diesen Sachverhalt? Gibt es etwas Wahrscheinlicheres?

Aber so soll es nicht sein. Wir sollen statt dessen an eine Reihe von ganz unmenschlichen und unsinnigen Komplikationen glauben, wir sollen an einer Anzahl der gesichertsten und plausibelsten Tatsachen zweifeln, wir sollen eine endlose Kette von abenteuerlichsten Schlüssen und ausgeklügeltsten Erklärungen annehmen, und wenn wir alle diese schwierigen und abstrusen Gedankengänge glücklich durchgedacht haben, so besteht die Belohnung darin, daß wir das, was uns bisher der höchste Trost, die tiefste Rechtfertigung, der beglückendste Sinn unseres Lebens war, für das Hirngespinst einiger geisteskranker jüdischer Sektierer halten dürfen.

JP 74 (1919)

Religion und Wissenschaft

Seit Jahrtausenden streiten die Menschen darüber, ob ein Schicksal die Welt regiere und ob dieses Schicksal wohlwollend oder böse, dumm oder weise oder vielleicht auch ganz blind und indifferent sei. Es hat Denker gegeben, die allen Ernstes behauptet haben, der Teufel habe längst über Gott gesiegt und throne nun für alle Zeit über der Erde und ihren Geschicken. Es hat andere gegeben, die die nicht minder absurde Ansicht vertraten, die Vernunft sei etwas, das nur im menschlichen Gehirn existiere und mit der Natur und ihren Gesetzen nichts zu schaffen habe. Wieder andere sind der Meinung, es gebe zwar einen Gott, aber er kümmere sich um die Welt nicht, womit allerdings der Begriff Gottes, den wir uns als eine tätige, schöpferische Kraft vorzustellen haben, so ziemlich aufgehoben wird. Wenn man sich einmal die Mühe machen wollte, alles, was jemals über dieses Problem gedacht worden ist, übersichtlich zusammenzustellen, so würde man sicher finden, daß es keine Eventualität gibt, die nicht ihre leidenschaftlichen und scharfsinnigen Vertreter gefunden hat. In dieses Chaos von Hypothesen kann man aber sogleich Ordnung bringen, wenn man sich vorstellt, daß sie nichts Zufälliges, nicht Sache der persönlichen Wahl und Willkür sind, sondern nur eine Zeichensprache, durch die eine bestimmte seelische Veranlagung sich nach außen zu projizieren sucht. Jeder Mensch und jedes Volk trägt seinen Gott und seinen Teufel in sich. »In deiner Brust sind deines Schicksals Sterne«: dieses durch überhäufiges Zitieren bereits vollständig abgeplattete Wort ist sehr tief und aufschlußreich, wenn man es richtig versteht. Gott regiert die Welt nicht draußen, sondern drinnen, nicht mit Schwerkraft und chemischer Affinität, sondern im Herzen der Menschen: wie deine Seele ist, genau so ist das Schicksal der Welt, in der du lebst und handelst.

Dies wird deutlicher als beim einzelnen bei ganzen Völkern. Sie alle haben sich ihre Welt gemacht, und so wie sie sie gemacht hatten, mußten sie sie dann erleiden. Der Mensch kann zu vielerlei Göttern beten, und zu welchem er betet, das ist entscheidend für ihn und seine Nachkommen. Der Wilde tanzt um seinen Holzklotz, den er Gott nennt, und richtig! die Welt ist auch wirklich nicht mehr als ein dummer, toter Holzklotz; die Ägypter vergötterten die Sonne, die Tiere, den Nil, die ganze heilige Natur und blieben daher dazu bestimmt, immer nur ein großes Stück Natur zu bleiben, fruchtbar und tätig, aber stumm und überall gleich: es gibt keine ägyptischen *Individuen*! Die Griechen, verspielt und leichtsinnig wie sie waren, schufen sich eine Galerie von schönen, faulen, lüsternen und verlogenen Menschen, die sie Götter nannten, und gingen an diesen ihren Göttern zugrunde; der Inder, tief überzeugt von der Sinnlosigkeit und Unwirklichkeit des Daseins, beschloß, fortan nur noch an das Nichts zu glauben, und sein Glaube wurde Wahrheit: durch den Wandel der Geschichte unberührt, war und ist dieses herrliche Land ein riesiges Nichts.

Man sagt häufig, das Christentum habe die Völker des Abendlandes einem gemeinsamen Glauben zugeführt, aber ist dem wirklich so? An der Oberfläche mag es wohl so aussehen, aber blickt man tiefer, so muß man sagen: Auch heute noch gibt es Nationalgötter und Nationalschicksale, wie im Altertum. Dies ist es, was die Völker auch jetzt noch am tiefsten voneinander trennt, nicht Rasse, nicht Kostüm und äußere Sitte, nicht Staatsform und soziales Gefüge. Gerade in diesen Dingen sind sich die zivilisierten Nationen Europas so ziemlich gleich geworden; in Griechenland und Irland, in Portugal und Schweden trägt man Zylinder und Boas, liebt man die Musik und die Straßenreinigung, hat man mehr oder weniger dieselben Anschauungen über Parlamentarismus, Feldbau, gesellschaftliche Etikette und so weiter; aber der Gott, der Gott ist überall ein anderer.

Es ist wahr, sie sind alle Christen: aber das ist ja gerade die ungeheure Macht und Lebenskraft des Christentums, daß es jeder Zeit und jedem Volke etwas zu sagen hat, daß es eine Form besitzt, in die alle Gedanken und Gefühle sich einordnen lassen. Es wäre niemals Weltreligion geworden, wenn es in einer Bagatelle von neunzehnhundert Jahren sich ausleben könnte. Welche Gemeinsamkeit besteht zwischen dem »credo quia absurdum« Tertullians und dem fast mathematischen Rationalismus Calvins oder zwischen der Lehre der Satanisten –

die nichts ist als gewendetes Christentum – und dem höchst familiären Verhältnis, das der Quäker zu seinem Gott hat? Und kann man es mit bloßem Zufall, mit der diktatorischen Laune eines Ludwig XIV. und Cromwell erklären, daß Frankreich dem Papismus erhalten blieb und England reformiert wurde? Der Gott Frankreichs war eben absolutistisch und der Gott Englands puritanisch.

Das war damals, in den Zeiten der Religionskriege. Heute ist – so wird vielfach behauptet – an die Stelle der Religion die Wissenschaft getreten. Faßt man den Begriff »Wissenschaft« richtig, so ist gegen diese Behauptung gar nichts einzuwenden. Wenn man nämlich die Wissenschaft *ernst* nimmt, so ist sie ebenfalls ein Glaube, eine Religion. Nimmt man sie *nicht* ernst, sieht man in ihr ein bloßes Gesellschaftsspiel mit Begriffen, Beobachtungen, Kenntnissen und Tatsachenreihen, so fällt sie in eine Kategorie mit allen anderen profanen Beschäftigungen. Auf keinen Fall aber läßt sich Wissenschaft, soweit sie Weltanschauung ist, eher beweisen als irgendeine religiöse Überzeugung. Sonst müßte zum Beispiel der Monismus, der ja behauptet, sich lediglich auf exakte Grundlagen zu stützen, bereits alle vernünftigen Köpfe erobert haben. Goethe konnte sich niemals zur kantischen Lehre bekehren, der am besten fundierten unter allen Philosophien, ganz offenbar aus persönlichen, aus religiösen Gründen. Der Darwinismus ist bezeichnenderweise von England ausgegangen, wo er auch heute noch die meisten Anhänger hat, sehr begreiflich bei einer Theorie, die in der ganzen Natur eine große Handelsgesellschaft sieht, deren Organisation durch skrupellose Konkurrenzkämpfe bestimmt wird. VD 52 (1915)

Der Atheismus im Abendland

Vor wenigen Wochen bekam ich Fritz Mauthners neuestes Werk »Der Atheismus und seine Geschichte im Abendlande«, erster Band: da lag es nun, 658 Seiten im Lexikonformat, ein großer grauer Pflasterstein! Man muß im allgemeinen schon über einige Courage verfügen, um mit der Lektüre eines solchen Buches auch nur zu beginnen. Aber ein Autor wie Mauthner macht einem den Anfang sehr leicht, denn er ist völlig frei von den sonderbaren Eigentümlichkeiten, durch die so viele verdienstvolle und lehrreiche Werke der Wissenschaft sich wie mit einem Stachelgitter umgeben. Zunächst: er ist kein Freund vieler Verwahrungen, Programme, Nachweise, Vorbehalte, sondern geht gleich mitten in die konkrete Sache, ohne sich mit langem Vorwortgerede aufzuhalten. Sodann disponiert er ganz ausgezeichnet, was merkwürdigerweise gerade die wissenschaftlichen Autoren so selten verstehen: man denke, um aufs Geratewohl irgend etwas herauszugreifen, zum Beispiel an ein in so vielfacher Hinsicht wertvolles und wegweisendes Werk wie Lamprechts *Deutsche Geschichte*, bei dem es schlechterdings unmöglich ist, herauszubekommen, wovon jedes einzelne Kapitel denn eigentlich handelt.

Und vor allem: Mauthner ist ein vorzüglicher Schriftsteller, jeder seiner Sätze steht an *notwendiger* Stelle und sagt so kurz, so einfach und so wohlgefügt, als es überhaupt möglich ist, das, was er auszudrücken hat. Seine Prosa redet keine künstlerische Sprache, sie macht niemals auch nur den Versuch, die tausend oszillierenden, schwebenden Nuancen eines psychologischen Zusammenhanges in Worten abzubilden, aber sie ist eine klassische, *wissenschaftliche* Prosa: so spröde und hart, aber auch so klar und durchsichtig wie Glas. Und wenn ich hinzufüge, daß ich, der ich doch hoffentlich über dem Verdacht stehe, ein

Gelehrter zu sein oder auch nur für Gelehrsamkeit ein platonisches Liebhaberinteresse zu besitzen, dieses Buch in weniger als einer Woche in einem Zuge verschluckt habe wie einen Saisonroman, so glaube ich, daß damit zu seiner Charakteristik schon einiges gesagt ist. Vielmehr kann ich ja tatsächlich von ihm hier nicht aussagen, ich kann es ja buchstäblich nur, wie der ziemlich zutreffende Fachausdruck lautet, »anzeigen«, das heißt: mitteilen, daß es da ist und daß es ein Buch voll Leben und Handlung ist, erfüllt von einer Spannung, die im Grunde viel aufwühlender und nachwirksamer ist als die einer Kolportagegeschichte.

In diesem Werk gibt Fritz Mauthner nicht nur seiner eigenen Lebensleistung einen starken, breiten und reichen Abschluß, sondern in gewissem Sinne auch der geistigen Arbeit eines ganzen Zeitalters, indem er den gesamten Inhalt der Weltanschauung, die die letzten zwei Generationen erfüllt hat, noch einmal meisterhaft zusammenfaßt. Wie das monumentale Mausoleum eines Geschlechts, dessen Lebensgefühl heute schon historisch geworden ist, wird dieses Werk dastehen, wenn seine drei Riesenbände vollendet sein werden.

Ich sage: Dieses Weltbild ist bereits ein historisches, und in der Tat: der Atheismus ist für uns heute kein philosophisches Problem mehr. Aber ein kulturgeschichtliches, und eines der interessantesten, wird er für alle Zeiten bleiben. An einer Stelle seines Buches sagt Mauthner, es sei nur zu begreiflich, daß die Menschheit sich gegen das Aufgeben der Gottesvorstellung wehre. »Ganz ähnliche ethische Mächte bewirken eine Empörung, sobald ein Mensch die Nachricht für wahr halten soll, der Mann, den er bisher für seinen Vater hielt, sei nicht sein Vater gewesen; er, der bisher so sichere Mensch, sei unbekannter Herkunft, sei ein natürliches Kind.« Halten wir dieses Bild fest, so müssen wir in der Tat sagen: Es war eine der seltsamsten und erschütterndsten Psychosen, als der Mensch plötzlich sich von Gott losriß und als »natürliches« Kind, als Kind der Natur sich mitten in die öde, unbekannte Leere eines entseelten Kosmos stellte; ein pittoreskes Seelenschauspiel, das eine immer erneute Betrachtung wohl verdient. Und man darf, will man gegen diese Zeit nicht ungerecht werden, niemals vergessen, welcher hohe und edle Stoizismus, welche entsagungsvolle Tapferkeit dazu gehörte, eine Welt ohne Gott auszuhalten. Was Mauthner anlangt, so ist die Theologie für ihn überhaupt keine Wissenschaft, er sagt einmal bei der Darstellung der Renaissancegläubigkeit, es habe damals ohne Widerspruch »Professoren der Astrologie gegeben, wie es heute ohne Widerspruch Professoren der Theologie gibt«; wogegen sich freilich der einfache Einwand erheben ließe, daß in dieser Nebeneinanderstellung heute schon deshalb kein abfälliges Werturteil mehr liegen könne, weil es in sehr absehbarer Zeit sicher auch wieder Professoren der Astrologie geben wird.

Nach alldem könnte man nun glauben, Mauthner sei ein unfruchtbarer Nihilist und Aufklärer, ein Kritiker von der Sorte, die so lange analysiert, bis nichts mehr da ist, einer jener trostlosen »scharfen Köpfe«, deren Mission es ist, das Leben zu entleeren und zu verarmen. Aber Mauthners Werk bewegt sich in einer so kalten, reinen Höhe, daß, von ihr aus gesehen, nicht bloß die Theologie, sondern auch deren Gegenspiel, die billige »Aufgeklärtheit«, als ein Vorurteil erscheint. Für ihn ist gewissermaßen auch der Unglaube ein Aberglaube; und der monistische Volksschullehrer kommt bei ihm keinesfalls auf seine Rechnung. Alle anderen Darsteller der Religionsgeschichte wollen irgend etwas, nicht bloß die ausgesprochen konfessionell oder antikirchlich gefärbten unter ihnen; auch die scheinbar voraussetzungslosen wollen doch immer noch zumindest den sogenannten »freien Gedanken«. Mauthner aber will gar nichts. Er stellt bloß dar, und was er darstellt, ist der ewige Stoff aller Geschichtsschreibung: die menschliche Schwäche. Und man wäre sehr im Irrtum, wenn man annehmen wollte, daß er diese nur auf der Seite der Pfaffen erblickt. »Wir dürfen den Traum nicht träumen«, sagt er einmal, die Möglichkeit eines nichtchristlichen Europa erwägend, »daß die Menschheit nicht andere Formen gefunden hätte, ihre Bosheit und ihren Blutdurst zu befriedigen.« Und so wird denn sein Geschichtswerk für den aufmerksamen Leser zu einer Hochschule der Toleranz, die wir gerade heute, wo weise Parteilosigkeit fast für ein politisches Verbrechen gilt, sehr nötig hätten.

Ich möchte das Glaubensbekenntnis des Historikers Mauthner in einem Satz finden, den er irgendwo, an ganz abgelegener Stelle einmal hinwirft. Er lautet: »Alle Zeiten sind Übergangszeiten.« Und in der Tat: welche schönere Leitformel gäbe es für einen reinen, dem Lärm der Welt längst entrückten Forscher als die Überzeugung, daß jeder Moment der menschlichen Geschichte nichts ist als der Kreuzungspunkt zweier unbegrenzter Entwicklungen: einer Vergangenheit, die sich entfernt, aber doch niemals ganz entschwindet, und einer Zukunft, die sich nähert, aber doch niemals ganz erscheint? Was ist der einzelne Mensch, was ist die ganze Menschheit anderes als ein schmaler Lichtstreif zwischen zwei Unendlichkeiten, eine dämmernde Ahnung zwischen zwei Gedanken Gottes, die sich uns niemals ganz offenbaren werden? Alles ist nur ein Übergang, ist Annäherung, Versuch, Instrument und Entwurf! Keine unserer Bestrebungen ist völlig berechtigt und doch auch wiederum keine völlig unberechtigt! Solche fromme Wahrheit lehrt uns das Werk Mauthners auf jedem seiner reifen Blätter, obgleich sein Inhalt eine Geschichte des Atheismus und sein Verfasser ein Atheist ist.

NWJ 1. 8. 1920

Dichter

Der Dichter ist ganz einfach das ununterbrochen, was die übrigen Menschen alle fünf Jahre einmal sind. Er unterscheidet sich in nichts anderem von ihnen.

EP 196 (1912)

Lichtenberg

[...] Welche Stellung hatte nun Lichtenberg, dieser bewegliche, regsame, überall geschäftig anteilnehmende Geist [im] atemlosen Treiben [der Aufklärung]? Wir wollen es gleich vorwegnehmen: er war das *ideale Publikum* dieser ganzen Bewegung. Wenn wir dem oben gebrauchten Bilde aus der physikalischen Optik ein anderes entgegenstellen wollen, so könnten wir sagen, er verhielt sich zu seiner Zeit nicht wie ein Brennglas, sondern wie ein Prisma, das das zuströmende Licht seiner Umgebung in die vielfältigsten Farbennuancen auseinanderlegt.

Neben ihm lebten Kant, Lessing, Goethe, Fichte – oder vielmehr: er lebte neben ihnen. Fast nirgends finden wir seinen Namen von den Zeitgenossen mit jenem Nachdruck genannt, den er verdient hätte. Im Bewußtsein seiner Mitmenschen lebte er nicht als der, der er war. Er war weder geneigt noch berufen, die Räder der Literaturgeschichte zu bewegen. Er mochte darin ähnlich denken wie der ältere Goethe, der auch lieber über Pflanzen, Steinen und alten Memoiren saß, als sich in die literarische Propaganda mischte, bis der temperamentvolle Realismus Schillers ihn wieder in die Aktualität hineinriß.

Lichtenbergs äußeres Leben verfloß zwischen physikalischen und belletristischen Gelegenheitsarbeiten, zwischen Wettermachen und Kalendermachen, ein paar kleinen Mädchen und ein paar guten Freunden. Zwischen diesen Alltagsdingen wuchs sein Lebenswerk. Aber er wußte es nicht.

Es sind seine *Tagebücher.* »Die Kaufleute«, sagte er, »haben ihr Waste book (Sudelbuch, glaube ich, im Deutschen); darin tragen sie von Tag zu Tag alles ein, was sie kaufen und verkaufen, alles untereinander, ohne Ordnung... Dies verdient nachgeahmt zu werden. Erst ein Buch, worin ich alles einschreibe, so wie ich es sehe, oder wie es mir meine Gedanken eingeben.« Diese losen Aufzeichnungen, denen er selbst also nur die Bedeutung einer »Kladde« zum eigenen Gebrauch zuerkennen wollte, enthalten die Summe seines Geistes, eines Geistes, der an Schärfe und Luzidität, an konzentrierter Denkenergie und empfindlicher Differenziertheit nur wenige seinesgleichen hat. Es ist im großen Ganzen eine philosophische Materialiensammlung. Es liegt schon allein in der Natur solcher Arbeiten, daß sie schwer zu Ende kommen; sie tragen den Charakter unendlicher Ausdehnungsfähigkeit schon in sich. Unter vielen anderen Denkern hat auch Emerson sich solcher tagebuchartiger Brouillons bedient, aber er fand die Kraft, sie dann zu kürzeren und längeren Essays zusammenzuschweißen. Indessen merkt man die Legierung auch bei ihm an vielen Stellen, es entsteht dennoch immer nur ein Gemenge und niemals eine wirkliche Verbindung, weshalb seine Schriften bisweilen mit Unrecht den Eindruck der Gedankenflucht hervorrufen. Aber Lichtenberg konnte sich nicht entschließen, seine Gedankenbruchstücke zu amalgamieren, er war für ein solches Geschäft zu kritisch veranlagt. Sein »Waste book« erschien erst nach seinem Tode. [...]

Das Gebiet, an das nun Lichtenberg mit seinem genialen Skeptizismus herantrat, ist die menschliche Psychologie. Nicht die Psychologie der Laboratorien und Statistiken, sondern die Psychologie der lebendigen Selbstbeobachtung, der unerbittlichen Autovivisektion. Die Schärfe und Minutiosität der Selbstanalyse erreicht bei ihm die außerordentlichste Höhe: sie wird vielleicht an Rücksichtslosigkeit nur noch von Pascal übertroffen. Dieses Geschäft ist nicht ungefährlich, auch dies wußte Lichtenberg. »Ich habe die erbarmungswürdige Fähigkeit erlangt, aus allem, was ich sehe und höre, Gift für mich selbst, nicht für andere zu saugen.« Gift; er hätte auch sagen können: Wahrheit.

Dieser rastlose, unbeugsame Wahrheits- und Selbsterkennungsfanatismus findet seine äußere Form in der vollendeten Natürlichkeit und Klarheit seines Stils, in der ihm nur Lessing und Schopenhauer ebenbürtig sind. Seine Sprache funktioniert mit der Feinheit und Sicherheit einer Präzisionsmaschine. Dies macht die Lektüre seiner Schriften zu einem so außerordentlichen Genuß. Jeder, auch der scheinbar flüchtigste, Satz überrascht aufs neue durch die klassische Ökonomie seines Baus, seine Prägnanz und Durchsichtigkeit. Sein Denken ist von einer, man möchte fast sagen, zerleuchtenden Helle, dabei von jener Art Nüchternheit, die das ausschließliche Privileg genialer Köpfe ist.

Menschen von einer so außerordentlichen Natürlichkeit haben immer etwas *Zeitloses.* Und daher kommt es denn auch, daß die historischen Züge seines Zeitalters nicht recht auf Lichtenberg passen wollen: weder der billige Rationalismus der Aufklärung noch die berauschte Kraftmeierei der Stürmer und Dränger fanden in ihm ihren Vertreter. Er gehörte nur insofern zu seiner Zeit, als er ihr vollkommenstes Gegenspiel, gleichsam ihr umgekehrtes Spiegelbild war. Er war die andere Hälfte, das Supplement seiner Zeit, und die Zeitgenossen dieser Gattung sind, sooft sie in der Geschichte auftreten, immer die denkwürdigsten und eigenartigsten und die einzigen, die ihr Zeitalter überdauern. Lichtenberg war der scharfe Schlagschatten, den das Licht der Aufklärung warf, und es ist eine der zahlreichen Absurditäten der Literaturhistorie, daß dieser Schatten länger und kräftiger sichtbar geblieben ist als jenes Licht. […] LI 12 (1910)

Hebbel

[…] Die »Tagebücher« sind überaus reichhaltige Aufzeichnungen, die Hebbel vom Frühjahr 1835 bis zu seinem Tode mit großer Regelmäßigkeit, aber mit absichtlicher Planlosigkeit, ganz nach Laune und Stimmung und nur für sich selbst gemacht hat. Es sind, wie er selbst es bezeichnet, »Reflexionen über Welt, Leben und Bücher, hauptsächlich aber über mich selbst.« Sie sind vielleicht das Beste, was Hebbel geschrieben hat: von unerschöpflichem Gedankenreichtum, höchster Universalität des Urteils und der Beobachtung und voll von überraschenden Antizipationen der modernsten Gedankengänge.

Hebbel hatte kein philosophisches System, sondern war ein einfacher Denker in der Art Montaignes, Lichtenbergs oder Emersons. Er selbst sah darin einen Fehler: »Ich will gehen und kann bloß springen … ich kann nur stückweise den Schleier zerreißen, der das Wahre verhüllt«; aber die Leser von heute werden vielleicht in diesem durchaus aphoristischen, problematischen Charakter seines Denkens eher einen Vorzug erblicken.

Es hat vielleicht wenige Denker gegeben, die von einer solchen leidenschaftlichen Lust am Denken erfüllt waren wie Hebbel, aber vielleicht auch wenige, die wiederum so sehr unter ihrem eigenen Denken gelitten haben, unter diesem wühlenden, grabenden, sich selbst von allen Seiten anbohrenden Denken.

Es gibt dramatische Denker, wie es dramatische Dichter

gibt, und Hebbel hat unter beide gehört. Noch mehr: er war ein *tragischer* Denker. Wenn man versuchen wollte, diesen Begriff auf eine einfachste Formel zu bringen, so könnte man vielleicht sagen: Tragisch ist eine Weltanschauung, die von der Erkenntnis ausgeht: Einzelexistenz ist Sünde, jede Individuation ist ein Sündenfall, ein Abfall vom Ureinen, und da die Welt in ihrer Mannigfaltigkeit nur durch Individuation besteht, so ist die ganze Welt ein einziger großer Sündenfall. Tragische Denker in diesem Sinne waren die Inder, die Vorsokratiker, die Urchristen und eine ganze Anzahl moderner Philosophen. Besonders scharf finden wir dieses Weltbild in dem einzigen Fragment fixiert, das uns von Anaximander überliefert ist: »Woher die Dinge gekommen sind, dahin müssen sie auch wieder zurück zu ihrem Untergang: so will es das Gesetz; *denn sie müssen Buße tun für das Unrecht, daß sie vorhanden waren.*« Auch Hebbel hat als Dichter und Denker diese Weltansicht verkörpert: der Mensch ist schon durch seine Existenz ein tragisches Geschöpf; jedes Individuum bedeutet eine Trennung von der Idee; es muß zerstört werden, um wieder in die Idee aufzugehen. Dieses düstere Thema hat Hebbel unermüdlich variiert, theoretisch in seinen Abhandlungen, praktisch in seinen Dramen. [...] HE 35 (1909)

*Nestroy**

In den Dreißiger- bis Sechzigerjahren lebte in Wien ein Schauspieler, der durch die hinreißende Komik seiner hageren, windschiefen Figur, seiner endlosen, schlenkernden Gliedmaßen und seiner blechern schnarrenden Zungenschnelligkeit, durch seine schlagenden und geistesgegenwärtigen Extempores und seinen zähen und drolligen Kampf mit der Zensur und schließlich auch durch eine lange Reihe glücklich zusammengestellter

Gelegenheitspossen große und dauernde Popularität genoß. Dies war die eine Hälfte Johann Nestroys, seine äußere Hülle, die die Welt, und zumal die wienerische, so oft und gern für den ganzen Menschen zu nehmen und ausschließlich gelten zu lassen pflegt. Daneben aber gab es noch einen zweiten Nestroy, einen sokratischen Dialektiker und kantisch analysierenden Geist von höchster Feinheit und Schärfe, eine shakespearisch ringende Seele, die mit einer wahrhaft kosmischen Phantasie die Maßstäbe aller menschlichen Dinge verzerrte und verrückte, um sie ebendadurch erst in ihren wahren Dimensionen aufleuchten zu lassen. Dieser schöpferische Ironiker in Nestroy war, seinen Zeitgenossen völlig unbekannt, zu einem posthumen Leben verurteilt, ja er führt sogar noch bis zum heutigen Tage für die meisten ein anonymes Dasein. Daß dem so ist, kommt zunächst daher, daß der souveräne und radikale Skeptiker auf dieser Welt immer einen schweren Stand hat: die Menschen, die sich ihre handlichen, kompakten Zusammenhänge von gestern nicht auflösen lassen wollen, empfinden ihn instinktiv als ihren Feind und vergessen nur zu gern, daß die geistige Gesundheit, die Entwicklungsfähigkeit und fortschreitende Kraft jeder Epoche von der Menge geistigen Dynamits abhängt, die ihr zur Verfügung steht. Dazu kommt aber noch als besonderer Grund, daß Nestroy in einer Stadt wirkte, die von jeher eine unglaubliche Virtuosität darin besessen hat, sich ihrer Erzieher zu entledigen und jedermann, der ihr durch Wahrheitsliebe unbequem wurde, zum Jongleur und Bajazzo zu degradieren.

Und doch muß man wieder andererseits sagen, daß wohl nur in Wien ein solcher Genius entstehen konnte, dessen Grundwesen sich vielleicht am einfachsten mit einem Wort (das aber eigentlich Hermann Bahr gehört) als barock bezeichnen läßt. Wien, das in den Tagen der Barockzeit seinen kulturellen und künstlerischen Höhepunkt erklommen hat, ist im Grunde bis zum heutigen Tage in seinen eigenartigsten und sichtbarsten, seinen reichsten und feinsten Lebensäußerungen eine Barockstadt geblieben. Das Wesen der Barocke ist, kurz gesagt, die Alleinherrschaft des rechnenden, analysierenden, organisierenden Verstandes, der das aber nicht wahrhaben will und sich daher in tausend abenteuerliche Masken und künstliche Verkleidungen flüchtet; die klare, sichtende, überschauende Intelligenz, die sich, des trockenen Tones satt, einen wilden Formen- und Farbenrausch antrinkt; Rationalismus, der sich als bunteste, vielfältigste Sinnlichkeit kostümiert. Dies ist auch das Wesen Nestroys: er ist von einer kristallenen Nüchternheit, einer brennenden Luzidität, die die Menschen und Dinge förmlich zerleuchtet, und dabei doch voll heimlicher Sehnsucht nach all den verwirrenden, narkotischen Dingen, die das Leben erst begehrenswert und interessant machen; ein starker, wissender und weltkundiger Geist und dabei doch umwittert von dem Aroma der problematischen Natur. Und darüber hinaus hat er noch den tiefsten Sinn der Barocke ausgedrückt: jene sublime und fatale Fähigkeit, ja Nötigung, mit dem ganzen Leben zu spielen und nichts ernst zu nehmen, auch nicht das eigene Ich.

Dies alles zwingt uns, in Nestroy den größten, ja den einzigen Philosophen zu erblicken, den der deutsch-österreichische Stamm hervorgebracht hat. Daß die Literaturgeschichte weit davon entfernt ist, diese Tatsache auch nur zu ahnen, kommt daher, daß sie noch immer von Professoren geschrieben wird, diese aber, infolge ihres Berufes daran gewöhnt, zwischen »Fortschritt« und »sittlichem Betragen« einen Kausalnexus herzustellen, unmöglich einen Menschen von der Biographie Nestroys in die Selekta aufrücken lassen können und überdies dem – übrigens auch in intelligenteren Kreisen als den ihrigen verbreiteten – Irrtum huldigen, daß ein Philosoph notwendig ein sogenannter »ernster Mensch« sein müsse. Man könnte aber gerade im Gegenteil sagen, daß der Philosoph erst dort anfängt, wo der Mensch damit aufhört, sich und das Leben seriös zu nehmen; und es gibt in der Tat fast keinen großen Denker, bei dem wir diese Behauptung nicht in dieser oder jener Form lesen könnten: sie findet sich bei Heraklit und Plato, bei Kant und Schopenhauer, bei Pascal und Nietzsche, kurz überall.

Nestroy war ein echter Philosoph auch darin, daß er kein System besaß. Wo er irgendeine moralische Ungleichung bemerkte, da stellte er sie ans Licht und gab sie dem Spott preis. Deshalb hat er auch niemals ein politisches Programm gehabt und galt gleichermaßen den Konservativen als bedenklicher Umstürzler wie den Liberalen als finsterer Reaktionär. Von rechts und links angefeindet zu werden ist aber immer das Los aller echten Komödientemperamente, denen es gar nicht anders möglich ist, als alle Dinge von oben zu betrachten, von einem erhöhten Standpunkt olympischer Heiterkeit, vor dem rechts und links nur zwei Hälften und meistens zwei recht lächerliche Hälften desselben menschlichen Grundwesens sind. Nestroy war zweifellos das, was Nietzsche einen »freien Geist« genannt hat: seine außerordentliche Witterung für alles Komplizierte, Widerspruchsvolle, Vieldeutige, sich Kreuzende und Aufhebende in der menschlichen Natur, seine seltene Gabe, gerade die halben, gemischten, gebrochenen Seelenfarben auf seine Palette zu bringen, macht ihn zum unmittelbaren Erben und Fortsetzer Lawrence Sternes, Lichtenbergs und Kierkegaards und stellt seine Bühnenpsychologie neben die moderne Chromatik eines Wilde und Shaw. Und auch darin erinnert er an die beiden Iren, daß er ganz skrupellos gerade die ordinären Sorten der Bühnenliteratur: das Kolportagedrama, das Rührstück, das Familienmelodram, den Schwank und die Posse bevorzugt, aber freilich im höchsten Maße veredelt hat, indem er ihnen seinen reifen, funkelnden, facettenreichen Geist okulierte. Er nahm eben nichts ernst, auch sein eigenes Handwerk nicht. […]

Und über das alles hinaus hat Nestroy in seinen Lustspielen die ganze Luft seiner Zeit eingefangen, einer Zeit, die in ihrer eigenartigen Poesie so nie wiederkehren wird: und damit hat er die höchste Aufgabe des Komödienschreibers erfüllt. Und wenn Goethe gesagt hat, daß Voltaire Frankreich sei, so könnte man mit ebenso großer Berechtigung behaupten, daß Nestroy Wien sei, jenes ewige Wien, wie es war, ist und sein wird: eine ganze Landschaft mit dem von ihr genährten, entwickelten, zur Reife und zur Überreife gebrachten Menschenschlag ist in ihm klingend und leuchtend geworden. Seine Werke sind eine Art Memoirenliteratur, im Grunde die einzige, die es gibt. Ohne solche Glücksfälle wüßten wir nichts von vergangenen Zeiten, wir hätten bloß fremde Hieroglyphen, die uns verwirren und enttäuschen. Nestroys Komödien sind ein unvergängliches Stück seelische Kostümgeschichte. Er hat die Gestalt seiner Zeit aufbewahrt, mit allen ihren Stärken und Gebrechen, ihren Gesundheiten und Krankheiten, ihren ernsten und lächerlichen Falten, und da steht sie nun: konserviert in Spiritus, in gutem, reinem, starkem Spiritus. […]

DK 9 (1922)

Grillparzer

Wieder ein Gedenktag!

Wie mir der alte Fadian, schon in der Schule eine wahre Landplage, zum Halse heraushängt, kann ich gar nicht sagen. Zum Glück hat man da seine sieben Sachen rasch beisammen. Seine Dramen kenne ich natürlich nicht, da sie erfreulicherweise fast nie gespielt werden und ihre Lektüre auf dem Gymnasium in die Oberstufe fällt. Im Konversationslexikon stehen bloß die Titel. Aber darauf kommt es ja gar nicht an, sondern auf jene paar Phrasen, bei denen der Idiot von Leser nie merkt, daß er sie schon dreihundertmal gehört hat. Ich wiederhole daher, daß Grillparzer wahrhaft unser war und in seinem Lager sich Österreich befand, woran ich nicht versäumen will, die Bemerkung anzuschließen, daß der Österreicher ein Vaterland hat, es liebt und auch Ursach' hat, es zu lieben, was allerdings, wie ich letzthin durch die Freundlichkeit unserer Modeberichterstatterin erfuhr, von Schiller behauptet wurde, im übrigen aber doch in diesen Zusammenhang gehört; zum mindesten dürfte es schwer sein, das Gegenteil zu beweisen, sofern überhaupt jemand ein so unwahrscheinliches Viech sein sollte, über einen solchen Zusammenhang nachzudenken.

Ich füge noch pflichtgemäß hinzu, daß in Grillparzers Dramen ein eigentümlicher Duft weht, der schwer zu definieren ist; wer ihn zu definieren vermag, möge es von mir aus tun, bis er schwarz wird, ich kann es nicht und lege auch gar keinen Wert darauf, es zu können. Grillparzers Dramen sind außerdem ein Born, das kann man von allen Klassikern ohne Risiko sagen; von was ein Born, geht den Leser einen Dreck an. Ich könnte Grillparzer noch mit Schnitzler vergleichen, dessen »Reigen« ich tatsächlich zweimal gesehen habe. Es genüge aber der einfache Hinweis und die für solche Fälle unbezahlbare Bemerkung: Wozu vergleichen, da doch alles Schöpferische im Letzten unvergleichlich ist?

Man könnte noch etwas von Habsburg murmeln und zwar: »Dank vom Hause Österreich«. Da will ich aber doch zur Sicherheit im Büchmann nachsehen. Was mich übrigens die Beine unserer Stenotypistin mehr interessieren als Grillparzer, möchte ich in Zitaten Bescheid wissen. Soeben fällt mir noch ein, daß Salten einmal erzählt hat, Grillparzer habe ein typisch österreichisches Dichterschicksal gehabt. Etwas wird schon dran sein, und im übrigen wollte ich, ich hätte keine größeren Sorgen.

GJ 228 (1925)

Man hat Hegels System als Panlogismus und (erst in jüngster Zeit) Hebbels Weltanschauung als Pantragismus bezeichnet. In analoger Weise könnte man Hardenbergs Philosophie Panmagismus nennen; denn Novalis sieht überall Wunder und will alles wunderbar erklärt wissen, wobei er freilich unter Wunder und Magie nicht dasselbe versteht wie die Zauberkünstler, die seine Zeit in so lebhafte Aufregung versetzt haben. Das Wunder, das überall schlummert und dessen Kraft, richtig genützt, alles vermag, ist für Novalis der *Geist,* wo und in welcher Form immer er auftritt. Der Geist ist seiner Natur nach schrankenlos, und es gibt daher keine bestimmten Grenzen seiner Machtmöglichkeiten. Wenn wir heute mit der Hilfe unseres Geistes imstande sind, gewisse Gliedmaßen zu dirigieren, so liegt es nur an uns, ob wir auch einmal fähig sein werden, alle Teile unseres Körpers, die ganze Welt willkürlich in Bewegung zu setzen. Dies ist der Sinn des magischen Idealismus, dessen Wundertaten von unsern heutigen Leistungen nur dem Grade, nicht der Art nach verschieden sind.

Der magische Idealismus hat nur so lange etwas Befremdendes, als man sich an das Wort hält. Eine Weltansicht hängt von dem Standort ab, den der Beschauer einnimmt, und von den Augen, die er im Kopfe hat. Man kann dieselbe Sache in der Tiefe und in der Fläche sehen. In den epochemachenden Leistungen des neunzehnten Jahrhunderts, welche die Vertreter der »naturwissenschaftlichen Weltanschauung« als die Hauptstützen ihrer Lehre anführen, hätte Novalis die vollgültigsten und bedeutsamsten Belege für *seine* Weltansicht erblickt. Die Beherrschung des Erdballs durch Telegraphie, Telephon und Dampfrad, die Fixierung des Menschen durch Photographie, Phonograph und Kinematograph, die Fortschritte in der Chemie und Medizin, die Erfolge der preußischen Politik und Strategik: dies alles sind Tatsachen, die in der Richtung des magischen Idealismus liegen, und wenn man Novalis richtig versteht, so paßt niemand besser in sein System als ein Bismarck oder ein Edison. NP 98 (1904)

Haresu

In einer seit kurzem erscheinenden Revue schrieb ich letzthin über den Sekretär in Rittners *Unterwegs*: »Er ist Leporello, aber freilich ein vergeistigter, verfeinerter, seelisch gesteigerter Leporello, der Stendhal und Haresu im Blute hat.« Seitdem bin ich mehrfach von Bekannten, die den Namen Haresus nur flüchtig oder auch gar nicht gehört hatten, ersucht worden, doch einiges Nähere über ihn mitzuteilen. Ich habe nun allerdings niemals geglaubt, daß Haresu heute schon zum geistigen Besitzstand des deutschen Bildungsphilisters gehört (und ich möchte diesem feinen und weltfernen Geist ein solches Schicksal auch gar nicht wünschen, obgleich es ihm höchstwahrscheinlich nicht erspart bleiben wird), aber ich dachte doch, daß der eine oder andere »Conoisseur« ihn bereits einem breiteren Publikum zugänglich gemacht habe. Dies scheint jedoch nicht der Fall zu sein, und so ergreife ich denn mit Vergnügen die Gelegenheit, zu sagen, was ich über ihn weiß. Es ist freilich wenig genug, und auch dies wenige ist schwer in Worte zu fassen.

Die Verlegenheit beginnt schon bei dem Versuch, Haresu in eine bestimmte Gruppe zu rangieren. Denn eine Gruppenbezeichnung, eine Etikette und Nomenklatur muß ja bei uns jedermann haben, sonst nimmt man ihn nicht ernst. Wir Westler würden nun wohl keinen Augenblick zögern, Haresu einen Dichter zu nennen, aber ich glaube, er selbst wäre mit dieser

Klassifikation kaum einverstanden gewesen. Er hat einmal von sich geschrieben: »Ich habe nie etwas andres im Leben für wertvoll gehalten als die andächtige und willenlose Betrachtung des Weltalls und seiner Schönheit, wie sie sich in allem und jedem tausendfältig und ununterbrochen offenbart, sei es in einer Blume, in einem Frauenantlitz, in einem Wasserspiegel oder in einer großen Seele, und ich betrachte jedermann als einen schmählich Betrogenen, der einer anderen Aufgabe oder Tätigkeit hienieden irgendeinen Wert beilegt.« Und ein andermal: »Was wir sagen können, geht uns nichts mehr an. Unsere tiefsten und wirklichsten Gefühle haben eine Scheu davor, zu Worten zu gefrieren.« Er schätzte also die literarische Tätigkeit offenbar nicht sehr hoch ein, wie ja überhaupt im Orient der Mensch mit dem Dichter noch eine innigere Einheit bildet als bei uns. Er wollte nicht schreiben, sondern leben. Seine Bücher betrachtete er nur als zufällige Nebenprodukte.

Trotzdem oder vielleicht gerade deshalb hat er in seinem Vaterlande und auch anderswo begeisterte Verehrer gefunden. Oscar Wilde hat über ihn gesagt: »Ich liebe Haresu. Von anderen Dichtern könnte ich sagen, daß ich sie bewundere, daß ich sie genieße, daß ich den Ehrgeiz habe, sie nachzuahmen, aber wenn ich die Empfindung ausdrücken soll, die ich Haresu gegenüber habe, so fällt mir nichts anderes ein als die so gewöhnliche und nichtssagende und doch für jeden von uns das Tiefste bedeutende Phrase, daß ich ihn liebe wie einen Freund, einen Bruder oder Vater, dem ich mich nicht bloß literarisch und künstlerisch, sondern ganz persönlich verpflichtet und verbunden fühle.«

Ich verdanke die Bekanntschaft mit Haresu Hermann Bahr, der heute vielleicht im ganzen deutschen Sprachgebiet, sicherlich aber in Deutschösterreich der einzige Geist von wahrhaft kosmopolitischem Format und Zuschnitt ist, von lebendigem Gefühl für das, was Goethe »Weltliteratur« genannt hat, und dessen feine und starke Witterung für Menschheitswerte auch vor dem Gelben Meer nicht haltgemacht hat. Haresu ist übrigens nur in Mitteleuropa ein Fremder, in England und Frankreich, ja selbst in Rußland ist er ziemlich bekannt: J. C. Collins, der Biograph Swinburnes, hat über ihn einen kritischen Essay geschrieben, und Cornish F. Warre hat einige seiner Werke ganz vorzüglich ins Englische übersetzt; und die beiden feinen gelben Lederbände mit den schimmernden japanischen Farbenholzschnitten finden sich im Strandkorb oder im Boudoir mancher träumerischen Lady. Georg Müller, der in London auf ihn aufmerksam geworden war, plante eine deutsche Ausgabe, und zwar auf Grund des japanischen Originaltextes, aber der Weltkrieg verhinderte die Ausführung dieses Projektes.

Rennosuke Haresu wurde Anfang der dreißiger Jahre des vorigen Jahrhunderts geboren; das genauere Datum ist nicht bekannt. Er besuchte das Seminar in Hiroshima und die Hochschule in Semnon Gekko und widmete sich dann der Lackmalerei. Erst im reiferen Mannesalter entdeckte er seinen Dichterberuf. Er begann mit Märchen und Gedichten. Einige dieser Märchen sind in George Holidays Sammlung *Erzähler des Ostens* enthalten. Sie sind leicht und anmutig geschrieben, von feiner, weltkundiger Charakteristik und durch allerlei halb melancholische, halb ironische Lichter angenehm belebt. Besonders die Geschichte von der »lasterhaften Kirschblüte« ist voll Humor und Poesie. Wenn man aber an die große Begabung denkt, die fast alle ostasiatischen Völker gerade für dieses literarische Genre besitzen, so wird man nicht finden, daß Haresu hier etwas Außergewöhnliches geleistet hat. Seine Lyrik ist vor etwa zwanzig Jahren in Auswahl ins Französische übersetzt worden; diese *Anthologie de Haresu* habe ich mir jedoch nicht beschaffen können.

Man wird aber wohl nicht irren, wenn man annimmt, daß Haresus Haupttalent auf dem Gebiet der Philosophie und des

Dramas lag. Er hat eine große Anzahl kleiner Theaterstücke verfaßt: lauter Miniaturdramen, wir würden sie vielleicht Einakter nennen, farbige und durchgeistigte Dialoge, die bald an Gobineaus Renaissance-Szenen, bald an Plato, am häufigsten aber an Maeterlinck erinnern; sie sind meist ziemlich lokker komponiert, stellen aber doch immer irgendeine dramatische Situation höchst bildhaft und eindrucksvoll vor den Leser. Haresu berührt sich übrigens auch darin mit Maeterlinck, daß er sich in seinen Theaterstücken bewußt an frühere dramatische Formen anlehnt. Wie Maeterlinck die alten flämischen Puppenspiele wiederbelebte, so griff Haresu auf den »No« zurück. Der »No« war eine Art dramatischer Aufführung, die etwa mit unserer Oper verglichen werden kann. Der Text wurde von Schauspielern gesungen, außerdem spielte der Chor eine bedeutende Rolle. Die Handlung war nicht sehr kompliziert, aber fein durchgearbeitet. Das Ganze hatte einige Ähnlichkeit mit dem griechischen Drama. Der »No« war im japanischen Mittelalter sehr beliebt und wurde auch bei großen Feierlichkeiten am Hofe des Shoguns aufgeführt. Was nun Haresu wollte, war, wie er selbst sagt, ein »No ohne Musik«. »Denn«, äußert er sich, »wozu die äußere Melodie, da doch alle tiefen Dinge einen inneren Gesang in sich tragen? Poesie ist musikalisches Denken. Der Dichter ist ein Mensch, der auf diese Weise denkt. Sieh tief genug, und du siehst musikalisch, das Herz der Natur ist immer Musik.« Dieses Prinzip zeigt sich schon in der ganzen Architektonik, die Haresu seinen Werken gibt: sie sind immer irgendwie symphonisch angelegt. Da ist zum Beispiel ein Dramenzyklus *Der schwarze Ritter*, der eine Art »comédie humaine« darstellt: lose Bilder aus der Geschichte der Menschheit. Leider enthält die englische Ausgabe nur das erste Stück. Dieses führt uns unter die ersten Menschen, in eine Art Paradies, wo der Urmensch in Unkenntnis der Krankheit, des Todes und aller irdischen Leiden mit seinen vielen Kindern lebt. Unter diesen befinden sich die Brüder Ashikaga, eine finstere, grüblerische, von Herrschsucht gequälte Gewaltnatur, und Jyeyasu, ein sonniger Instinktmensch, glücklich und von allen geliebt, wir würden sagen: Kain und Abel, und in der Tat hat ja der ostasiatische Mythus große Ähnlichkeit mit der Bibel. Beide Brüder lieben ihre Schwester Sada, doch diese neigt sich Jyeyasu zu: das Motiv der Geschwisterliebe wird hierbei ganz unbefangen verwendet. Ashikaga, der Jyeyasu schon längst eifersüchtig haßt, als den Freien, Reinen und Sicheren, dem alles von selbst zufällt (hier wäre man wieder versucht, an Hakon und Jarl Skule zu denken), beschließt, sich seiner zu entledigen. Er lockt ihn in den labyrinthischen »Wald der Schlangen«, aber mit nachtwandlerischer Sicherheit findet Jyeyasu wieder den Weg ins heimische Paradies zurück. Neuer Streit entbrennt zwischen den Brüdern, und der Vater, der herbeieilt und erfährt, daß Sada die Ursache ist, schleudert seinen Fluch auf diese, denn »alles Unheil kommt immer vom Weibe«. In seiner Erregung stürzt er plötzlich kraftlos zusammen mit den Worten: »Ich sehe fast nichts mehr... außer mir ist es ganz dunkel... als ob ich blind wäre. Aber nun beginne ich wie von innen zu sehen (plötzlich in höchstem Schreck und Erstaunen): Ha... ah... was muß ich sehen? (Er fällt zurück, seine Glieder strecken sich.) *Sada:* Er schläft ganz seltsam... wie ein Tier. *Jyeyasu* (zittert unaufhörlich, bewegt die Lippen, will etwas sagen, kann es aber nicht aussprechen). *Sada:* Was soll das... sagt, was soll das alles? *Jyeyasu* (im Aufblitzen einer Erkenntnis): Er wird nicht wieder erwachen! (Er verstummt und erschrickt über seine eigenen Worte.) *Sada* (verständnislos): Nicht wieder erwachen? *Ashikaga* (murmelt vor sich hin): Nicht wieder erwachen... (Er steht dicht hinter Jyeyasu. Seine Hand tastet nach dem Hammer. Es wird ganz finster. Man sieht nur noch das Leuchten seiner Augen.)«

Hiermit schließt das erste Stück, das für uns zweifellos etwas Befremdendes hat. Denn dieser Gedanke, daß die erste Erfahrung von der Sterblichkeit des Menschen sogleich den Plan erzeugt, zu töten, ist von einem ungeheuerlichen, radikalen, ganz uneuropäischen Pessimismus und Immoralismus. Und ebenso pessimistisch ist die Einkleidung des ganzen Dramenzyklus. Sie besteht nämlich darin, daß der »schwarze Ritter«, ein gottfeindlicher Dämon, eine Art Luzifer, zur Strafe für seine Auflehnung die Welt träumen muß: alles, was auf Erden geschieht, ist nichts als der schaurige Albdruck eines gefallenen Engels. Am Schluß der Szenenreihe, die bis in die Gegenwart führt, schüttelt der Geist mit übermächtiger Kraft seinen quälenden Traum von sich ab, denn zu entsetzlich sind die Gesichte, die ihn bedrängen. Aber nur für eine kurze Frist ist ihm Erholung gegönnt, noch ist seine Schuld nicht gesühnt, bald wird er wieder in den Schlaf versinken müssen, in dem ihn immer schrecklichere Visionen erwarten. Das ist Haresus Ausblick in die Zukunft der Menschheit.

Eine zweite Serie heißt *Der Eroberer*. Sie ist durch die Gestalt Yoritomos zu einer Einheit zusammengeschlossen, eines gewaltigen »Tenno«, der beschlossen hat, die ganze bewohnte Erde zu erobern, und in einer bunten Bildergalerie wird nun gezeigt, wie ihm dies tatsächlich gelingt. Aber je weiter er vordringt, desto unbefriedigter wird er, ohne sich recht den Grund erklären zu können. Schließlich gelangt er in ein fernes Land, in dem der Buddhismus herrscht. Dort hat er eine Unterredung mit einem Buddha-Priester. Dieser sagt zu ihm:

»Ich will dir eine Geschichte erzählen. Als Gotama geboren wurde, sagten die Zeichendeuter: wenn er ein weltliches Leben erwählt, wird er zum Weltbeherrscher werden, entsagt er der Welt, so wird er zum Buddha. *Yoritomo:* Und was tat Gatoma oder Glotama oder wie er heißt? *Der Priester:* Er wurde natürlich zum Buddha. Hätte er sich der Welt ergeben, so wäre die

Erdscheibe ihm untertan geworden, und du stündest nicht hier. Aber er wurde zum Buddha; das war das Schwerere. Und es war auch das Bessere. *Yoritomo:* Sage mir: Glaubst du, wenn ich der Welt entsagte, könnte ich da auch noch zum Buddha werden? *Der Priester:* Nein. *Yoritomo:* Und warum nicht? *Der Priester:* Weil du, wenn du zum Buddha begabt wärst, niemals hättest die Welt wählen können. Aber ich will dir etwas ins Ohr sagen: Du kannst immer noch zum Buddha werden. Für dich. Nicht für die Welt. Aber für dich. Das kann jeder werden (mit einiger Geringschätzung), selbst du ...«

Und nun erkennt Yoritomo, daß man die Länder der Erde und ihre Bewohner bloß erobern, aber nicht besitzen kann, und ebenso die Frauen, die man liebt, und alles auf der Welt, bis auf eines: sich selbst; aber wenn man sich selbst besitzen will, gerade dann darf man kein Eroberer sein. Und er läßt sich von seinem Leibarzt ein Gift geben, das ihn scheintot macht; und während um seinen Sarg sich alles in wilde Parteikämpfe und Anarchie auflöst, flieht er heimlich in die Einsamkeit.

Auf Haresus Philosophie kann ich leider hier nicht mehr näher eingehen. Sie ist im wesentlichen in einer Sammlung von Aphorismen, Parabeln und kleinen Abhandlungen niedergelegt, die den Titel *Der Steinbruch* führt und als Motto die Worte: »Mein Ziel ist nicht, Recht zu behalten, sondern Gedanken in Bewegung zu setzen.« Der letzte Satz des Buches lautet: »Also besteht die vornehmste Aufgabe des Menschen darin, der Steuermann seines Narrenschiffes zu sein.« Haresu scheint übrigens so etwas wie ein »décadent« gewesen zu sein, wenigstens läßt ein Aphorismus seines Buches darauf schließen, welcher heißt: »Wenn dem Reiher neue Federn wachsen, ist er krank und gereizt. Vom Weisen, dem die neuen Gedanken wachsen, soll man nicht erwarten, daß er gesund sei.«

Haresu starb im Jahre 1896, kurz nach dem Frieden von Shimonoseki. Den letzten Aufstieg seines Vaterlandes zur Weltgeltung hat er nicht mehr erlebt. Aber es ist zu vermuten, daß er, dessen Lieblingssatz lautete: »Die Welt ist nicht draußen«, diesen Ereignissen nicht allzuviel Bedeutung beigelegt hätte. Seine letzten Worte sollen gewesen sein: »Ich komme wieder.« Wer den Buddhismus kennt, weiß, daß darin kein triumphierender Glaube an die Unvergänglichkeit ausgesprochen ist, sondern das resignierende Bekenntnis der Unvollkommenheit. Diejenigen aber, die sich mit Andacht in seine Werke versenken, werden finden, daß diese trotz mancher sonderbarer Einzelheiten, in die sich der Europäer erst hinüberdenken muß, kleine Vollkommenheiten sind, und sie werden mit Wilde sagen: »I love Haresu.« NWJ 23. 4. 1919

Wie ich zu Haresu kam

Vor einiger Zeit schrieb ich für das *Neue Wiener Journal* einen Aufsatz über den japanischen Philosophen und Dramatiker Rennosuke Haresu. Seitdem bin ich öfters gefragt worden, wie ich denn eigentlich zu Haresu kam.

Ja, das ist eine ziemlich komplizierte Geschichte, das heißt: im Anfang ist sie sehr einfach; aber später wird sie kompliziert.

Also, wie ich schon erwähnte: seit ein paar Monaten erscheint in Wien wieder einmal eine neue Revue, die zur Abwechslung von einer Dame redigiert wird. Diese kam nun, da sie den festen Vorsatz hatte, ihre Zeitschrift gleich von vornherein großzügig und bedeutend anzulegen, auf den ebenso naheliegenden wie fruchtbaren Gedanken, mir das Burgtheater-Referat anzutragen. [...]

Nun hat aber die in Rede stehende Zeitschrift neben anderen aparten Eigentümlichkeiten auch diese, daß sie nicht dazu zu bringen ist, Korrekturen zu verschicken. Dies hatte zur Folge, daß meine kritischen Untersuchungen in zum Teil wesentlich anderer Gestalt vor den Leser traten (ich spreche vorsichtigerweise im Singular, da ich von einer Mehrzahl von Lesern keine sichere Kunde habe), als sie ursprünglich von mir projektiert waren. Ich muß hier eine kurze Bemerkung über die Psychologie des Setzers einschalten. Dieser ist nämlich nicht, wie manche Laien glauben, nachlässig oder gar dumm, sondern im Gegenteil viel zu sorgsam und zu gescheit. Er glaubt nämlich, daß er die Verpflichtung habe, den Text zu verbessern. Kommt ihm also etwas unter, was ihn befremdet, so ändert er es unerbittlich. Hat man, zum Beispiel, irgendein neues Wort gebildet, auf das man nicht wenig stolz ist, so kann man sicher sein, daß er es in ein anderes längst bekanntes und gewohntes korrigiert. Bisweilen aber ereignet sich auch das Umgekehrte. So hatte ich einmal anläßlich einer Schillerfeier den, wie ich selbst zugeben muß, nicht übertrieben originellen Satz niedergeschrieben, Schiller sei ein großer Idealist gewesen. Der Setzer aber machte daraus den Ausspruch: Schiller war ein großer *Ikarist.* Ich ließ den Druckfehler natürlich stehen und bekam am nächsten Tag allerlei Schmeichelhaftes über diese interessante Bereicherung der deutschen Sprache zu hören.

Aber kehren wir zum Faden unserer Fabel zurück. Ich bekam also meine Kritik über Rittners *Unterwegs* erst gedruckt zu lesen, als sie bereits in zahllosen Exemplaren wie ein Lauffeuer durch die Stadt eilte. Sie hatte diesmal ganz besonders steile Metamorphosen durchgemacht. Ich verstand durchaus nicht alles, was darin niedergelegt war, und mußte mich in diesen etwas änigmatischen Stil erst ein wenig einlesen, ehe ich ihm zu folgen vermochte. Ein Satz war aber da, der mir ganz besonderes Kopfzerbrechen verursachte. Ich mußte nämlich bemerken, daß ich die Behauptung aufgestellt hatte, der Sekretär in *Unterwegs* sei Leporello, aber ein vergeistigter, seelisch gesteigerter Leporello, der Stendhal und Haresu im Blute habe. Ich fragte mich wiederholt kopfschüttelnd, wie bist du nur auf Haresu gekommen? wo hast du denn diesen Namen aufgeschnappt? Es gehört zwar zu meinen kleinen schriftstellerischen Finessen, bisweilen im Tone der Selbstverständlichkeit einen Namen einzuführen, den fast niemand kennt, aber daß ich diesen Namen dann selber nicht wiedererkenne, das war mir noch nicht vorgekommen.

Ich muß nun eine Bemerkung über die Psychologie der Lesewelt einschalten. Hat man etwas geschrieben, was geeignet ist, Bewunderung zu erwecken, so hat es regelmäßig niemand gelesen; ist einem aber eine logische Entgleisung, ein grober grammatikalischer Fehler, eine offenkundige Stupidität oder sonst etwas Blamables passiert, so hat jeder Mensch gerade diese Stelle aufmerksam studiert. So auch diesmal. Auf einmal bestand die ganze Stadt ausschließlich aus Lesern dieses Satzes. Die Reaktion fiel je nach der Gemütslage der einzelnen verschieden aus. Die einen sagten zu mir: »Was ist das schon wieder für eine neue Patzigmacherei mit diesem Haresu? Ich finde es geradezu lächerlich von Ihnen, daß Sie von jedem böhmischen oder jüdischen Winkelschreiber annehmen, alle Welt müsse ihn im kleinen Finger haben.« Die anderen erklärten augenzwinkernd: »Mir scheint, von dem Haresu wissen Sie auch nicht mehr, als im Kleingedruckten von irgendeiner Literaturgeschichte steht. Sie wären wohl in großer Verlegenheit, wenn Sie nähere Auskunft über ihn geben müßten.« Und einer sagte gar: »Wie Sie den Haresu mit Stendhal zusammenstellen konnten, das ist mir einfach unbegreiflich. Eine solche Urteilslosigkeit hätte ich selbst Ihnen nicht zugetraut.« Um nun allen diesen Anschuldigungen die Spitze abzubrechen, schrieb ich den Aufsatz über Haresu.

Also glauben Sie vielleicht, ich habe Haresu erfunden? Aber wie können Sie so etwas annehmen, da ich Ihnen doch ausdrücklich erkläre, daß ihn der Setzer erfunden hat? Bei mir hieße er nur Hamsun, und den werden Sie doch kennen.

Ich ging nun zunächst zu Hermann Bahr und sagte zu ihm: »Ich bin fest entschlossen, an den Angaben meines Setzers festzuhalten; sind diese aber richtig, so ist es klar, daß nur Sie Haresu entdeckt haben können. Es handelt sich nun um die Frage, die *Sie* allein beantworten können: wo lebt Haresu?« Bahr sagte erstaunt: »Wie soll er denn noch leben, wenn er im elften Jahrhundert gedichtet hat?« Ich erwiderte, das sei mehr als zweifelhaft, denn für einen mittelalterlichen Dichter sei Haresu in seinem Denken viel zu modern. Darauf entgegnete aber wieder Bahr, die Japaner hätten eben eine viel längere Entwicklung hinter sich und seien damals schon so weit gewesen wie wir heute. Nach längeren Verhandlungen einigten wir uns auf den Kompromiß: tot, aber Gegenwart.

Im ganzen bereue ich nicht, den Aufsatz über Haresu geschrieben zu haben. Zunächst habe ich diesmal nicht einen einzigen Brief bekommen, in dem mir allerlei krasse Fehlurteile und grundfalsche Daten nachgewiesen werden, was sicher geschehen wäre, wenn ich einen Essay über Lessing oder Jehovah verfaßt hätte. Ferner: wenn man gewußt hätte, daß ich die geistige Produktion Haresus immerhin stark beeinflußt habe, glauben Sie, daß sich dann ein Mensch gefunden hätte, der mir geschrieben hätte, einer der Aussprüche Haresus (ich will ihn nicht nochmals zitieren) lasse alles hinter sich, was das Abendland bisher auf dem Gebiet des Aphorismus hervorgebracht hat, und es sei sehr unrecht von mir, über die mitgeteilten Dramenszenen zu sagen, sie erinnerten an Maeterlinck, während doch der viel dünnere Maeterlinck höchstens an sie erinnere? Auch haben sich meine Beziehungen zu den Theaterdirektoren seither wesentlich gefestigt. Einer telegraphierte mir mit bezahlter Rückantwort: »Erbitte umgehendste Einsendung der in Ihrem Bühnenvertriebe befindlichen Werke von Hamesle (das nähert sich ja schon wieder einigermaßen Hamsun!) und Angabe äußerster Aufführungsbedingungen. Vorschuß spielt keine Rolle.« Das hatte ich freilich schon immer gewußt, daß bei diesem Direktor der Vorschuß nie eine Rolle spielt. Aber immerhin: verlockend. Ein anderer fragte an, ob man aus *Goethe* und der *Musteroperette* (zwei bekannten Meisterwerken von Alfred Polgar und mir) und Haresu nicht einen Abend machen könnte. Na also, das Geschäft hebt sich. Direktor Bernau vom Wiener Deutschen Volkstheater ging freudestrahlend auf mich zu und sagte: »Das ist ja eine famose Entdeckung, die Sie da gemacht haben! Den spiele ich unbedingt, der ist ja noch unbekannter als die Roswitha von Gandersheim. Übersetzen Sie ihn so schnell wie möglich, ich lasse dann gleich die Rollen ausschreiben.« Als ich aus begreiflichen Gründen zögerte, mißverstand er das und deutete an, er sei auch gar nicht mehr abgeneigt, der Aufführung meiner *Judastragödie* näherzutreten, höchstwahrscheinlich komme sie noch in dieser Saison. (Bisher fehlten Leim, ein Bergkegel, Blech und der Darsteller des Pilatus. Auf einmal war alles da.)

Der einzige Mensch, der sofort erklärte: Mein Lieber, den Haresu gibt's nicht!, war mein Direktor Hans Ziegler (»Volksbühne«, VII., Neubaugasse 36, das linke Haus neben dem »Zuckerlkönig«); der ist aber durch ein zweijähriges Zusammenarbeiten mit mir bereits so verbittert, daß er mir überhaupt nichts mehr glaubt und höchstwahrscheinlich auch Japan für eine böswillige Erfindung von mir hält. Bei dieser Gelegenheit möchte ich übrigens gleich bemerken, daß jener zweite, den der Sekretär im Blute hat, nämlich Stendhal, zwar auch erfunden ist, aber weder vom Setzer noch von mir, sondern von Monsieur Henri Beyle, der sich diesen Namen als literarisches Pseudonym gewählt hat. Diesen Stendhal hat es also in gewissem Sinne wirklich gegeben, und er hat sogar eine Anzahl vielbewunderter Bücher geschrieben. So sagt zum Beispiel Nietzsche über ihn: – aber das wird man mir jetzt nicht mehr glauben, denn der Ausspruch Oscar Wildes über Haresu, den ich zitierte, war ja auch falsch.

Soweit wäre nun alles ganz gut und schön, aber jetzt beginnt die Sache etwas unheimlicher und verwickelter zu werden. Ich fange nämlich langsam an, zu bezweifeln, daß es den Haresu nicht gibt. Es glauben schon so viele Leute an ihn, daß ich irre werde. Täglich, wenn ich die Zeitung aufmache, erwarte ich eine Notiz zu lesen: »Die Werke Haresus sind in größerer Anzahl bei Buchhändler Heller eingetroffen und kosten, elegant gebunden, 486,40 Kronen.« Letzthin habe ich mich sogar dabei ertappt, wie ich im großen Meyer Haresu suchte. Ich fand aber nur »Harndrang« und »Harke, siehe Rechen«. Das will freilich nichts besagen, denn Debussy, Altenberg und Weininger stehen auch nicht in der neuesten Auflage des Meyer.

Kurz: solange man mir nicht das Gegenteil beweist, was sehr schwierig ist, werde ich glauben, daß Haresu keine bloße Phantasie ist, sondern eine geniale Divination. Dergleichen kommt bei mir öfters vor. So las ich einmal auf dem Plakat einer Wohltätigkeitsakademie, bei der ich mitwirken sollte: »Cäcilie Ingolstadt, Lieder zur Laute.« Dieser suggestive Name ließ mich nicht mehr los. Ich fragte mich fortwährend: Ingolstadt... Cäcilie Ingolstadt... wie muß die aussehen? Ich kam zu dem Resultat: achtundvierzig Jahre, Papageiennase, Hornzwicker, vorstehende Zähne. Auch hatte ich die Empfindung, daß Plattfüße nicht unbedingt von der Hand zu weisen seien. Als ich am Vortragsabend das sogenannte »Künstlerzimmer« betrat, saß dort ein junges Mädchen von etwa neunzehn Jahren mit braunen gescheitelten Haaren und sanften blauen Augen. »Mein Fräulein«, sagte ich höflich, aber streng, »hier haben nur Künstlerinnen Zutritt, und Sie dürften, da Sie offenbar unter vierzig sind, kaum zu diesen gehören.« – »Entschuldigen Sie«, erwiderte die Dame schüchtern, »mein Name ist Ingolstadt.« – »Wie?« rief ich barsch. »Sie wollen die Ingolstadt sein? Aber die hat ja vorstehende Zähne, Hornzwicker, eine Papageiennase und Plattfüße!« – »Pardon«, sagte das Fräulein errötend, »das ist meine Mama.« Man sieht also: etwas ist immer an den Sachen, die wir uns einbilden, ob sie sich nun auf Japan beziehen oder auf andere Kulturkreise. NWJ 8. 6. 1919

Dichtkunst ist Atavismus

[...] Es ist nicht ausgemacht, daß die Literatur von nun an ein für allemal das wichtigste geistige Ausdrucksmittel bleiben wird. Zunächst aus einem äußerlichen Grunde. In früheren Zeiten konnte der Schriftsteller nicht dominieren, weil die Verkehrstechnik zu unvollkommen entwickelt war. Es gab keine organisierte Post, keine billigen Transportmittel, keine internationale Gütersekurität. Das geschriebene Wort hatte keinen wesentlichen Vorsprung vor dem gesprochenen. Es ist aber nun sehr wohl möglich, daß sich in der kommenden Zeit gerade das Umgekehrte ereignen wird: Der Schriftsteller wird zurücktreten, weil die Technik zu *vollkommen* entwickelt ist. Man wird wieder auf die persönliche Wirkung zurückkommen können. Zunächst werden die Entfernungen immer geringer: wie schnell und leicht ein Mensch vorwärts kommen kann, ist nur noch ein praktisches Problem, eine Kraftfrage; theoretisch ist der Sache gar keine Grenze vorauszusagen. Ferner stehen Einrichtungen wie Telephon, Grammophon und Kinematograph ja erst ganz am Anfang ihrer Entwicklung, sie sind der unbeschränktesten Vervollkommnung fähig. Höchstwahrscheinlich steht uns auch die Erfindung des Fernsehers bevor. Nimmt man nun alle diese Dinge ein wenig im Geiste vorweg, so darf man sagen: es ist gar nicht ausgeschlossen, daß es in hundert Jahren eine Art der publizistischen Wirksamkeit geben wird, die der Schriftstellerei an Eindringlichkeit, Vielsei-

Egon Friedell auf dem Balkon seines Hauses in Kufstein um 1936

tigkeit und Beweglichkeit ebenso überlegen ist wie das Buch und die Tageszeitung dem Kanzelredner und Wanderprediger.

Dazu kommt aber noch ein viel wesentlicherer innerer Grund. Wir sagten [einmal], Phantasie sei eine Art Atavismus. Da das Dichten aber eben vorwiegend eine Funktion der Phantasie ist, so muß die Dichtkunst allmählich überhaupt der Auflösung anheimfallen, und die »phantasielose« Form der naturalistischen Romantik ist eine bloße Verzögerung dieses Prozesses. [...]

Es ist möglich, daß die Dichtkunst mit der Zeit überhaupt verschwinden wird. Damit ist aber keineswegs gesagt, daß die *Dichter* verschwinden werden. Im Gegenteil: wenn die Dichtkunst aufhört, wird es *mehr* Dichter geben und größere. Die Dichter, die wir bis jetzt gesehen haben, haben alle ihre verfügbare Poesie und Romantik auf lyrische Gedichte abgezogen oder in einen Roman eingedünstet. So bleibt nichts für das Leben übrig. Auch von den Theaterkomikern wird ja behauptet, daß sie im Leben zumeist recht morose Leute seien. Es ist außerdem auch gar nicht ausgemacht, daß zum Dichten notwendig »Werke« gehören. Ja, es ist noch sehr die Frage, ob jene Genialität nicht höher steht, die sich in den täglichen improvisierten Lebensäußerungen eines Menschen offenbart. Die »Werke« zeigen uns ja immer nur eine *präparierte* Genialität, die die Frucht langer Erwägungen, Übungen und Versuche ist. Vielleicht wäre der größte Künstler derjenige, der sagen könnte: »Das einzige Kunstwerk, das ich geschaffen habe, ist meine *Biographie.* Bei andern floß die Genialität in die Feder oder in den Pinsel. Aber ich verzettelte mein Genie nicht mit diesen Dingen und hatte diese Instrumente nicht nötig. Ich hätte sie nicht einmal brauchen können, denn sie wären für mich viel zu plump gewesen.« Ein solcher Dichter wäre größer als Dante und Homer und unsterblicher.

Unsterblicher. Denn die *Odyssee* und die *Göttliche Komödie* sind etwas Fertiges, etwas Abgeschlossenes und daher gewissermaßen etwas Totes. Ein Menschenleben aber wirkt weiter, indem es sich fortwährend in den Augen der Nachwelt verwandelt. So hat zum Beispiel Goethe eine Dichtung geschaffen, die höher steht und länger und tiefer wirken wird als der *Faust*, der *Tasso* und seine anderen Meisterwerke. Sie heißt: »Das Leben Johann Wolfgang Goethes, 1749–1832.« […]

Schließlich ist ja jeder Mensch ein Dichter; aber der große Unterschied besteht darin, *womit* einer dichtet und auf welcher Stufe er stehenbleibt. Ob einer bei seiner »Menschlichkeit« stehenbleibt und sich darauf beschränkt, bloß mit diesem Material zu hantieren. Das ist die *erste* Stufe: die Dichter des häßlichen Lebens, die große Majorität der Menschheit. Sodann: ob einer die Kraft hat, aus seiner Menschlichkeit in die Welt der Lügen, das heißt: der Bücher zu flüchten. Das ist die *zweite* Stufe: die Dichter der schönen Bücher, also das, was man so für gewöhnlich Dichter nennt. Ferner: ob einer die größere Kraft hat, in die Welt der Bücher das Gesetz des Lebens, das heißt: das Gesetz der Wahrheit zu tragen. Das ist die *dritte* Stufe: die Dichter der häßlichen Bücher, die Naturalisten. Und endlich, ob einer die *größte* Kraft hat: die Häßlichkeit des Lebens Lügen zu strafen und schön zu machen. An solche Dichter hat wahrscheinlich Schopenhauer gedacht, als er vom »Heiligen« sprach, und Nietzsche, als er das Ideal des Übermenschen aufstellte. […] EP 250 (1912)

Altertum und Mittelalter

Alles, was wir von der Vergangenheit aussagen, sagen wir von uns selbst aus. Wir können nie von etwas anderem reden, etwas anderes erkennen als uns selbst. Aber indem wir uns in die Vergangenheit versenken, entdecken wir neue Möglichkeiten unseres Ichs, erweitern wir die Grenzen unseres Selbstbewußtseins, machen wir neue, obschon gänzlich subjektive Erlebnisse. Dies ist der Wert und Zweck alles Geschichtsstudiums.

KN 17 (1927)

Die Ägypter und der Tod

[...] Es kann wohl kaum einem Zweifel unterliegen, daß die Ägypter bei aller ihrer außerordentlichen Begabung ein sehr kindliches Volk waren. Ein eigentümliches Fluidum von Infantilität geht von allen ihren Schöpfungen aus: ihrer Sprache und Schrift, Kunst und Dichtung, Wissenschaft und Religion. Sie kamen zum Beispiel niemals auf den Gedanken, daß die Sonne nicht wirklich untergehe, daß man Waren auf Kredit erwerben könne oder daß die Heuschrecke kein Vogel sei: lauter Dinge, die in der Tat auch einem Kind nie einleuchten würden. Baedeker bemerkt über die heutigen Fellachen: »Man vergesse nicht, daß man es mit Menschen zu tun hat, die in mancher Beziehung völlige Kinder sind«, und viel anders wird es auch im Altertum nicht gewesen sein. Die Ägypter waren, wenn diese Bemerkung gestattet ist, ein Volk im Stil Andersens und Wilhelm

Buschs, des Schulhefts und Märchenbuchs: einige Beispiele hierfür werden wir noch kennenlernen. Zwar der weltbekannte Ausspruch jenes ägyptischen Priesters »O Solon, Solon, ihr Griechen seit ewige Kinder!« scheint auf das Gegenteil hinzuweisen, aber da hat sich der Priester wohl nur patzig gemacht, denn wie penetrant erwachsen und abgebrüht wirken die Griechen schon in ihrer Jugend gegen die steinalten Ägypter!

Wie alle Kinder waren die Ägypter naive Realisten. Sie glaubten also dem Augenschein: daß die Sonne eine goldene Kugel sei, die (das eine ist so gut möglich wie das andere) von einem Mistkäfer oder einem Gott über den Himmel gerollt werde, daß man Sachen nicht mit Notizen, sondern nur immer wieder mit Sachen bezahlen könne und daß alles, was Flügel hat, ein Vogel sein müsse. Und ebenso leicht wurde es ihnen allem Anschein nach, zu glauben, daß der Tote, dessen Körper sich ja bis zu einem hohen Grade konservieren ließ und dessen Ka noch immer imstande war, jedem beliebigen im Traume zu erscheinen, gar nicht tot sei. Man kann aber auch ebensogut sagen: wie alle Kinder waren die Ägypter natürliche Symbolisten. Mit gutem Grund hat man zu allen Zeiten gefunden, jeder Künstler habe etwas vom Kinde; und umgekehrt läßt sich behaupten: im Kindesalter ist jeder Mensch ein Künstler. Das beiden Gemeinsame ist die symbolische Auffassung alles Daseins. Noch nie hat ein Kind im Ernst geglaubt, der Stiefelknecht sei ein Krokodil und die Puppe esse Bonbons; das wäre nicht kindlich, sondern schwachsinnig. Sondern die symbolisierende Kraft ist so stark, daß sie die Realität überdeckt. Einen letzten Abglanz davon besitzt der Erwachsene in der Kunst. Aber in der Kindheit ist die ganze Welt ein Theater, jedes Bild die Sache selbst und die Märchenkausalität so reell wie die physikalische. Und vielleicht haben die Ägypter ähnlich empfunden. Wie alle Kinder haben sie den Tod nicht begriffen oder, was dasselbe heißt, nur als Symbol.

Die zweite Erklärungsmöglichkeit liegt auf mystischem Gebiet. Vielleicht besaßen die ältesten Ägypter noch eine dunkle Kunde aus jener atlantischen Zeit, wo nach den übereinstimmenden Berichten der okkulten Quellen noch Götterboten die Menschen belehrten. Vielleicht hat das Schicksal, das der menschliche Erdenwurm nach seinem Tode erfährt, Verwandtschaft mit dem der Raupe, die sich verpuppt. Ihre Verwandlung zum Schmetterling ist ja auch ein höchst paradoxer, völlig unerklärlicher Vorgang, den niemand glauben würde, wenn er ihn nicht vor Augen sähe; und die Ähnlichkeit der Mumie mit einer Schmetterlingspuppe ist sehr auffällig. Es würde sich in diesem Falle natürlich nur um den sehr verzerrten Schatten einer Wahrheit handeln, deren Licht längst erloschen ist und vielleicht niemals voll geleuchtet hat.

Oder sind jene absonderlichen Bräuche am Ende ganz einfach unsere eigenen, nur durch ägyptische Übertreibungssucht zur grotesken Elephantiasis aufgebläht? Errichten nicht auch wir Obelisken, Mastabas, Bildnisse des Ka über Gräbern und veranstalten Leichenspiele mit Paraden, Trauerfahnen und Konzerten, legen nicht auch wir dem Kind das Lieblingsspielzeug, der Gattin den Brautkranz, dem Fürsten die Insignien in den Sarg? Warum umhegen wir die Stätten der Verblichenen mit blühenden Gärten? Glauben wir, daß die Seele des Toten sich von Blumenduft nährt? Wer uns dies zumutete, handelte vielleicht nicht törichter als wir, wenn wir die Alabasterkuchen und Bratensprüche der Ägypter belächeln. Die Wahrheit ist: wir wissen nicht, warum wir all dies tun. Alle »schönen Sitten« haben etwas Irrationales. Wir können einem Geheimnis nur mit einem andern oder dessen Gebärde antworten. […]

KA 185 (1936)

Die jüdische Prophetie

[...] Nietzsche mußte immer etwas auszuspielen haben: die Renaissance gegen die Reformation, das siebzehnte Jahrhundert gegen das achtzehnte, die Wiederkunft des Gleichen gegen den Evolutionismus, die Vorsokratiker gegen Plato, Bizet gegen Wagner. Selbst seine Herrenmoral ist nur am Kontrast zur Herdenmoral zu jener suggestiven Pracht emporgewachsen. Und so hat er auch als »Antichrist« die eigentümliche Größe und Schönheit des Alten Testaments wiederentdeckt und aufs neue in funkelndes Licht gesetzt. Und in der Tat: wandelt man auf den höchsten Kämmen jener geheimnisvollen Welt, so fühlt man Erschütterungen, wie sie von keinem zweiten Buche ausgehen; denn hier waltet ein Seelenklima einziger Art; simple und riesige Erhabenheit kahler Felsöde, wilde und weite Einsamkeit gelber Wüste, Hitze und Helle eines tropischen Himmels, der keine Lichter und Schatten kennt, nur *ein* großes verzehrendes Licht.

Wir sprechen natürlich von den Propheten. Sie sind eine Erscheinung, die nur Israel gekannt hat. Nicht als ob es vorher und nachher nicht auch anderwärts welche gegeben hätte; aber sie waren nur dem Namen nach dasselbe. Bei den Kanaanitern waren die Propheten eine Art Derwische, die sich »tanzend und heulend« in religiöse Ekstase versetzten und gegen Bezahlung Wunderkuren vollbrachten, Orakel spendeten und Dämonen austrieben. Auch bei den Israeliten war der *nabi* ursprünglich eine Art Kreuzung aus Scharlatan und Halbnarr, obgleich die reine Bedeutung des Wortes nichts anderes besagen will als: Überbringer, Melder, nämlich von göttlichen Mitteilungen. Die Nebiim zogen in Scharen umher, steigerten sich durch orgiastische Musik in eine Art Rausch, rissen sich die Kleider vom Leibe und zerfleischten sich; ihr Treiben ähnelte einigermaßen dem der Flagellanten und Veitstänzer des ausgehenden Mittelalters. Der Prophet Amos verbittet es sich ausdrücklich, ein Nabi genannt zu werden, und ebenso wendet sich der Prophet Micha, in dem Amos gleichsam wiederaufersteht, gegen die landläufigen Propheten, »die da wahrsagen um Geld«; seine Meinung über sie läßt an Deutlichkeit nichts zu wünschen übrig: »Sie predigen, es solle wohlgehen, wo man ihnen zu fressen gibt; wo man ihnen aber nichts ins Maul gibt, da predigen sie, es müsse ein Krieg kommen.« Auch das geflügelte Wort: »Wie kommt Saul unter die Propheten?« wirft ein merkwürdiges Licht auf die ursprüngliche Einschätzung dieses Standes. Die Stelle im ersten Buch Samuelis, auf die es zurückgeht, hat nämlich nicht etwa den Sinn einer Verbeugung: wie darf ein Weltkind sich unter die Gottesmänner mischen?, vielmehr schimmert eine verächtliche Beurteilung durch: was hat ein Kriegsmann sich mit solchem Unfug abzugeben? Hier blicken zwei Urgegensätze der Menschheit einander ins Antlitz: »Schwert« und »Geist«. Auch als ein Prophet, von Elisa gesandt, Jehu heimlich zum König salbt, fragen die Hauptleute: was hat der Verrückte von dir gewollt? Es ist etwa die Art, wie im achtzehnten und auch noch im neunzehnten Jahrhundert Offizierskreise »Literatur« ansahen.

Heute denkt man bei einem Propheten in erster Linie an einen Menschen, der weissagt. Aber mit *prophetes,* obgleich es wörtlich »Vorhersager« bedeutet, wird auf griechisch niemals ein »Seher« bezeichnet, der die Zukunft enthüllt: solche Personen, den Kalchas, den Teiresias und alle die anderen, nannte man in Hellas *mantis.* Die Hauptaufgabe der israelitischen Propheten war auch keineswegs das Prophezeien. Soweit sie sich mit Weissagungen überhaupt befaßten, sind diese in den Einzelheiten fast niemals eingetroffen; und trotzdem haben sie im Wesen und in der Tiefe stets das Richtige vorausverkündigt. Denn ihre heilige Mission war, den Dingen ins *Herz* zu blikken, deren *innere* Wahrheit und *verborgenen* Sinn zu erkennen, nicht: Geschichte zu machen und Schicksal zu spielen. So haben sowohl Amos wie Hosea erwartet, daß die Dynastie Jehus durch die Assyrer gestürzt werden würde, während sie als Opfer eines wilden Bürgerkriegs fiel und die Katastrophe Samarias erst zwei Jahrzehnte danach eintrat; aber die eherne Tatsache, daß dieses blutige Geschlecht und ganz Israel zum Untergang reif war, haben sie klar erschaut. Sowohl Jesaja wie Micha haben den Fall Jerusalems bereits um 700 prophezeit und sich dabei um mehr als ein Jahrhundert geirrt. Jeremia hat unaufhörlich mit dem Feind aus Norden gedroht, der Juda vernichten werde, aber er meinte damit die Skythen, und er bemaß die Verbannung in die Fremde mit siebzig Jahren. Aber was bedeuten falsche Namen und Ziffern vor der ewigen Wahrheit, daß der Wille Gottes die Tage lenkt in Weisheit und Gerechtigkeit? Siebzig Jahre oder fünfzig Jahre, Skythen oder Chaldäer: die große innere Wirklichkeit des Strafgerichts, um die es ging, hat Jeremia erkannt.

Nietzsche gibt im *Antichrist* einmal eine eigenartige Definition, die wie ein überraschendes Blitzlicht wirkt: »Prophet: das heißt Kritiker und Satiriker des Augenblicks.« In der Tat: die Satire, in einem sehr sublimen Sinne genommen, war eine der stärksten Komponenten des Wirkens der Propheten, und ihr innerstes Thema war stets der *große Augenblick.* Wenn Jesaja in der schimpflichen Tracht eines Kriegsgefangenen auftritt, um vor dem Abfall von Assur zu warnen, und Jeremia mit einem Joch auf dem Nacken, um darzutun: also sei es Gottes Wille, daß alle Völker ihren Nacken unter Nebukadnezar beugen, so sind das parodistische Szenen von einer gruseligen Bizarrerie, wie sie nur die Propheten wagen durften. Bloß hier: im rein Religiösen hat es der Volksgeist vermocht, sich zu genialen Kunstschöpfungen emporzuschwingen. Die Propheten waren die einzigen Individualitäten der israelitischen und jüdischen Geschichte: große Poeten, große Geschichtsphilosophen, große Gaukler Gottes. Damit hängt es wohl auch zusammen, daß sie zwar »sozial« denkend, aber keineswegs demokratisch waren. Sie haben die Masse beschützt, belehrt, begütigt, aber im vollen Bewußtsein eines ihnen eingeborenen Übermenschentums tief unter sich erblickt.

In ihrem Hauptberuf waren sie gewaltige Straßenredner. Ihre Kanzel war der Marktplatz, eine alte Opferstätte oder Wiese und Feld, ihre äußere Erscheinung eine Mitte aus griechischem Wanderlehrer und mittelalterlichem Bußprediger. Bücher in unserem Sinne haben sie keine geschrieben, sondern bloß Flugblätter oder höchstens Sammlungen von Flugblättern. Ihr Werkzeug war das lebendige Wort, das kommt und geht, wie Gott es bewegt, bald kindlich schlicht, volkstümlich und fast gewöhnlich, bald unausdeutbar tief, abgründig und rätselbeladen, bald kühn mit den letzten Fragen ringend, bald in flüchtiger Anspielung die nächsten Eintagssorgen streifend. Als reguläre Schriftsteller kann man sie schon deshalb nicht ansehen, weil ihren Reden jede logische oder künstlerische Architektur fehlt, vielmehr die Gedankenglieder aneinanderschließen wie Kristalle und auch das einzelne Wort nicht der Verdeutlichung dient, sondern der Suggestion. Es herrscht bei ihnen nicht die saubere Porträtplastik, die bereits Homer so souverän meistert, sondern eine gejagte Bilderflucht wirrer Gleichnisse, die einander kreuzen und aufheben. Dabei kommt ihnen die himmelstürmende Problematik ihrer Gedanken gar nicht zum Bewußtsein; sie finden sie selbstverständlich und den Widerstand der Zeitgenossen unverständlich. Die Grundidee ihrer Verkündigung, die der Fassungskraft der Menschheit um Jahrhunderte vorauseilte, läßt sich in den Satz zusammenfassen: die Weltgeschichte ist von Gott konzipiert, und zwar als Theodizee. Diese Wahrheit, dem Christen fast angeboren, war für den antiken Menschen von einer an Wahnsinn grenzenden Neuheit und Paradoxie.

Daß die Propheten sich niemals auf das Gesetz berufen, hat man früher ebenfalls mit ihrer hohen Denkweise erklärt, von der aus sie es bereits tief unter sich erblickt hätten; heute weiß man, daß sie es einfach noch nicht kannten. Auch im messianischen Gedankenkreis sind sie noch lange nicht dermaßen befangen wie das spätere Judentum. Ebenso ist der häßliche Begriff eines Vertrags mit Gott den älteren Propheten noch fremd, wenigstens gebrauchen sie ihn nie. In dem christlichen Teil der Bibel ist von einem Bund überhaupt keine Rede; das griechische Wort *diatheke* bedeutet nicht zweiseitigen Vertrag, sondern: einseitige Verfügung, Gnadengabe, »letzten Willen« Gottes und wird daher ganz zutreffend mit Testament übersetzt.

KA 421 (1936)

Die Vorträge Jacob Burckhardts

Für die jungen Leute, die um die Jahrhundertwende Philologie und Geschichte studierten, war Jacob Burckhardt ein Programm. Es herrschte Georg Brandes, aber das Herrschende wird von der Jugend ja fast immer angefeindet, oft mit Unrecht; in diesem Falle glaube ich, waren wir im Recht. Brandes war uns zu platt, zu lackiert, zu süß, er hatte keine Ecken und Kanten, und er war uns, trotz seinem gut gespielten Outsidertum, viel zu sehr Literarhistoriker und Germanist. In neuem, freilich geschmackvoll drapiertem und reich gesticktem Gewande kam da doch wieder die alte Manier zum Vorschein: überall »Ideenfiliationen«, »Aufzeigen« von Einflüssen und Richtungen und schulmeisterhafte Hinweise auf Unebenheiten und Widersprüche. Auch war Brandes doch nur ein halber Schüler Taines. Er malte einzelne Persönlichkeiten sehr geschickt; aber was um sie herum ist und doch auch zu ihnen gehört, ihre ganze Luft, ihr »Ambiente«, das malte er nicht mit.

Er schilderte Menschen, Bewegungen, »Hauptströme«, und mit Recht durfte er seinem berühmtesten Werk einen Titel geben, der dies zum Ausdruck brachte; aber die Landschaft, durch die diese Ströme flossen, vermochte er nicht zu schildern.

In alledem verhielt sich Jacob Burckhardt zu Brandes als der vollendete geistige Gegenspieler. Obgleich er gelernter klassischer Philologe war, so merkte man das bei ihm doch niemals. Ebensowenig verrieten seine Schriften den ordentlichen Professor. Er besaß die schöne und seltene Gabe, sich einer großen Persönlichkeit ohne alle Vorbehalte, »kritiklos« hinzugeben. Er ergriff jeden bedeutenden Menschen, den er darstellte, so, wie er eben war, ohne alle Einwände, als ein Ganzes, einen geistigen Organismus, der seine eigene Biologie, seine besonderen Lebens- und Entwicklungsgesetze, seine individuelle Ökonomik und Dynamik hat. Und niemand verstand es so meisterhaft wie Burckhardt, die ganze seelische Landschaft eines Menschen, eines Volkes, eines ganzen Zeitalters mit den feinsten impressionistischen Farben und dem untrüglichsten psychologischen Spürsinn vor den Leser zu stellen. Er besaß eine Magie der Wiederbelebung, der auch der Fremdeste und Versteckteste, der Fernste und Verschollenste nicht zu widerstehen vermochte. Und niemals vorher war in einem und demselben Kopfe eine so frische und lebhafte Anschauung des Details, eine so völlig dichterische Fähigkeit der Einfühlung, mit einem so weiten und freien Blick über die allgemeinsten Zusammenhänge, mit einer solchen Souveränität und Unparteilichkeit des Urteils vereinigt gewesen. Burckhardt war der erste Kulturhistoriker ganz großen Formats, und damit eigentlich der erste Historiker überhaupt.

Es ist daher eine besondere Freude für alle Gebildeten, daß [ein großer] Teil der Vorträge, die Burckhardt im Laufe seines Lebens gehalten hat, nun gedruckt [herausgegeben worden sind]. Schon das Inhaltsverzeichnis gibt eine Vorstellung von der außerordentlichen Spannweite und Fülle dieses Geistes, dessen wissenschaftliche Neugierde unersättlich war: Abhandlungen über die niederländische Genremalerei und die Kochkunst der Griechen, über Byzanz im zehnten Jahrhundert und das Phäakenland Homers, über Demetrios den Städtebezwinger und die Briefe der Madame de Sevigné stehen hier ganz selbstverständlich nebeneinander, und überall werden die Menschen und Dinge von innen heraus, aus ihrem eigenen Kern erhellt, gleichsam selbstleuchtend gemacht. Das Buch ist übrigens schon durch seine verschwenderische Ausstattung, das feine, weiße, tadellos geleimte Papier, die klaren, geraden Spiegel und den luxuriösen Einband aus echtem grünem Leinen für Zentraleuropäer eine kleine Sehenswürdigkeit: in nichts zeigt sich ja die Schäbigkeit und Vertrottelung, die erstaunliche Pauvreté unserer Welt empfindlicher und schmerzlicher als in solchen Äußerlichkeiten.

Die kostbarsten Stücke der Sammlung sind, wie zu erwarten war, die Untersuchungen, die sich mit der hellenischen Kultur beschäftigen. Man kann wohl sagen, daß wir erst seit Burckhardt eine wirklich intime Bekanntschaft mit den alten Griechen besitzen. Bis dahin waren sie für uns eine Art Glyptothek und Museum, wandelnder Marmor ohne Seele. Wir bewunderten sie pflichtmäßig, hielten sie aber in unbewachten Augenblicken doch für recht langweilige und leere Attrappen einer längst überholten Gräkomanie. Burckhardt aber zeigte, daß diese Griechen in allem unsere Brüder waren, in ihren Stärken und Schwächen, ihrem Jubel und Jammer, vollebendige Menschen, und zwar besonders menschliche Menschen, daß sie gar nicht aus weißem Marmor bestanden, sondern im Gegenteil höchst bunte, opalisierende, gemischte Seelen besaßen und daß sie auch nicht besonders sonnig, friedlich und harmonisch waren, sondern höchst problematisch, von echt südlicher, ja orientalischer Beweglichkeit und von einem tiefen, rettungslosen Pessimismus. Die heutige Tagesliteratur hat diesen genialen Fund Burckhardts längst eskomptiert und in kleiner Münze an alle Welt weitergegeben, und der »problematische Grieche« ist heute ein gangbarer Begriff, mit dem jedermann hantiert. Dennoch wartet er noch immer auf den Dichter, der ihn dramatisch gestalten wird. Das letzte erfolgreiche Drama, das unter Griechen spielt, war, wenn ich nicht irre, die »Athenerin« von Ebermann, und dort ist von irgendwelchen Versuchen, mehr zu geben als das tote Kostüm und den leeren Vers, nicht viel zu bemerken: diese Hellenen reden noch immer jenen langweiligen und gemachten Jargon, der irgendwann einmal vermutlich eigens zur Anödung von Oberprimanern erfunden worden ist. Überhaupt glaube ich, daß ein Theaterdichter aus Burckhardt viele Anregungen empfangen könnte: trotz den vielen Folianten, die über Napoleon geschrieben worden sind, gibt es zum Beispiel wenige Porträts, in denen dieser geheimnisvolle Mensch lebendiger wird als in dem Essay *Napoleon I. nach den neuesten Quellen*, der das glänzende Mittelstück des Buches bildet.

Heiterkeit, aber eine wahrhaft olympische, die über alles lächelt, weil sie alles versteht, das ist die Zentraleigenschaft dieses Werkes. Burckhardt gehörte zu jenen seltenen Menschen, die die Gabe der Betrachtung besaßen, welches Wort, ins Griechische übersetzt, Skepsis heißt. Er hatte jene produktive Skepsis und Ironie, die einen Grundzug fast aller künstlerisch veranlagter Menschen bildet. Diese war auch die Wurzel seiner eminenten Universalität. Die Geschichtswissenschaft, wie sie Burckhardt begreift, umfaßt die gesamte menschliche Kultur und deren Entwicklung, sie ist Theodizee, stete Auffindung des Göttlichen im Weltlauf, und darum Religion, sie ist Erforschung der treibenden Grundkräfte der menschlichen Seele und darum Ethik, sie ist die aufschlußreichste Darstellung der

Staats- und Gesellschaftsformen und darum Politik, sie ist die mannigfaltigste Sammlung aller Kunstschöpfungen und darum Ästhetik, sie ist ein Pantheon aller Wissenschaften. Im tiefsten Sinne aber ist sie Parodie, Selbstparodie. Sie ist eine Art sublimer Selbstverhöhnung des menschlichen Geistes. Sie tut so, als ob sie etwas wüßte; und dennoch lehrt sie auf jeder Seite die tiefe Relativität, gröber gesagt: die tiefe Unwissenheit alles menschlichen Denkens. Sie ist daher letzten Endes nichts anderes als Philosophie und vielleicht die einzige, die für eine so späte und müde Zeit wie die unserige überhaupt noch möglich ist.

ZET 29. 7. 1919

Der »romantische« Grieche

Man wird natürlich niemals genau angeben können, wie das alte Hellas in Wirklichkeit ausgesehen hat, aber man kann ziemlich genau sagen, wie es *nicht* war: nämlich nicht so, wie das achtzehnte Jahrhundert es sich vorstellte. Sondern: bunt und gebrochen, nervös und irisierend, unbeherrscht und tumultuös und ganz und gar nicht abgeklärt; sein Zentrum Athen ein Farbenkasten, mitten in eine grell pittoreske Natur gesetzt, mit der deutlichen Absicht, sie noch zu überschreien, eine charmante Spielzeugschachtel von Stadt, wie man sie in nachantiken Zeiten niemals wieder gesehen und leider nicht einmal nachzuahmen versucht hat, angefüllt mit geschmackvoll und amüsant kolorierten lebensgroßen Stein- und Tonpuppen, prachtvoll und lärmend vergoldeten Kolossalfiguren, schillernden Fayencen, koketten Nippes und zierlichen Terrakotten; und dazwischen Menschen, die mit allem und jeglichem spielten: nicht nur mit ihren Leibes- und Redeübungen, ihrer Kunst und Erotik, sondern auch mit ihrer Wissenschaft und Philosophie, ihrer Justiz und Volkswirtschaft, ihren Staaten und Kriegen und sogar mit ihren Göttern, immer in Motion und Emotion, ungeheuer viel und schnell sprechend, was allein schon die Vorstellung der Klassizität aufhebt, jedoch trotzdem in Betonung und Aussprache, Wortstellung und Satzgefüge die letzten Feinheiten beobachtend; ihr Theater eine Mischung aus Ballett, Marionettenspiel und Volkskonzert, ihr eigentliches Theater aber ihr tägliches Parlament, ihre Frauen Schmuckattrappen für die Zimmerdekoration, ihre Philosophen originelle Tagediebe und Buffoni und ihre Religion ein organisierter Karneval und Vorwand für Ringkämpfe und Wettläufe, Aufzüge und Gelage.

Durch seine große Phantasie, seine Kardinaleigenschaft, war der Hellene in besonders hervorragendem Maße zum *Lügen* und zum *Leiden* prädestiniert. Man darf geradezu von einer *endemischen* Verlogenheit des griechischen Volkes sprechen, gegen die ein paar Ausnahmemenschen immer vergeblich und übrigens ziemlich schüchtern angekämpft haben. Überhaupt war eine individuelle und soziale Ethik nur bei einigen weltabgewandten Philosophen, bei allen übrigen aber nicht einmal im Ansatz vorhanden, und wenn man nicht ganz bestimmt wüßte, daß die Gymnasiasten von den griechischen Schriftstellern nicht ein Wort verstehen, so müßte man ihre Lektüre nicht nur aus dem Schulunterricht streichen, sondern auch privatim als höchst unmoralisch verbieten. Auf den Erwachsenen aber wirken die Griechen wie schöne Raubtiere, die man rein ästhetisch wertet, oder wie gewisse Theaterfiguren, deren geniale Charakteristik man bewundert, ohne mit den Charakteren selbst einverstanden zu sein. Und im übrigen bestand die versunkene griechische Kultur auch zur Zeit des Perikles im Gehirn eines Durchschnittsatheners aus demagogischem Geschwätz, strategischen Kannegießereien, sportlicher Fachsimpelei und Zwiebelpreisen. KN 795 (1928)

*Tempel und Säule**

[...] Vor 600 dürfte es noch keine größeren Steinbauten gegeben haben. Der Tempel, der der kretisch-mykenischen Kultur nicht unbekannt war, hat sich aus der Hauskapelle entwickelt, die sich an den Palast anschloß. Allmählich schritt man dazu, der Gottheit ein eigenes Haus zu bauen, das sich von den menschlichen zunächst kaum unterschieden haben dürfte: ein viereckiges Megaron mit einem Säulenvorhof, aus Holz oder Fachwerk errichtet. Der älteste griechische Tempel, den man kennt, das Heraion zu Olympia, war noch ein solcher Bau aus Holzrahmen und Lehmziegeln. Doch versuchte man schon früh, den Anblick durch Kalkbewurf und bemalte Tonplatten zu verschönern. Aber auch der Steinbau vermag seine Herkunft von der Holzarchitektur nicht zu verleugnen: die Säulen und Deckenbalken ahmen Baumstämme nach, die Kapitelle Schnitzerei.

Der Opferaltar befand sich stets im Freien *vor* dem Tempel; dieser selbst war nichts als die Wohnung für das Götterbild. Danach ordnete sich eine ganze Anlage, die von der der christlichen Kirchen erheblich abwich. Da er nicht dazu bestimmt war, die betende Menge zu fassen, brauchte er nicht besonders groß zu sein. Den Kern des Gebäudes bildete immer der Naos, der dem Hauptraum des griechischen Hauses entspricht. Dazu trat noch, bei der klassischen Form des Tempels, ein kompletter Säulenumgang, der Peripteros, oder auch nur ein säulengetragener Vorbau an einer oder an beiden Schmalseiten, der *Prostylos* oder Amphiprostylos. Kompliziertere Anlagen kommen kaum vor.

Der dorische Stil reift während des sechsten Jahrhunderts. Basislose, durch Kannelüren schattierte Säulen, an ihrem oberen Ende durch bunte Ringe gegliedert und von einem feinprofilierten Wulst, dem *Echinos,* und einer viereckigen Platte, dem *Abakos*, gekrönt, tragen den Hauptbalken, das *Epistylion*, darüber erhebt sich der Fries, in dem die pfeilerartigen *Triglyphen* oder Dreischlitze mit den reliefgeschmückten *Metopen* oder Zwischenräumen abwechseln; den Beschluß macht der Giebel mit dem weitausladenden *Geison* oder Kranzgesims, dem *Tympanon* oder Giebelfeld, in dem die großen plastischen Kompositionen untergebracht sind, und der reichornamierten *Sima* oder Traufrinne: sogar diese ist ein Kunstwerk. »Tropfenleisten« unterhalb der Triglyphen, »Tropfenplatten« an der Unterseite des Geisons und *Akroterien* oder Firstziegel an der Spitze und Basis der Giebeldreiecke vollendeten das Bild, das überaus farbenprächtig war. Es waren nicht nur die Triglyphen, Tropfenleisten und Tropfenplatten purpurviolett, die Streifen zwischen Epistylion und Fries, Fries und Geison ziegelrot lackiert und die Tropfen vergoldet, sondern auch die zahlreichen Mäander und Palmetten sehr bunt gehalten und alle Skulpturen leuchtend koloriert. Die Bemalung ist, da sie gliedert, ein struktives Element, so gut wie die Form und Anordnung der Bauteile, und von der griechischen Architektur gar nicht zu trennen; und schon aus diesem Grunde hätte ein Hellene sich von unseren langweiligen weißen Repräsentationsgebäuden, die »klassisch« sein wollen, mit Schauder abgewendet. Daß die Farbe kein bloß »pittoreskes« Element ist, sieht man an jeder Landkarte und ähnlichen wissenschaftlichen Hilfsmitteln (zum Beispiel der vorzüglichen »Regenbogenbibel«, die die Textschichten des Alten Testaments in den Tönen des Spektrums wiedergibt). Leider verfügen oft die besten Kartenzeichner über keinen ausgebildeten Farbensinn, der sie die Kolorierung so wählen ließe, daß das Auge weder beleidigt noch, was schlimmer ist, verwirrt wird, indem sie nicht beachten, daß stimmungsverwandte Farben, wie zum Beispiel Orange und Zinnober oder Violett und Ultramarin, für das Auge keine genügenden Kontraste bilden.

Der griechische Baugedanke steht überhaupt in völligem Gegensatz zum bürgerlichen Klassizismus, der, ins Große gerechnet und ungeachtet gewisser nur oberflächlicher Gegenströmungen, seit der Reformation Europa beherrscht. Hier gibt es kein Vertuschen und Verkleiden, kein Transponieren und Anderssseinwollen: alles ist von dem Ehrgeiz beseelt, sich in idealer Nacktheit zu offenbaren, der Aufriß: sein Skelett, Sehnenwerk und Muskelspiel zu zeigen, die Einzelglieder: sich klar und kräftig zu ihrer Funktion zu bekennen. Wie ganz anders empfand zum Beispiel die Architektur der Gründerzeit, die sich geradezu schämt, irgendeinen Gebäudekörper oder Bauteil sagen zu lassen, was er ist, weil sie das offenbar für unfein, ja man möchte fast sagen, für shocking hielt; und denselben Mangel an künstlerischem Verantwortungsgefühl bekundet die Barocke, die, bei aller Großartigkeit, mit geknickten Säulen und gespaltenen Mauerbogen, aufgeklebten Fassaden und gemalten Deckengewölben, falschen Podesten und gleichsam statierenden Trägern, die nichts zu tragen haben, ein bloßes Theater aufführt.

Auch bei den Ägyptern, den Erfindern der Säule, hat diese noch keine Decke zu stützen. Sie *soll* es gar nicht: das transzendente Weltgefühl des Nilländers empfand nicht so realistisch. In der griechischen Säule hingegen ist der Gedanke des Tragens bis in seine letzten Feinheiten zu Ende gedacht. Der Schaft entspricht in Höhe, Durchmesser und Verteilung der Kannelüren, die den Eindruck der stemmenden Kraft verstärken, genau der Aufgabe, die ihm zugemutet wird; demselben Zweck dient die *Entasis,* die Anschwellung in der Mitte, und die Einschnürung am Hals. Während das ägyptische Kapitell in seinen zahllosen Variationen Formenspiel oder religiöses Symbol ist, ist das griechische ein höchstes Produkt der physikalischen Logik: sowohl das dorische in seiner mathematisch schlichten, aber ebendadurch zwingenden Reduktion auf Wulst und Platte wie das ionische mit seinem Volutenband, das wie eine elastische Federung leicht und doch sicher trägt, aber dafür das Gegengewicht der reichgegliederten Basis verlangt. Die ionische Säule mit ihren Hohlkehlen und Eierstäben, Palmetten und Zwickelblumen und all den anderen Zierden und Raffinements wirkt neben der dorischen, deren strenger Lakonismus nur das Notwendigste sagt, dies aber mit unvergleichlicher Wucht und Präzision, wie die erlesen toilettierten Parthenoi neben den nackten Apollines: feminin und mondän, redselig und schmuckfreudig, grazil und geistreich und ein bißchen frivol.

KG 126 (1938)

Polygnot

Der Maler, der Aischylos entspricht, ist Polygnot. Sein Hauptwerk war die »bunte Halle« zu Athen, die, um 450 entstanden, die Höhepunkte der hellenischen Geschichte schilderte: den Kampf des Theseus mit den Amazonen, die Eroberung Trojas und die Schlacht bei Marathon; doch schuf er noch viele andere Fresken. Dinge wie Modellierung, Helldunkel, Perspektive kannte er noch nicht, und seine Palette umfaßte nur vier Farben: Weiß, Rot, Ockergelb und Blauschwarz; seine Gestalten waren wie die aischyleischen gigantische kolorierte Zeichnungen. Er huldigte auch noch bis zu einem gewissen Grade dem Prinzip der »unechten Durchsichten«: man erblickte durch die Flüsse den Boden, durch die Gewänder den Körper. Gruppen, die sich hintereinander befinden, setzte er in Streifen übereinander, die Goethe »Stockwerke« nennt; doch gelang es ihm bereits, durch kupiertes Terrain und Überschneidungen eine Ahnung von Tiefenwirkung zu geben. Ebenso wie auf der tragischen Bühne war das Milieu bloß markiert: durch einen Baum oder Fels, ein Grasbüschel oder Röhrichtbündel, ein

Stück Stadtmauer, das Ilion, ein Schiff, das die ganze griechische Flotte darstellte. Diese Versatzstücke waren reine Embleme, die bloße Mitteilung, daß hier eine Umwelt, eine Räumlichkeit vorliegt, fast vom Range einer Inschrift, eine gemalte Hieroglyphe. Umgekehrt hat die Barockmalerei das Tiefenerlebnis so stark empfunden, daß sie Gegenstände des nahen Vordergrunds im Gegensatz zu denen der Fernsicht sogar übermäßig vergrößerte, um den Blick zum perspektivischen Sehen und zur Empfindung der Landschaft geradezu zu zwingen.

Alles, was wir über Polygnot vermuten können, sind dürftige und unsichere Schlüsse aus den Schilderungen der Kunstschriftsteller und aus seiner Wirkung auf andere Künste. Die Parthenonskulpturen atmen seine Technik und seinen Geist. Am stärksten aber war sein Einfluß auf die Vasenmalerei, die ihm fast ihr ganzes Repertoire an Figurenmustern und Gewandmotiven, Mienen und Gesten, Stellungen und Beziehungen und alle neuen Feinheiten der Komposition und der seelischen Schattierung verdankte. Man hat gesagt: die Vasen seien nur bleiche Mondstrahlen neben der einstigen Sonne der griechischen Malerei. Aber wenn diese Sonne auch für uns untergegangen ist, so ist diese Luna doch die Tochter ihres Lichts. Es ist dasselbe Licht und läßt noch im Abglanz die Größe und Pracht des Tagesgestirns ahnen. An Umfang und Reichtum der Konzeption müssen Polygnots Gemälde wahre Wunder gewesen sein. In ihrem Bau ähnelten sie einer aischyleischen Trilogie: ansteigend, gipfelnd, abklingend; die Schlacht von Marathon zum Beispiel zeigte den Beginn des Kampfes, die Entscheidung, die Flucht zu den Schiffen. Auch Polygnot war ein Meister der Stimmung, die er mit ebenso einfachen Mitteln erzielte wie Aischylos: durch ein Senken des Hauptes, ein Heben der Hand. Von seiner Polyxena hieß es, sie trage den ganzen Trojanischen Krieg in den Augen. Das Vasenbild *Or-*

pheus und die Thraker, das um die Mitte des fünften Jahrhunderts entstand, gibt von diesen Dingen einen gewissen Begriff. Orpheus, ganz entrückt, bezwingt durch die Macht seiner Leier vier Barbaren. Der eine blickt in tiefem Sinnen auf den Sänger, als grüble er über das Geheimnis der Musik, der zweite hat sich in leidenschaftlicher Anteilnahme vorgeneigt, der dritte lehnt sich völlig hingeschmolzen an den vierten, der in höchster Ergriffenheit die Augen schließt: vier Stufen der Reaktion und vier typische Formen der Gefühlsäußerung. Man begreift, daß Aristoteles in seiner *Poetik* sagen konnte: »Polygnot ist ein guter Ethograph, die Malerei des Zeuxis aber hat kein Ethos.« Das griechische Wort *ethos* läßt sich annähernd mit »Charakter, Temperament, Seelengehalt« übersetzen, doch spielt auch schon unsere heutige moralische Bedeutung hinein. In der Kunst, dies alles wiederzugeben, scheint also Polygnot nicht wiedererreicht worden zu sein.

Hier ist der Augenblick, sich wieder einmal zum Bewußtsein zu bringen, wie verwittert, zerstückt und ruinenhaft unser Bild von der hellenischen Kultur ist. Kein Pinselstrich ist von der großen griechischen Malerei erhalten, obgleich sie offenbar die führende bildende Kunst war: bei den Autoren ist vielmehr von ihr die Rede als von der Plastik oder gar der Architektur, und überhaupt ist dies das normale Verhältnis: auch an den großen Wendepunkten der modernen Kunstgeschichte dominiert die Malerei. Wir führen zwar Namen wie Zeuxis oder Apelles gern und oft im Munde, aber sie sind für uns ebenso erlauchte wie leere Begriffe, von nicht mehr Realität als Garrick und Talma: bloße Gerüchte, Zitate, Anekdoten. Und nun muß man noch hinzunehmen, daß die Zentralkunst, die alles durchdrang und beseelte: Malerei und Plastik, Poesie und Leben, die Musik war. Erst an dem, was *nicht* da ist, kann man die Höhe und Fülle der griechischen Kultur ermessen. Man stelle sich vor, daß kein Ton von Mozart, Beethoven, Weber erhalten wäre: die ganze Tiefendimension des Rokoko, des Empire, des Biedermeier würde fehlen, sie würden uns wie auf eine Fläche projiziert erscheinen. KG 234 (1938)

Die Heilige Nacht

Die Heilige Nacht bezeichnet nicht nur den Beginn der christlichen, sondern auch das Ende des antiken Weltalters. Die Zäsur erscheint auch auf weltlichem Gebiet im Prinzipat Cäsars und dem Eintritt der Germanen in die Geschichte. Daß Cäsar durch seine Eroberungszüge das Herz Europas aufschloß, war, wie Hegel sagt, »die Mannestat des römischen Feldherrn, welche erfolgreicher war als die Jünglingstat Alexanders, die gleich wie ein Ideal bald wieder verschwunden ist«. Es ist ein kurzsichtiger Namenaberglaube, der nur die Oberfläche der Dinge berührt, wenn man annimmt, das Altertum habe so lange gewährt wie das Römische Reich. Auch in der heidnischen Welt vollzog sich während der Kaiserzeit eine völlige Metamorphose. »Ist das Genie vorbeigeschritten«, sagt Diderot, »so ist es, als habe sich das Wesen der Dinge umgewandelt, denn sein Charakter ergießt sich über alles«: um wieviel mehr, wenn ein Gott die Erde berührt! Die Herabkunft des Heilands reißt die Weltgeschichte in zwei Hälften auseinander. Wir wollen nichts wissen von jenen engstirnigen und subalternen Bemühungen, die die größte Peripetie der Menschheitsgeschichte aus »historischen Strömungen« erklären wollen. Dies gelingt nicht einmal bei einer so profanen Tatsache wie der Französischen Revolution, die wahrhaftig kein göttliches Ereignis war, aber doch ein Elementarereignis, ein rasendes Flammenmeer, kein ausrechenbares Feuerwerk! Nur in einem symbolischen und fast überzeitlichen Sinne kann man bei der Entstehung des Christentums von magischen Vorschatten, dunklen Zeichen reden, die wie Wetterleuchten und Erdpochen diese kosmische Umwälzung geheimnisvoll ankündigen. Da die Menschheit seit ihrer Geburt, obschon völlig unbewußt, auf diese Weltenwende ihr Antlitz richtet, ist es nicht verwunderlich, daß bisweilen in besonders erleuchteten Seelen eine telepathische Ahnung davon aufblitzt; aber mehr läßt sich nicht sagen.

Das Altertum ist der langwierige, beschwerliche, aber notwendige Umweg über die Natur zum Geist. Die »kürzeren Wege« sind sehr oft die falschen: sie bergen, sagt Nietzsche, die Gefahr in sich, daß die Menschheit den Weg verliert. Die Neuzeit war ein solcher abkürzender Irrweg, der ins Blinde geführt hat.

Erst seit dem Christentum gibt es Naturgefühl, weil erst das Christentum sich von der Natur trennt, sich *gegen* sie stellt und sie damit zu seinem Objekt, seinem »Gegenstand« macht. Schiller drückt dies Verhältnis einmal sehr prägnant aus: »Die Alten empfanden natürlich, wir das Natürliche.« Sie wußten überhaupt nicht, was »Landschaft« ist. Nebel und Nacht, Zwielicht und Wolke empfanden sie bloß als störend, Winter und Wüste, Gießbach und Gewitter bloß als schrecklich. Erst seit dem Christentum gibt es Erotik, weil erst jetzt das Geschlechtliche als böse gilt, daher seine Welt sublimiert, verklärt, hypostasiert werden muß, woraus die immanente Tragik der Geschlechtsliebe erwächst, die dem Altertum ganz unbekannt war. Und überhaupt gibt es in der Antike noch keine Tragik. Begriffe wie »Zerrissenheit« oder »Ambivalenz« sind ihr fremd. Hingegen ist selbst in dem atheistischen »Weltschmerz« eines Byron oder Leopardi noch Christentum. Im griechischen Drama ist das tragische Geschick ein Naturereignis (und kann, ebenso wie dieses, erschüttern oder erheben), aber kein inneres, kein seelisches, kein historisches Ereignis, vielmehr ein ins Titanische gesteigerter Zufall, ein ins Metaphysische gehobenes Unglück. Nach der Schuldefinition gehört zur Tragik

Größe; aber das Schicksal der Antigone oder Elektra ist, bei aller Größe, im modernen, im christlichen Sinne nicht tragisch, während Hannele und Hedwig Ekdal, die doch gewiß nicht zu den großen Frauengestalten gehören, auf dieses Prädikat im höchsten Maße Anspruch erheben dürfen. Man vergleiche den Wahnsinn bei Ajax und Lear, den Kampf mit Gott bei Prometheus und Brand, den Liebeshaß bei Euripides und Strindberg: hier ist alles Seele, dort alles Fassade. Die Grundform ist beim antiken Drama die Anekdote, beim christlichen, ob es von Schiller oder Shaw, von Racine oder Raimund ist, die Ballade. Und ebenso fehlt dem Altertum der Zwillingsbruder der Tragik: der Humor. Auch die Antike vermag zu lachen, aber nur physisch, nicht metaphysisch. Die aristophanische Komik ist Clownerie, die buschische ist Philosophie. Der Humor kann nur aus einem Weltaspekt erwachsen, der die Wirklichkeit als das Unwirkliche erkannt hat und sie daher nicht mehr ernst nimmt. In einem gewissen Sinne ist Franz von Assisi ein Humorist und Don Quixote ein Heiliger. Die Evangelien sind auch darin Frohe Botschaft, daß auf ihnen der Duft einer silbernen Heiterkeit ruht, den man im Alten Testament, das alles bleiern kompakt nimmt, völlig vermißt. Hier starrt uns die Welt als steinharte Realität entgegen, dort ist sie nichts als ein zitternder Abglanz, ein seliges Versprechen, und dadurch schon von sich erlöst.

Eigentlich gibt es auch erst seit dem Christentum Geschichte im wahren Sinne, nämlich innere Entwicklung. Der Mensch des Altertums sagte ja: zu sich, zur Natur, zur Vernunft, zur Gegenwart. Erst jenes tiefe Mißfallen des Menschen an sich selbst, das das Christentum in die Welt gebracht hat, jene Exkommunikation des logisierenden, analysierenden, verstehenden Intellektes, der ein bloßes Organ der Nahsicht ist, jene Diabolisierung der Natur und Wegwendung des Blicks vom Hier und Jetzt hat den Menschen aus einem Objekt der

Geschichte zu einem Subjekt der Geschichte, einem Historie konzipierenden Wesen gemacht. Erst seit dem Christentum hat der Mensch Vergangenheit und Zukunft. Im Altertum gibt es nur *Wachstum,* wie von Baumriesen, die Jahresringe ansetzen: für die einzelnen Völker in Tempo und Periodizität sehr variabel, wie das ja auch bei den verschiedenen Pflanzen und Tieren der Fall ist. Wie bei diesen kann man von Altersstufen sprechen, aber nicht von einer Biographie. Die Alten selber wußten nicht, daß auch die Nationen Lebewesen sind, die keimen, kulminieren und vergreisen: sie waren sich zum Beispiel nie darüber klar, daß der Ägypter des Neuen Reichs oder der alexandrinische Grieche ein Spätling sei. Wir hingegen haben schon vor längerem erkannt, daß auch das Altertum ein Altertum und eine »Moderne« hatte, wodurch es für uns viel interessanter geworden ist. Aber vielleicht legen wir dies nur hinein, vielleicht sind dies nur »Prädikate unserer historischen Urteilskraft«. Wir sehen an diesem Beispiel besonders deutlich, mit welchem Anspruch absoluter Gültigkeit diese Kategorien auftreten. Denn wer von uns möchte daran zweifeln, daß auch die Weltalter und Kulturen Jugend, Reife und Herbst erleben? Trotzdem ist dies ein Gedanke, der niemals durch einen antiken Kopf gegangen ist. Und noch für den Evolutionismus, dessen mechanisches Geschichtsbild das ganze neunzehnte Jahrhundert beherrscht hat, war die Menschheit eine Lokomotive, die einen Berg hinaufkeucht, und jede rückläufige Bewegung nur eine Serpentine.

Wie es aber »wirklich gewesen«, wer vermöchte das zu entscheiden? Es ist alles, was man über alle wichtigen und fragenswürdigen Fragen sagen kann, immer nur Bruchstück, roher Baustein und Torso; Konjektur, die nur so lange wahr ist, bis ein neues Denkglied auftaucht; kurzlebige Geburt der Zeit. Es könnte auch eine Untersuchung, die um so viel tiefer, reicher und geschlossener wäre als die folgende dürftig, provisorisch und zersplittert, nichts anderes zutage fördern als ein Arsenal von unverantwortlichen Beobachtungen und ein Magazin von unentwirrten Widersprüchen: allerlei Exempel und Veduten, Textproben und Kostümbilder aus jenem ebenso befremdenden wie anziehenden Drama, das wir noch nicht betiteln können und vorläufig mit Ranke »Mär der Weltgeschichte« nennen wollen: »Taten und Leiden dieses wilden heftigen gewaltsamen, guten edeln ruhigen, dieses befleckten und reinen Geschöpfes, das wir selber sind.« Und das, obgleich wir selber es sind, bei jeder neuen Erforschung seine Unerforschlichkeit bestätigt. KA 81 (1936)

Eine Parallele

[Das Mittelalter] hat eine frappierende Ähnlichkeit mit unserer Zeit. Daß wir in einer Periode der epidemischen Psychosen leben, bestreitet heute wohl niemand mehr, und Meinungsverschiedenheit herrscht nur noch über den Sinn dieser Erscheinungen. Schon der Mensch des Fin de siècle war der typische Maléquilibré aus seelischer Überfülle. Der Pest entspricht der *Weltkrieg,* und wenn jemand bei dieser noch bezweifeln wollte, daß sie eine Schöpfung des Zeitalters gewesen sei: beim Weltkrieg wird es gewiß niemand in Abrede stellen können. (Von der »Schuldfrage«, einer Frage für Volksschüler, sehen wir hier natürlich ab: kein Kampf zwischen zwei gleich starken Mächtegruppen kann entstehen, wenn nicht beide Teile wollen.) Ferner sehen wir heute dieselbe große Auflösung der bisherigen herrschenden Mächte, die das ausgehende Mittelalter charakterisiert. Das Ideal, das das politische Leben der letzten Generationen beseelte, war der *Konstitutionalismus:* er hat sich ebenso vollständig ausgelebt wie seinerzeit der Kaisergedanke, weder die Rechte noch die Linke nimmt ihn mehr ernst, die

Egon Friedell 1937

vorwärtstreibende Idee ist hier Diktatur des Proletariats, dort Diktatur eines einzelnen: Cäsarismus. Was im Mittelalter die Kirche war, das war in den letzten Jahrhunderten die *offizielle Wissenschaft*, die Organisation der Gelehrten. Die ganze mittelalterliche Kultur war klerikal, alles Große, das damals geschaffen wurde, ist von Geistlichen geschaffen worden: in ihren Händen lag nicht nur die Kunst, die Wissenschaft und die Philosophie, sondern auch das höhere Handwerk, der rationelle Feldbau und die Industrie; sie haben nicht nur Dome und theologische Systeme gebaut, sondern auch Straßen und Brücken, sie haben nicht nur Bildung und Moral ins Volk getragen, sondern auch Wälder gerodet und Sümpfe ausgetrocknet; wo das Leben Fortschritte macht, erblicken wir sie am Werk, ob es sich um Buchmalerei und aristotelische Dialektik handelt oder um Stallfütterung und Dreifelderwirtschaft. In derselben dominierenden geistigen Position befand sich die zünftige Wissenschaft in den letzten Menschenaltern. Sie erhob, ganz ebenso wie seinerzeit die Kirche, den Anspruch, im vollen und im alleinigen Besitz der Wahrheit zu sein und jedem Lebenskreis und Beruf dogmatisch vorschreiben zu dürfen, was er zu denken und zu tun habe: dem Künstler, dem Forscher, dem Soldaten, dem Kaufmann, dem Arbeiter; sie war im vollsten Sinne des Wortes unsere Religion: das, woran wir wirklich glaubten. Sie besaß, und besitzt bis zum heutigen Tage, eine wohlgegliederte, sorgfältig abgestufte Hierarchie von hohen und niederen Würdenträgern, der nur der Papst fehlt, sie verfolgt mit pfäffischer Unversöhnlichkeit und Kurzsichtigkeit jegliche Häresie und wacht eifersüchtig darüber, daß niemand ihre Gnadengaben spende, der nicht ihre Weihen: die Prüfungen besitzt. Nun fußte aber die Macht der Kirche auf zwei Bedingungen: daß sie wirklich im Besitz der geistigen Hegemonie war und daß ihre Diener von ehrlich idealem Streben erfüllt waren. Um die Wende des Mittelalters begannen diese beiden Grundlagen zu verschwinden: die Kultur geriet immer mehr in die Hände der Laien, und die Majorität der Geistlichen übte ihren Dienst auf eine mechanische und banausische Weise. Und dazu kam noch, daß ein neues Weltbild heraufdämmerte, das der Kirchenlehre durchaus widersprach. In ganz derselben Situation befindet sich heute die Berufsgelehrsamkeit. Der Glaube an sie ist zusammengebrochen: er lebt nur noch in den niederen Schichten und bei den geistig Rückständigen; ihr Anspruch, eine weltumspannende katholische Lehre, eine Universitas zu sein, ist nicht mehr aufrechtzuerhalten, sie ist auf keinem Kulturgebiete mehr führend; und aus ihrem Schoße gehen keine unfehlbaren Kirchenväter, großen Konfessoren und kühnen Märtyrer mehr hervor, sondern nur noch Dutzendbeamte, Lippengläubige und Pfründner, in denen nicht der Heilige Geist lebt, sondern der profane Wunsch nach Brot und Ansehen.

Auch in der *Kunst* zeigen sich gewisse Gemeinsamkeiten: beide Male eine starke Tendenz zum Realismus in den niederen Gattungen und daneben ein ebenso starker Stilisierungswille auf dem Gebiet der hohen Dichtung und Malerei. Besonders bezeichnend hierfür sind die zum Teil ganz herrlichen Mysterienspiele und Passionsdramen des vierzehnten und fünfzehnten Jahrhunderts, in denen die klare Absicht wirksam ist, Typisches zu geben, das nicht für einmal, sondern ein für allemal gilt, kein Menschengeschehen zu zeigen, sondern ein Menschheitsgeschehen: Taten und Leiden, Höllenfahrt und Erlösung der ganzen Gattung. Und merkwürdig ist es, daß auch hier, ganz wie im expressionistischen Drama, das Pathos nicht selten in unbewußte Karikatur umschlägt. Auch der Mangel an repräsentativen Persönlichkeiten ist beiden Zeitaltern gemeinsam: es finden sich hier wie dort nur Lenins und Ludendorffs, Liebknechts und Mussolinis, die bloß die Verkehrtheiten der Zeit wie in einem verstärkenden Reflektor zusammenfassen und wieder zurückstrahlen; und mit dem Mangel an überragenden männlichen Kapazitäten kontrastiert das entscheidende Hervortreten der Frau, die beide Male im Geistesleben eine Stellung einnimmt, die ihr jahrhundertelang versagt war. Daß das Bürgertum sich heute in einer ähnlichen Lage befindet wie damals das Rittertum, wird sich schwer bezweifeln lassen; daß theosophische Strömungen heute einen größeren Raum einnehmen als seit langem, weiß jedermann; ja die Ähnlichkeit erstreckt sich sogar bis auf gewisse Äußerlichkeiten wie das gemeinsame Baden, das noch vor wenigen Jahren als shocking galt, die Herrenmode der Gürteltaillen und wattierten Brüste und die Damenmode der Pagenfrisuren. Und höchstwahrscheinlich wird einer späteren Zeit unser Jahrhundert ebenso gespenstisch und unwirklich vorkommen wie uns das vierzehnte.

In seinen ausgezeichneten Untersuchungen über den Begriff der Renaissance sagt Konrad Burdach: »Grenzenlose Erwartung der Seelen – das ist der Grundzug des vierzehnten Jahrhunderts.« Es ist dasselbe, was wir [an anderer Stelle] als Weltuntergangsstimmung bezeichnet haben. Und Karl Kraus hat unsere Zeit in einem Werk von fanatischer Phantastik und übermenschlichem Pinselstrich, das ihre Züge für immer aufbewahren wird, ebenfalls apokalyptisch gesehen als die »letzten Tage der Menschheit«. Aber die Welt geht nicht unter, sooft es der Mensch auch geglaubt hat, und solche Stimmungen pflegen zumeist das gerade Gegenteil anzukündigen: einen Weltaufgang, das Emporsteigen einer neuen Art, die Welt zu begreifen und zu sehen. KN 170 (1927)

Die heutige Legende der Neuzeit

Der Fortschritt der Menschheit besteht in der Zunahme ihres problematischen Charakters. Je polychromer die Ideale einer Zeit sind, je dehnbarer ihre Werte, desto vergeistigter erscheint sie uns. Der Pegel der Kultur steht am tiefsten, wenn sie am eindeutigsten ist.

SB 29 (1922)

Alfred Döblin: Friedells »Kulturgeschichte«

[...] Egon Friedells Kulturgeschichte sucht ihresgleichen. Ich weiß nicht, ob man sowas in Frankreich findet, das mir noch am ehesten darauf verdächtig ist. Also zunächst: es ist eine lesbare Kulturgeschichte. Man wird zusammenzucken, man wird staunend erschrocken die beiden Worte zusammenhalten: »Kulturgeschichte« und »lesbar«. Ja, es ist ein starkes Stück, aber ich muß es aussprechen und bitte es zunächst einmal hinzunehmen; es sind 400 Seiten Kulturgeschichte, von der Schwarzen Pest 1348 bis zum 30jährigen Krieg 1618, und man kann sie fließend, glatt lesen! In Deutschland herrscht noch heute die Schwarze Pest – der tiefen Gedanken, der realbar schweren Wissenschaft; der Denksport ist erst spät zu uns gekommen, wer liest zum Beispiel Ferdinand Lions brillante *Große Politik*; sie können bei uns noch schlecht Gedanken stemmen oder gar mit ihnen jonglieren. Messieurs, das will gekannt sein! Die Seuche wird uns auf der Schule eingepflanzt; nur gegen Pocken impft man die Kinder, die meisten Menschen hierzuland werden zu ihren Vätern versammelt, ehe sie begriffen haben, daß man die finstere arrogante Wissenschaft mit einem Quarantänegürtel zu umgeben hat und sich selbst überlassen muß. »Fröhliche Wissenschaft«: unter diesem höchst vernünftigen und männlichen Zeichen marschiert Friedells Buch. Das will ich demonstrieren, weil es erfreulich für die Leser ist und zur Erbauung vieler Schriftsteller dienen wird.

Da ist die Frage: Wer darf Geschichte schreiben? Friedell erklärt: »nur der Dilettant!« Nur beim Dilettanten decken sich Beruf und Mensch; allen Dingen, die berufsmäßig betrieben werden, haftet eine Einseitigkeit an, ein enger Gesichtswinkel; kurz, der Berufsmäßige ist eigentlich der – schlechte Dilettant. Auch hat, nach Friedells Überzeugung, nur der Dilettant den Mut, über Dinge zu reden, die er nicht vollständig kennt; aber dieser Mut ist ja die Voraussetzung aller Produktivität, jeder philosophischen und künstlerischen! Warum, lächelt dieser Faun, soll man nicht »Dinge sagen, von denen sich höchstens beweisen läßt, daß sie falsch sind«? Man lese diesen Satz dreimal; es ist ein goldenes Wort; Friedell in Reinkultur. Es gibt nicht wahr und falsch; es gibt nur die »Legende und ihre legendäre Wahrheit«. Man sieht, Nietzsche steht nicht nur im Bücherschrank; er wuchert und wuchert, und Friedell ist eine Ranke.

(Apropos: ich sage meine Meinung nicht dazu. Ich stelle ein höchst interessantes Buch vor, und wie ein Epiker verstecke ich mich hinter meinem Sujet; ich zeige es, drehe es. Das Buch ist bei der ersten Begegnung viel zu witzig, saftig, duftig und immer wieder höllisch klug, als daß man – bei der ersten Begegnung – Laune bekäme, etwas zu sagen. Er besorgt ja das Sagen so ausgezeichnet. Vielleicht – beim zweiten Hiebe – stech ich.)

Weiter. Friedell findet die ganze Geistesgeschichte eine »Geschichte von Diebstählen«. Im Mittelalter trat eine Stagnation ein: nur die Kirchenväter und Aristoteles bestehlen, das war eben zu wenig. Man muß nicht pathologisch originell sein; das ist wie das Kalb mit zwei Köpfen oder das Riesenfettkind. Einmal führt er aus: »es gibt kein gesundes Genie«, gleich danach: »es gibt kein krankes Genie«. Was das heißt? Man soll ein bißchen erinnert werden; die Dinge haben mehrere Seiten, die Begriffe sind vieldeutig, man kann so sehen und so sehen, Friedell wirkt als geistiger Punktroller; ich empfehle ihn bei beginnender wie vorgeschrittener geistiger Verfettung. – Sie aber, strenger Herr, sagen: das ist bloß Feuilleton? Einverstanden; wer hat was gegen Feuilletons, wenn sie gut sind.

Es stellt sich, wenn man die Schellenklappern der Einleitung hinter sich hat, heraus, daß Friedell eine Einstellung, These, Meinung hat. (In seiner Sprache wäre zu sagen: Es hat eben jeder einen blinden Fleck im Auge.) Er meint, er denkt, er stellt sich vor (es läßt sich schwer sagen, wie es ist), er vermutet – vielleicht behauptet er es bloß und im Beginn des zweiten Bandes behauptet er das Gegenteil –, nein so ist es: seine scheinbare Legende nimmt ihren Ausgang, und es gehört zu ihrer Grundkonzeption diese Ansicht, nämlich die Ansicht, daß die Neuzeit mit der schwarzen Pest 1348 beginnt. Damen und Herren, hier wird es voll ernst, und was Friedell da von sich gibt, ist faktisch fabelhaft, es ist gut und richtig. Ich sage: richtig; ich muß wohl sagen: es ist komplett überzeugend. Der Dilettant, der gute, erweist hier seinen Beruf. Friedell findet: den Anfang macht immer in der Welt ein großer Chok – dorische Wanderung, 30-jähriger Krieg, der Weltkrieg –, ihm folgt die traumatische Neurose, die Brutstätte des Neuen, in der alles umgeworfen, zerrüttet wird – alsdann sind die Dinge in Fluß, später kommt der Oberbau des Geistigen. Im Anfang war der Stoß Katastrophentheorie plus Neurosentheorie in der Geschichte! Nun, das ist ein regelrechter Gedanke. Friedell sitzt in Wien, er zitiert nicht ohne Liebe Alfred Adler.

Und dann wird entwickelt, erzählt: das Mittelalter zeigt sein Erlöschen an mit der Entthronung der »Universalien«, das heißt der Lehre: »Das Reale sind die Universalien«. Da war nämlich früher nicht das Individuum wirklich, sondern der Stand, – nicht der Priester, sondern die Kirche. Das Individuum wird nun geboren – mit dem Nominalismus, dem die Universalien nur »Namen« sind. Es folgen die höchst eindringlichen, plastischen Bilder von der eintretenden allgemeinen Desorientierung, von der Verwirrung, von der »Erkrankung des metaphysischen Organs«, von dem Nihilismus. Dann macht eine tragische Kultur Platz einer bürgerlichen. »Die Welt ist nicht mehr ein gottgewolltes Mysterium, sondern eine menschengeschaffene Rationalität.«

Zahlreiche Dinge daneben sind schön in diesem weiträumigen, gar nicht verstopften, sondern bequem gruppierten Buch. Es ist geschrieben für die Menschen des heutigen Alltags. Da steht das Bild des ersten Habsburgers: er ist der »Börsianer auf dem Thron«. Seine vielgerühmte Schlichtheit hatte ihre Wurzel in schlauer Berechnung, in Geiz, Kleinlichkeit, in einem völligen Mangel an Temperament. Dazu besaß er »die typische Börsianersexualität, jene grobe Form von Geilheit und Potenz«; er heiratete mit 66 Jahren – ein vierzehnjähriges Mädchen, hielt sich daneben noch mehrere Maitressen »auf Anraten der Ärzte«. Die Grundkonzeption erweist sich rechts und links fruchtbar, daneben werden originelle Statuen demonstriert, Friedrich II., der Nihilist auf dem Thron, oder Luther, Don Juan und Don Quichote, Philipp der Zwote. – Ich notiere mit Vergnügen Friedells Bemerkungen zu einer »allbekannten Theorie«, wonach die materiellen Produktionsverhältnisse den gesamten sozialen, politischen und geistigen Lebensprozeß bestimmen. Lest es nach, liebe Jungs, und ärgert euch daran eure rote Tünche ab. Von den Religionen zu behaupten, daß sie den jeweiligen durch die Produktionsverhältnisse bedingten sozialen Zustand widerspiegeln, ist »eine Albernheit, die lächerlich wäre, wenn sie nicht so gemein wäre«. Ich plädiere nicht mit Entrüstung, ich argumentiere aus dem bekannten Paragraphen, wonach Dummheit als unveräußerliches Gut und Recht der Menschennatur zu achten und zu schützen ist. Ich reiche daher allen Beklagten die Schlummerrolle und Filzpantoffeln.

Ich habe nicht vor, ein Compendium von Friedells sehr farbigem Buch zu geben. Man darf erst nach dem Abschluß, nach der Durchführung der Konzeption, dem temporären Ende die Legende, besser: diese Transplantation von Neurosen- und Katastrophenlehre auf die Geschichte und ihre Kraft abtaxieren können. Es wird nun, entsprechend der Chok- und Stoßthese, der zweite Band beginnen mit dem 30jährigen Krieg; der dritte Band endet mit dem Weltkrieg (falls es bis da nicht noch einen gibt). Wir stehen nach Friedell, das hat er nicht vom Spengler, in einer Morgendämmerung. WEB 27. 12. 1927

*Die Kulturgeschichte und die üble Nachrede**

Wie sie sein sollte

»Sagen Sie, lieber Doktor Friedell, ist Ihre Kulturgeschichte lustig?«

»Natürlich, meine Gnädige, das erste Kapitel des ersten Bandes, das ›Die Seele des Mittelalters‹ heißt, beginnt: Zwei polnische Juden sitzen in der Eisenbahn...«

Wie sie entstanden ist

Friedell trifft in einer Gesellschaft einen alten berühmten Professor.

»Sagen Sie, junger Freund, Sie sind doch, wenn ich nicht irre,

Schauspieler bei Jarno im Josefstädter Theater. Wie kommen Sie eigentlich auf den Gedanken, sich mit einer Ihrem Beruf so abliegenden Aufgabe zu befassen? Haben Sie denn die Zeit gefunden, die zahlreichen Kulturgeschichten in den Bibliotheken und Archiven heranzuziehen?«

»Ja, da habe ich überall nachgeschaut, und weil ich keine gefunden habe, ist mir nichts anderes übriggeblieben, als mir selber eine zu schreiben.«

Was die Leute dazu sagen

Friedell wird nach der Aufnahme seines Werkes beim Publikum gefragt. Er erklärt:

»Bisher gab es zwei Gruppen. Die einen sagen: No, da wird man endlich wieder einmal lachen können. Und die anderen sagen: Höchste Zeit, daß Sie aufhören, ein Wurstel zu sein, und sich mit ernster und gehaltvoller Arbeit beschäftigen, die Ihrer würdig ist. Aber Sie verstehen doch nichts von Kulturgeschichte?«

Was sie nicht ist

Lina, die beste Freundin Friedells, die ihm also die größten Bosheiten sagt, äußert sich kurz vor dem Erscheinen der Kulturgeschichte zu ihm:

»Ich stelle mir das Buch so vor, daß es alles enthält, was mich nicht interessiert.«

»Nein«, antwortet Friedell bescheiden abwehrend, »so umfassend ist es nicht.« WAZ 17. 5. 1927

Selbstanzeige

Vor allem muß ich die Leser bitten, bei der Schöpfung des Endurteils freundlichst in Betracht ziehen zu wollen, welche gigantischen Schwierigkeiten und Hemmungen bei der Durchführung meiner Arbeit zu überwinden waren. Wie ich in der

Einleitung meiner Kulturgeschichte ausführlich dargelegt habe, war es mein unverbrüchliches Leitprinzip, eine möglichst unwissenschaftliche Darstellung zu geben. Diese ideale Forderung habe ich nicht einen Augenblick aus den Augen verloren; sie überall restlos zu erfüllen, dürfte freilich die bescheidenen Kräfte eines einzelnen übersteigen, und wohl nur allzuoft wird man den guten Willen für die Tat nehmen müssen.

Der Nachweis aller einzelnen Ungenauigkeiten, Willkürlichkeiten und Entstellungen würde einen viel zu großen Raum in Anspruch nehmen, auch glaube ich diese Aufgabe getrost Berufeneren überlassen zu dürfen; aber der geneigte Leser darf versichert sein, daß ein ehrliches Stück Arbeit geleistet wurde. Dem Laien wird bei der Lektüre allerdings manches wertvolle Detail entgehen müssen, aber auch er wird, wenn nur das Interesse am Gegenstand hinlänglich stark ist, genug unkontrollierbare Behauptungen und sonstige Dubiosa zu entdecken vermögen; im übrigen freilich muß ich mich auf den Verlegenheitsrat beschränken, er möge das Buch vorläufig so lesen, als ob das meiste, was darin steht, einfach wahr wäre. Vielleicht schöpft er aus dem Studium die Anregung zu einer eindringenderen Beschäftigung mit der Materie, die ihm später einmal ein fruchtbringendes Aufspüren von Fehlern ermöglicht; und schließlich ist mir ein Leser, der oberflächlich genug ist, meine Untersuchungen für exakt zu halten, immer noch lieber als gar keiner.

Allerdings muß ich, gleich fern von Beschönigung wie von falscher Scham, das freimütige Bekenntnis ablegen, daß ich Namen, Jahreszahlen, statistische Angaben und überhaupt alle sogenannten positiven Daten nirgends wissentlich gefälscht habe. Jeder Einsichtige wird mir jedoch zugestehen müssen, daß ein subjektiveres Verfahren in einem Zeitalter der allgemeinen Volksschulbildung, der Konversationslexika und der Überschwemmung mit Tabellen und Handbüchern eine aussichtslose Donquichotterie gewesen wäre. Ein gutes Feld für Inkorrektheiten verschiedenster Art bot jedoch das Gebiet der »Auffassung«, über die sich bekanntlich nicht streiten oder vielmehr nur streiten läßt, sowie die »Zusammenfassung«, das heißt: die eigenmächtige Gruppierung von Tatsachen, die offenbar nichts miteinander zu tun haben. Daß in dieser Rücksicht bei fester Konsequenz auch auf engem Raum Entscheidendes geleistet werden kann, zeigt zum Beispiel gleich am Anfang der Abschnitt über die *Seele des Mittelalters*, wo in dem knappen Rahmen weniger Seiten zwei kardinale Verstöße untergebracht werden konnten: die Feststellung, daß Augustinus der repräsentative Denker des Mittelalters gewesen sei, obgleich er gar nicht im Mittelalter gelebt hat, und die Identifizierung von Mittelalter und Gotik, obgleich diese nur wenige Jahrhunderte umfaßt hat.

Bei der *Übergangszeit* stand es ziemlich mißlich, weil hier die Quellen so spärlich und eindeutig sind, daß man teils gar nichts Zuverlässiges weiß, teils absolut hinfällige Angaben fast unmöglich sind. Aber auch hier wurde wenigstens der Versuch gemacht, durch ein unzulässiges optisches Verfahren, das die Geschehnisse von hundertfünfzig Jahren fast als gleichzeitig betrachtet und sozusagen in *ein* Blickfeld zusammenschiebt, ein schiefes Bild zu erzeugen. Immerhin mögen auch hier manche Korrektheiten unterlaufen sein.

Relativ dankbar war die Behandlung der Renaissance. Hier ist der Gelehrtenfleiß vieler Generationen so unermüdlich bis in alle Schlupfwinkel hinein tätig gewesen, daß es für den Nichtspezialisten fast undenkbar ist, andere als fragwürdige Ergebnisse zutage zu fördern. Auf dem Gebiet der Periodisierung hingegen hat der Eigensinn ebenderselben Gelehrten eine solche Konfusion erzeugt, daß man leider von einer dilettantischen Lösung der hierher gehörigen Fragen kaum mehr reden kann, da für jeden erdenklichen Trugschluß eine Autorität als

Gewährsmann beigebracht werden kann. Auch mein Versuch, über das Wesen der Hochrenaissance eine unhaltbare Ansicht zu verbreiten, muß als gescheitert betrachtet werden, da dieselbe Irrlehre bereits an mehreren Universitäten doziert wird.

Für den Abschnitt *Das Hereinbrechen der Vernunft* muß ich um besondere Nachsicht bitten, da er sich teils mit einer längst versunkenen Kultur wie der mexikanischen befaßt, der sich auch der unvoreingenommenste Forscher nicht anders als durch phantastische Vermutungen nähern könnte, teils eine so primitive Beschäftigung wie das Entdecken behandelt, über die beim besten Willen keine Mißverständnisse möglich sind. Das Kapitel *Der Beginn* erörtert ohne ausreichendes Beobachtungsmaterial und ohne strenge Beweisführung eine Reihe von Fragen, die mehr dem medizinisch-naturwissenschaftlichen Fachkreis angehören, was eine reine Fleißarbeit darstellt, da ich als Verfasser eines Geschichtswerks gar nicht verpflichtet gewesen wäre, auch in diesen Dingen inkompetent zu sein. Tatsächlich werden die Historiker hier einen schweren Stand haben, da sie, welches Zugeständnis ich aber nicht als unzulässige *captatio benevolentiae* aufzufassen bitte, auf diesem Gebiet mindestens ebenso große Dilettanten sind wie ich.

Ein ziemlich abenteuerlicher Mißbrauch wurde mit Begriffen wie »Schwachsinn« und »Wahnsinn« getrieben, indem ich, wenn es mir zusagte, nicht bloß gewisse prominente Persönlichkeiten, sondern auch vielköpfige Parteien, ja ganze Zeitalter für geistesgestört erklärte, wobei ich mich zur Verschärfung der psychiatrischen Terminologie bediente. Ferner war ich, wo es nur immer anging, eifrig beflissen, allerlei Klatschgeschichten, Legenden, unverbürgte Versionen und dergleichen als legitim zu behandeln. Da aber die ganze Weltgeschichte im Grunde nur ein großer Tratsch ist, so gebe ich mich keiner Täuschung darüber hin, daß man dieses Verfahren nur *cum grano salis* als unwissenschaftlich bezeichnen kann.

Der zahlreichen Mängel, die meiner Arbeit anhaften, bin ich mir also wohl bewußt. Doch tröstet mich hiebei mancherlei. Zunächst die Hoffnung, daß mein gesunder Instinkt für das Unzutreffende mich in vielen Fällen unbewußt geleitet und auch dort zu pseudowissenschaftlichen Resultaten geführt hat, wo ich sie gar nicht beabsichtigt habe. Sodann mein festes Vertrauen in die Zukunft, die sicher viele grobe Mißverständnisse und vor allem eine Menge falscher Daten enthüllen wird, die dem heutigen kurzsichtigen Geschlecht noch verborgen sind. Und schließlich das ermutigende Bewußtsein, daß gerade der am ernstesten Strebende immer nur für einen kleinen Kreis von Kennern, für ein Idealpublikum schreibt. Das meine sind die Fachgelehrten. Ich bin der festen Überzeugung, daß sie die Feinheiten meines Werkes viel besser zu würdigen wissen werden, als ich selber es vermag. SA 200 (1927)

*Genie und Zeitalter**

Unser Werk macht den Versuch, einen geistig-sittlichen Bilderbogen, eine seelische Kostümgeschichte der letzten sechs Jahrhunderte zu entwerfen und zugleich die platonische Idee jedes Zeitalters zu zeigen, den Gedanken, der es innerlich trieb und bewegte, der seine Seele war. Dieser Zeitgedanke ist das Organisierende, das Schöpferische, das *einzig Wahre* in jedem Zeitalter, obgleich auch er nur selten in der Wirklichkeit rein erscheint; vielmehr ist das Zeitalter das Prisma, das ihn in einen vielfarbigen Regenbogen von Symbolen zerlegt: nur hier und da tritt der Glücksfall ein, daß es einen großen Philosophen hervorbringt, der diese Strahlen in dem Brennspiegel seines Geistes wieder sammelt.

Und dies führt uns zu dem eigentlichen Schlüssel jedes Zeitalters. Wir erblicken ihn in den großen Männern, jenen sonderbaren Erscheinungen, die Carlyle Helden genannt hat. [...] In der Geschichte gibt es nur zwei wirkliche Weltwunder: den Zeitgeist mit seinen märchenhaften Energien und das Genie mit seinen magischen Wirkungen. Der geniale Mensch ist das große Absurdissimum. Er ist ein Absurdissimum wegen seiner Normalität. Er ist so, wie alle sein sollten: eine vollkommene Gleichung von Zweck und Mittel, Aufgabe und Leistung. Er ist so paradox, etwas zu tun, was sonst niemand tut: er erfüllt seine Bestimmung.

Zwischen Genie und Zeitalter besteht nun eine komplizierte und schwer entzifferbare Verrechnung.

Ein Zeitalter, das nicht seinen Helden findet, ist pathologisch: seine Seele ist unterernährt und leidet gleichsam an »chronischer Dyspnoë«. Kaum hat es diesen Menschen, der alles ausspricht, was es braucht, so strömt plötzlich neuer Sauerstoff in seinen Organismus, die Dyspnoë verschwindet, die Blutzirkulation reguliert sich, und es ist gesund. Die Genies sind die wenigen Menschen in jedem Zeitalter, die *reden* können. Die anderen sind stumm, oder sie stammeln. Ohne sie wüßten wir nichts von vergangenen Zeiten: wir hätten bloß fremde Hieroglyphen, die uns verwirren und enttäuschen. Wir brauchen einen Schlüssel für diese Geheimschrift. Gerhart Hauptmann hat einmal den Dichter mit einer Windesharfe verglichen, die jeder Lufthauch zum Erklingen bringt. Halten wir dieses Gleichnis fest, so könnten wir sagen: im Grund ist *jeder* Mensch ein solches Instrument mit empfindlichen Saiten, aber bei den meisten bringt der Stoß der Ereignisse die Saiten bloß zum Erzittern, und nur beim Dichter kommt es zum *Klang*, den jedermann hören und erfassen kann.

Damit ein Abschnitt der menschlichen Geistesgeschichte in einem haltbaren Bilde fortlebe: dazu scheint immer nur ein einziger Mensch nötig zu sein, aber dieser eine ist unerläßlich. So würde zum Beispiel für die griechische Aufklärung Sokrates, für die französische Aufklärung Voltaire, für die deutsche Aufklärung Lessing, für die englische Renaissance Shakespeare, für unsere Zeit Nietzsche genügen. In solchen Männern objektiviert sich das ganze Zeitalter wie in einem verdeutlichenden Querschnitt, der jedermann zugänglich ist. Der Genius ist nichts anderes als die bündige Formel, das gedrängte Kompendium, der handliche Leitfaden, in dem knapp und konzis, verständlich und übersichtlich die Wünsche und Werke aller Zeitgenossen zusammengefaßt sind. Er ist der starke Extrakt, das klare Destillat, die scharfe Essenz aus ihnen; er ist aus ihnen gemacht. Nähme man sie fort, so bliebe nichts von ihm zurück, er würde sich in Luft auflösen. Der große Mann ist ganz und gar das Geschöpf seiner Zeit; und je größer er ist, desto mehr ist er das Geschöpf seiner Zeit. Dies ist unsere erste These über das Wesen des Genies.

Aber wer sind denn diese Zeitgenossen? Wer macht sie zu Zeitgenossen, zu Angehörigen eines besonderen, deutlich abgegrenzten Geschichtsabschnittes, die ihr spezifisches Weltgefühl, ihre bestimmte Lebensluft, kurz ihren eigenen Stil haben? Niemand anders als der »Dichter«. Er prägt ihre Lebensform, er schneidet das Klischee, nach dem sie alle gedruckt werden, ob sie sich dessen bewußt sind oder nicht. Er vertausendfältigt sich auf mysteriöse Weise. Man geht, steht, sitzt, denkt, haßt, liebt nach seinen Angaben. Er verändert unsere Höflichkeitsbezeugungen, unser Naturgefühl; unsere Haartracht, unsere Religiosität; unsere Interpunktion, unsere Erotik; das Heiligste und das Trivialste: alles. Sein ganzes Zeitalter ist infiziert von ihm. Er dringt unaufhaltsam in unser Blut, spaltet unsere Moleküle, schafft tyrannisch neue Verbindungen. Wir reden seine Sprache, wir gebrauchen seine Satzstellungen, eine flüchtig hingeworfene Redensart aus seinem Munde wird zur einigenden Parole, die die Menschen sich durch die Nacht zurufen. Die Straßen und Wälder, die Kirchen und Ballsäle bevölkern sich plötzlich, niemand weiß, wieso, mit zahllosen verkleinerten Kopien von Werther, Byron, Napoleon, Oblomow, Hjalmar. Die Wiesen werden andersfarbig, die Bäume und Wolken werden andersförmig, die Blicke, die Gesten, die Stimmen der Menschen bekommen einen neuen Akzent. Die Frauen werden zu Preziösen nach dem Rezept Molières und zu Kanaillen nach der Vision Strindbergs; breithüftig und vollbusig, weil Rubens es sich vor seiner einsamen Staffelei so ausgedacht hat, und schmal und anämisch, weil Rossetti und Burne-Jones dieses Bild von ihnen im Kopfe trugen. Es ist gar nicht richtig, daß der Künstler die Realität abschildert, ganz im Gegenteil: die Realität läuft *ihm* nach. »Es ist paradox«, sagt Wilde, »aber darum nicht minder wahr, daß das Leben die Kunst weit mehr nachahmt als die Kunst das Leben.«

Niemand vermag diesen Zauberern zu widerstehen. Sie beflügeln und lähmen, sie berauschen und ernüchtern. In ihrem Besitz sind alle Heilmittel und Toxine der Welt. Sie lassen Leben aufsprießen, wohin sie kommen, alles wird durch sie kräftiger, gesünder, »kommt zu sich«: ja dies ist sogar die höchste Wohltat, die sie den Menschen erweisen, indem sie bewirken, daß diese zu sich selbst kommen, sich selbst erkennen, sobald sie mit ihnen in Berührung treten. Sie schaffen aber auch Krankheit und Tod. Sie lösen in vielen die latente Narrheit aus, die sonst vielleicht immer geschlummert hätte. Auch erregen sie Kriege, Revolutionen, soziale Erdbeben. Sie köpfen Könige, beschicken Schlachtfelder, stacheln Nationen zum Zweikampf... Ein exaltierter Journalist, namens Rousseau, schreibt ein paar bizarre Flugschriften, und sechs Jahre lang zerfleischt sich ein hochbegabtes Volk. Ein weltfremder und von aller Welt gemiedener Stubengelehrter, namens Marx, schreibt ein paar dicke und unverständliche philosophische Bände, und ein Riesenreich ändert seine gesamten Existenzbedingungen von Grund auf.

Kurz: die Zeit ist ganz und gar die Schöpfung des großen

Mannes, und je mehr sie es ist, desto voller und reifer erfüllt sie ihre Bestimmung, desto größer ist sie. Dies ist unsere zweite These über das Wesen des Genies.

Aber was ist denn der Genius? Ein exotisches Monstrum, eine Fleisch gewordene Paradoxie, ein Arsenal von Extravaganzen, Grillen, Perversitäten, ein Narr wie alle anderen, ja noch mehr als alle anderen, weil er mehr Mensch ist als sie, ein pathologisches Original, dem ganzen dunkeln Lebensgewimmel da unten im tiefsten fremd, aber auch seinesgleichen fremd, ja sich selber fremd, ohne die Möglichkeit irgendeiner Brücke zu seiner Umwelt. Der große Mann ist der große Solitär: was seine Größe ausmacht, ist gerade dies, daß er ein Unikum, eine Psychose, eine völlig beziehungslose Einmaligkeit darstellt. Er hat mit seiner Zeit nichts zu schaffen und sie nichts mit ihm. Dies ist unsere dritte These über das Wesen des Genies.

Man könnte nun vielleicht finden, daß diese drei Thesen sich widersprechen. Aber wenn sie sich nicht widersprächen, so wäre es ziemlich überflüssig gewesen, diese Bände, die im wesentlichen nichts sind als eine Schilderung der einzelnen Kulturzeitalter und ihrer Helden, überhaupt zu schreiben. Und für den, der die Aufgabe des menschlichen Denkens nicht im Darstellen, sondern im Abstellen von Widersprüchen erblickt, ist es andererseits gänzlich überflüssig, diese Bände zu lesen.

KN 28 (1927)

Faust

Alle Tendenzen der anbrechenden Neuzeit sind von der Volksphantasie sehr wirksam in eins zusammengefaßt worden in der Figur des Faust. Faust ist *Goldmacher* und Schwarzkünstler: durch Wissenschaft und Magie sucht er Reichtum und weltliche Macht zu erlangen. Faust ist *Protestant* und Theolog:

Landsmann Melanchthons, Zeitgenosse Luthers und eine Zeitlang in Wittenberg ansässig. Faust ist *Humanist* und Liebhaber der Antike: er erbietet sich die verlorengegangenen Komödien des Plautus und Terenz wieder herbeizuschaffen, zitiert die Schatten der homerischen Helden aus dem Hades, verbindet sich, durch geheimnisvolle Kräfte verjüngt, mit Helena und erfüllt damit symbolisch den Sinn der *Renaissance*: die Regeneration des gotischen Geistes durch seine Vermählung mit dem hellenischen. Faust galt sogar jahrhundertelang als der eigentliche Erfinder der *Buchdruckerkunst*: denn nach einer der Überlieferungen hat er die »Matrizen« ersonnen, mit denen die beweglichen Lettern gegossen wurden, während Gutenberg noch mit festen Holztafeln druckte. Diese Annahme wird neuerdings bestritten; aber jedenfalls hat das Volk einen gesunden Instinkt bewiesen, als es ihn zum Schöpfer jener Erfindung machte, durch die mehr als durch irgendeine andere der selbstherrliche Trieb des Menschen nach geistiger Expansion Nahrung und Sättigung gefunden hat. Faust verschreibt sich dem Teufel und verlangt von ihm kontraktlich, daß er ihm auf alle Fragen antworte und immer die Wahrheit; hier personifiziert sich der tiefste Grundzug des Zeitalters: der grenzenlose *Erkenntnisdrang* und zugleich der Glaube, daß es geheime Formeln gebe, die auf alles antworten; und wiederum hat die Legende einen sicheren Takt bewiesen, indem sie Faust als Verbündeten und Opfer des Teufels schildert und damit tiefsinnig ausdrückt, daß alle »reine Vernunft« vom Teufel ist und das Streben nach ihr blinde Hoffart, geweckt durch den trügerischen Rat der Satansschlange, wie es schon auf den ersten Blättern der Bibel verzeichnet steht: *eritis sicut Deus.* Ja schon in dem *Namen* Faustus, der Glückliche, offenbart sich die Grundtendenz, die ein neues Zeitalter einleitet: der Glaube, daß es in dieser Welt auf Glück ankomme und daß dieses Glück in Macht, Sinnengenuß und Wissen bestehe.

Das Außerordentliche und (vielleicht sogar unbewußt) Geniale der goethischen Faustdichtung besteht darin, daß sie eine kompendiöse Darstellung der Kulturgeschichte der Neuzeit ist. Faust beginnt als Mystiker und endet als Realpolitiker. Faust ist die ganze Versuchung des modernen Menschen, die sich in tausend Masken und Verkleidungen anschleicht: als Alkoholismus, als Sexualität, als Weltschmerz, als Übermenschentum; und dabei ist er der vorbildliche Unbefriedigte, in allem Einzeldasein sich wiedererkennend, qualvoll nach der Einheit der Erscheinungen ringend, und immer vergeblich. Die Tragödie Fausts ist die Tragödie des Menschen der Neuzeit, die Tragödie des Rationalismus, des Skeptizismus, des Realismus. Ihm zur Seite steht der Teufel. Aber Mephisto ist gar nicht böse, sondern bloß frivol, zynisch, materialistisch und vor allem geistreich: die Erscheinung gewordene pure, kalte, sterile Intelligenz, ein höchst differenziertes Gehirnwesen und der konsequenteste Vertreter der genialen Ichsucht. Das Geistreiche und Nurgeistreiche ist der zerstörende Dämon im Menschen der Neuzeit. Mephisto hat den bösen Blick des Intellektualismus, des Sensualismus, des Nihilismus. Er zeigt dem ringenden Genius Fausts die ganze Welt und legt sie ihm zu Füßen; aber betrogen muß Faust erkennen, daß diese Welt ihm nur scheinbar gehört, nämlich nur seinem Verstand, der etwas schlechthin Unwirkliches ist. Dem Menschen des Mittelalters, dessen Weltbild eng und zum Teil schief war, gehörte dieses Bild, denn es war *konkret,* es war mit dem *Herzen* erfaßt. Seit dem Ausgang des Mittelalters aber gibt es keine Realitäten mehr! Die letzte große Realität, die Europa erlebt hat, war der Irrsinn der »Inkubationszeit«: diese Menschen lebten noch in einer realen Welt, denn für den Irrsinnigen ist nicht, wie eine oberflächliche Betrachtung glauben könnte, alles Phantom, sondern ganz im Gegenteil alles leibhaft und wirklich, sogar seine Träume, seine Wahnbilder, seine Wunschvorstellungen. Alles, was seitdem kam, waren verzweifelte und ergebnislose Versuche, Wirklichkeit zu erraffen. [...]

Fausts Konflikt ist ein philosophischer, gelehrter, mondäner, der typische Konflikt des *modernen* Menschen. Daß er vom Dichter als der tragische Konflikt, als die Tragödie der ganzen Menschheit dargestellt wird, ist sehr charakteristisch: hier riecht man achtzehntes Jahrhundert, *common sense*, »reine Vernunft«, kurz das ganze einseitig nach Bildung und Erkenntnis orientierte Weltbild des Klassizismus; und sogar neunzehntes Jahrhundert: Aktivismus, Technokratie, Imperialismus. Denn womit »krönt« Faust schließlich sein Lebenswerk? Er trocknet Sümpfe aus.

Sieg des Menschen über die Natur: in diesen Akkord klingt der *Faust* aus. Und mit diesem schließt auch die Tragödie der Neuzeit. An ihrem Beginn steht, ebenso wie am Beginn des *Faust*, der Sieg des Menschen über Gott, nämlich die Entdeckung der weltgesetzgeberischen Selbstherrlichkeit des Menschen, seiner auf Sinne und Verstand gegründeten Allmacht. In einem lateinischen Epigramm sagt Agrippa von Nettesheim, der Goethe mehr als einen Zug für seinen Faust geliefert hat: »Agrippa ist ein Philosoph, ein Dämon, Heros, Gott und alles.« Es ist eine sehr äußerliche, sehr oberflächliche Ansicht, daß zu Anfang der Neuzeit auf Grund der astronomischen Entdeckungen das anthropozentrische Weltbild aufgegeben worden sei. In Wahrheit verhielt es sich gerade umgekehrt: Das Weltgefühl des Mittelalters, das ganz im Außermenschlichen: in Gott, im Jenseits, im Glauben, im Unbewußten verankert war, wird abgelöst von einem Weltgefühl, das im Menschlichen und Nurmenschlichen: im Diesseits, in der Erfahrung, im Verstand, im Bewußtsein wurzelt. Der Mensch, das Maß aller Dinge, tritt an die Stelle Gottes, die Erde an die Stelle des Himmels, das Weltbild, das bisher *theozentrisch* war, wird erst jetzt anthropozentrisch und *geozentrisch*: das Irdische, bisher mit Mißtrauen und Geringschätzung betrachtet, wird erst jetzt legitim, Realität, schließlich alleinige Realität. Und während die Erde in den astronomischen Experimenten und Systemen zum winzigen Lichtfleck herabsinkt, wird sie in den Herzen und Köpfen der Menschen zum alles beherrschenden Zentrum, zum allein Wichtigen, allein Wirksamen, allein Bewiesenen, allein Wahren, zum Mittelpunkt des Weltalls. KN 261 (1927)

Säkularisation der Menschheit

Was bedeutet [...] die Reformation, im großen gerechnet, für die europäische Kultur? Sie bedeutet nicht mehr und nicht weniger als den Versuch, Leben, Denken und Glauben der Menschheit zu säkularisieren. Seit ihr und mit ihr kommt etwas flach Praktisches, profan Nützliches, langweilig Sachliches, etwas Düsteres, Nüchternes, Zweckmäßiges in alle Betätigungen. Sie negiert prinzipiell und zielbewußt aus platt kurzsichtigem Rationalismus eine Reihe von höheren Lebensformen, die bisher aus der Religiosität geflossen waren und allerdings vom Standpunkt einer niederen utilitarischen Logik kaum zu rechtfertigen sind: die »unfruchtbare« Askese, nicht bloß die weltflüchtige und weltfeindliche, sondern auch ihre erhabenste Gestalt: die *weltfreie*; das »widernatürliche« Zölibat; die »sinnlosen« Wallfahrten; die »überflüssige« Pracht der Zeremonien; die »unnützen« Klöster; den »törichten« Karneval; die »zeitraubenden« Feiertage; die »abergläubische« Anrufung der Heiligen, die als freundliche Beistände, gleichsam als Unterbeamte Gottes, den ganzen Alltag licht und hilfreich begleitet hatten; die »ungerechtfertigte« Armenpflege, die gibt, um zu geben, ohne viel nach »Würdigkeit« und »Notwendigkeit« zu fragen. Alle Kindlichkeit weicht aus dem Dasein; das Leben wird logisch, geordnet, gerecht und tüchtig, mit einem Wort: unerträglich. [...]

Die Reformation heiligt erstens die *Arbeit*, zweitens den Beruf und damit indirekt den Erwerb, das *Geld*, drittens die Ehe und die *Familie*, viertens den *Staat*. Scheinbar zwar stellt sie ihn tiefer als das Mittelalter, nämlich außerhalb der Religion, aber gerade dadurch stellt sie ihn höher, begründet sie seine Souveränität. Indem sie ihn *eximiert, emanzipiert* sie ihn und schafft so die Geißel des Menschen der Neuzeit, den modernen Allmachtsstaat, der mit seinem Steuersystem das Eigentum, mit seiner allgegenwärtigen Polizierung die Freiheit, mit seinem Militarismus das Leben des Bürgers in Beschlag nimmt. Die scharfe Trennung des Weltlichen und Geistlichen, die Luther anstrebte, sollte offenbar den Zweck haben, die Religion frei zu machen; aber gerade das Gegenteil wurde erreicht: die protestantischen Fürsten entzogen sich zwar der päpstlichen Oberherrschaft, fühlten sich aber nun selber als Herren ihrer Landeskirchen und bevormundeten ihre Untertanen nun genau so in allen Glaubenssachen, wie dies bisher von Rom aus geschehen war. Statt *eines* Statthalters Christi, der den Menschen vorschreibt, welches Verhältnis sie zu ihrem Gott haben sollen, gab es jetzt deren viele und zweifellos weniger kompetente und infolge ihres kleineren Wirkungskreises auch weniger verantwortliche: das war der ganze Unterschied. Daß der Protestantismus, in krassem Widerspruch zu der Tendenz, die ihn ursprünglich ins Leben gerufen hatte, fast in allen Dominien, wo er siegreich war, ein System der starrsten Unduldsamkeit entwickelt hat, beruht auf seiner Begünstigung des Staatskirchentums; denn der Staat ist das intoleranteste Gebilde, das es gibt, und muß es sein; seiner innersten Natur nach.

[...] Es besteht von vornherein ein unterirdischer Zusammenhang zwischen protestantischer und kapitalistischer Weltanschauung, der freilich erst im englischen Puritanismus ganz offen zutage tritt: der geistige Vater dieser aus Börse und Bibel gemischten Welt ist Calvin, der das kanonische Zinsverbot aufs schärfste bekämpfte; aber auch Luther hat schon auf gelegentliche Anfragen ein »Wücherlein« für erlaubt erklärt.

Auf Luther ist auch, wie Hans Sperber nachgewiesen hat, der Bedeutungswandel des Wortes »Beruf« zurückzuführen, das bis dahin soviel wie Berufung, Vokation bedeutete und erst bei ihm den heutigen Sinn von Handwerk, Fachtätigkeit annimmt: er erblickt in der Ausübung gewerblicher Arbeit, die im Altertum als deklassierend, als banausisch, im Mittelalter als profan, als ungöttlich galt, eine gottgewollte sittliche Mission. Bis dahin hatte man die Arbeit als eine Strafe, bestenfalls als ein notwendiges Übel angesehen; jetzt wird sie geadelt, ja heiliggesprochen. Von dieser Auffassung, die erst der Protestantismus in die Welt gebracht hat, geht eine gerade Linie zum Kapitalismus und zum Marxismus, den zwei stärksten Verdüsterern Europas, die beide, obgleich in ihren Zielen entgegengesetzt, *dieselbe* ethische und soziale Grundlage haben.

KN 333 (1927)

Die Allonge

Die Perücke ist das tiefste Symbol der Menschheit des siebzehnten Jahrhunderts. Sie steigert und isoliert: wir werden später sehen, daß dies die beiden Grundtendenzen des Zeitalters waren. Und sie stilisiert: gerade durch ihre Unnatürlichkeit. Sie war übrigens keine Novität in der Geschichte. Schon die vorderasiatischen Völker kannten sie und vor allem die Ägypter, deren Kultur ebenfalls von höchstem Stilgefühl getragen war; sie bedienten sich sogar künstlicher Bärte. Derselbe Geist der Abstraktion, der ihre Pyramiden und Sphinxe schuf, hat ihnen die ornamental geflochtenen Haargebäude und die viereckig geschnittenen Umhängebärte aufgezwungen. Das flache neunzehnte Jahrhundert hielt die ägyptische Kunst für »primitiv«;

jetzt beginnen wir langsam einzusehen, daß neben der unfaßbaren Größe und Tiefe dieser Schöpfungen die gesamte abendländische Kunst primitiv erscheinen muß. Und auf demselben Wege müssen wir zu der Erkenntnis gelangen, daß auch die Sitten dieses Volkes nichts weniger als »barbarisch« und »kindisch« waren, sondern der Niederschlag eines Weltgefühls, das dem unsrigen zwar fremd ist, aber gleichwohl überlegen gewesen sein könnte. Zweifellos ist sowohl die ägyptische wie die cartesianische Perücke »paradox«; aber jedes Kostüm ist paradox, weil es der bis zur Karikatur gesteigerte Ausdruck des Idealbilds ist, das sich die Menschheit in jedem einzelnen Zeitalter von ihrer physischen Erscheinung macht. Und paradox ist überhaupt jede Kultur, denn sie ist der Gegensatz der »Natur«, auch wenn sie, wie dies sehr oft, ja zumeist geschieht, mit ihr übereinzustimmen glaubt. Alle Kulturschöpfungen, von den Visionen des Künstlers und den Hirngespinsten des Philosophen bis zu den alltäglichen Formen des menschlichen Verkehrs, sind paradox oder, mit einem anderen Wort, »unpraktisch«. Eine Lebensordnung, in der alles Überflüssige und Zwecklose, alles Widernatürliche und Unlogische ausgeschaltet wäre, wäre nicht mehr Kultur, sondern »reine Zivilisation«. Aber eine solche reine Zivilisation ist eine fast unvorstellbare Monstrosität, sie ist in der ganzen uns bekannten Geschichte der Menschheit niemals erblickt worden, und es besteht die bestimmte Hoffnung, daß sie auch in der Zukunft niemals in die Welt treten wird. [...] KN 526 (1928)

*Friedrich der Große**

[...] Daß Friedrich der Große sein ganzes Leben lang von einem großen Leitgedanken getragen war, machte ihn zum unüberwindlichen Helden des Zeitalters und bewirkte zugleich, daß auch alle seine Einzelhandlungen, im Gegensatz zu denen seiner gekrönten Rivalen, ideenreich, geistvoll und sinnerfüllt waren. Dieser Grundgedanke bestand in nichts anderem als in der platonischen Forderung, daß die Könige Philosophen und die Philosophen Könige sein sollen. [...] Als echter Philosoph zeigte sich Friedrich der Große schon allein durch seine Toleranz. Wir verstehen darunter weder Freidenkertum noch Liberalismus. Man kann ein Freigeist sein und dabei einen sehr unfreien Geist haben, in dem, wie dies bei den meisten Freidenkern der Fall ist, das Verständnis für andersgeartete Weltanschauungen keinen Platz hat. Diese Art Aufklärer sind ebenso Gefangene ihrer engen und einseitigen Doktrin wie die von ihnen verachteten Reaktionäre. Dasselbe gilt vom landläufigen Liberalismus. Er ist liberal nur gegen die Liberalen, alle anderen Menschen sind in seinen Augen verstockte Ketzer und verblendete Toren, denen gegen ihren Willen die bessere Weltansicht aufgedrängt werden muß. Dies war denn auch die typische Art, wie im Zeitalter Friedrichs des Großen Aufklärung betrieben wurde. Das achtzehnte Jahrhundert sah allenthalben an den führenden Stellen derartige Diktatoren des Fortschritts, die es für ihre Mission hielten, die rückständige Menschheit zu ihrem Glück zu zwingen. Peter der Große und Karl der Zwölfte, Katharina die Zweite und Josef der Zweite, Kardinal Fleury und Robespierre und noch viele andere waren von dieser fixen Idee geleitet, die bis nach Portugal drang, wo der Marquis von Pombal ein wahres Schreckensregiment der Aufklärung errichtete. Diese Machthaber waren also nichts anderes als gewendete Finsterlinge und erhärteten nur von neuem die psychologische Tatsache, daß Toleranz dem Durchschnitt der Menschheit ganz wesensfeindlich ist. Friedrich der Große jedoch war tolerant nicht in seiner Eigenschaft als Freidenker, sondern als Genie. Das Genie toleriert alles, weil es alle erdenklichen Menschenexemplare und Seelenregungen latent in sich trägt, weiß sich allem anzupassen, weil es schöpferische Phantasie besitzt. Friedrich der Große übte die echte Toleranz, die ganz einfach darin besteht, daß man jede fremde Individualität und ihre Gesetze anerkennt. Daher tolerierte er auch die Reaktion. Er war, als Oberhaupt der protestantischen Vormacht Deutschlands, gegen die Jesuiten viel duldsamer als der römische Kaiser. Während dieser Klöster aufhob, ließ er abgebrannte katholische Kirchen wieder aufbauen. Er war dabei durchaus nicht etwa ohne persönliche Voreingenommenheiten, aber trotz diesen sehr hart ausgeprägten, sehr subjektiven, sehr einseitigen Überzeugungen, die seiner Persönlichkeit eben ihr scharfumrissenes, weithin leuchtendes Profil gaben, hatte er doch genügend Verständnis für alle anderen Ansichten und ließ sie auch in der Praxis tatsächlich gelten. Er war sicher eine Art Spiritualist und Ideologe, indem er immer von gewissen abstrakten Prinzipien, unmittelbaren seelischen Grunderlebnissen ausging; aber das Gegengewicht dazu bildete seine hochentwickelte geistige Elastizität, seine Fähigkeit, sich den »Versuchsbedingungen«, die ihm die Wirklichkeit bei seinen Experimenten auferlegte, jederzeit zu akkommodieren. Er war ungemein zäh und konservativ in Dingen der Theorie und ebenso beweglich und fortschrittsfähig in der Anwendung seiner Theorien auf das Leben; und diese Doppeleigenschaft ist in der Tat die Grundvoraussetzung alles fruchtbaren Denkens und Handelns.

Ein eminent genialer Wesenszug war auch seine hemmungslose Aufrichtigkeit, eine Eigenschaft, die, beim Menschen schon an sich etwas Seltenes, auf einem Thron fast wie eine Unmöglichkeit erscheint. Auch in seinem Verhältnis zur Wahrheit zeigte sich das Widerspruchsvolle und doch in einem höheren Sinne sehr Einheitliche seines Wesens. Er schreckte als Politiker nicht davor zurück, die ganze Welt hinters Licht zu führen, und setzte sogar einen Ehrgeiz darein, an Taschenspielerei und

Doppelzüngigkeit alle seine Gegner zu übertreffen. Und doch war er inmitten eines Zeitalters der hohlen Lügen und leeren Masken einer der unverlogensten Menschen, die je gelebt haben. Denn die Unwahrheit war für ihn nur eine Art Fachsprache, die er bei der Ausübung seiner Berufstätigkeit meisterhaft handhabte; in allen Dingen jedoch, die ihm wirklich ernst und wichtig waren, war er von der unbestechlichsten Wahrheitsliebe und unbarmherzigsten Selbstkritik geleitet. Daher rührt es, daß er, obgleich durch Geburt und Stellung, Gaben und Taten so hoch über die übrige Menschheit hinausgehoben, dennoch in der Erinnerung der Nachwelt fast als eine Privatgestalt fortlebt, frei von jedem historischen Nimbus. [...]

An dem so verwickelten und paradoxen und doch so klaren und durchsichtigen Charakter dieses Königs bleibt dem demokratischen Historiker nichts zu »entlarven« übrig. Er ist in seiner Selbstkritik so weit gegangen, daß er sich bisweilen sogar schlechter machte, als er war. Er gibt ganz offen zu, daß das treibende Motiv seiner Politik Ehrgeiz war. Er erzählt, daß ihm, wenn er als Kronprinz vom Türkenkrieg hörte, das Herz gepocht habe wie dem Schauspieler, der darauf zittert, daß die Reihe an ihn kommt. Und alsbald trat er aus der Kulisse, und es zeigte sich schon in den ersten Szenen, daß er entschlossen war, nicht die kleine Episodenrolle zu spielen, die das europäische Regiekollegium ihm zugewiesen hatte, sondern als Protagonist und Titelheld des Zeitalters einen ganz neuen Text zu improvisieren. »Meine Jugend«, schrieb er 1740 an seinen Freund Jordan, »das Feuer der Leidenschaften, das Verlangen nach Ruhm, ja, um dir nichts zu verbergen, selbst die Neugierde, mit einem Wort, ein geheimer Instinkt hat mich der Süßigkeit der Ruhe, die ich kostete, entrissen, und die Genugtuung, meinen Namen in den Zeitungen und dereinst in der Geschichte zu lesen, hat mich verführt«; und lange nachher, in seinen historischen Denkwürdigkeiten, wiederholt er, bei seinen Entschlüssen von 1740 sei »das Verlangen, sich einen Namen zu machen« mitbestimmend gewesen. Das sind wiederum ganz die Gedankengänge eines Schauspielers. Ein König, der in den Krieg zieht aus psychologischer Neugierde, aus einer Art Theaterleidenschaft und aus dem brennenden Wunsch, in die Zeitung zu kommen, und dies offen eingesteht: dieser degagierte Freimut, diese bizarre Koketterie, diese raffinierte und naive Glanzsucht ist echtestes Rokoko. [...]

Am Schlusse seines Lebens aber, als Alter Fritz, wird er, wie alle ganz Großen: Goethe und Kant, Ibsen und Tolstoj, Michelangelo und Rembrandt, völlig unwirklich und gespenstisch, transzendent und transparent, zur Hälfte bereits Bürger einer anderen Welt. Eine ungeheure Einsamkeit breitet sich um ihn aus, er ist es müde, »über Sklaven zu herrschen«, und will neben seinen Windspielen begraben sein.

Zweifellos hatte er große Fehler; aber die Lieblinge der Menschheit sind nun einmal nicht die Korrekten. Das ganze Zeitalter jubelte ihm zu, weil er der Stärkste und Menschlichste, Weiseste und Närrischste von allen war, Caesar und Don Quixote, Hamlet und Fortinbras in einer Person. [...]

KN 604 (1928)

*Die Französische Revolution**

[Jeder] Franzose ist ein *geborener Cartesianer.* Selbst die französische Romantik, deren Lebensinhalt im Kampf gegen den Klassizismus bestand, war nichts anderes als reglementierte Regellosigkeit, eine Art »gewendeter« Klassizismus. Und ebenso verhielt es sich neuerdings wieder mit den französischen Naturalisten. Wenn man die Sache vorurteilslos ansieht, so besteht zwischen Racine und Zola kein essentieller Unterschied: beide schufen mit großer Energie und Einseitigkeit und bedeutender formaler Begabung ein neues poetisches Reglement.

Was wird nun geschehen, wenn die Pedanterie durch irgendwelche Umstände plötzlich auf die Wirklichkeit gestoßen wird und genötigt ist, sich mit ihr praktisch auseinanderzusetzen? [...] Am deutlichsten offenbarte es sich in jener berühmten »großen Revolution«, die eine unendlich wortreiche, aufregende, hochdramatische Sache gewesen ist mit hinreißenden Tiraden über Menschenrechte, packenden »scènes à faire« und knallenden Aktschlüssen, deren Effekt aber gleich Null war, obgleich man ihr noch heute eine Menge schöner Erfolge nachsagt. Denn die Gleichheit hat die Französische Revolution *nicht* gebracht, sie hat nur zu einer anderen und viel verwerflicheren Form der Ungleichheit geführt: der kapitalistischen. Die Freiheit hat die französische Revolution *nicht* gebracht, sie übte dieselbe engherzige, grausame und selbstsüchtige Geisteszensur wie das Ancien régime, nur diesmal im Namen der Freiheit und mit viel drakonischeren Mitteln. Sie fragte jedermann: »Bist du für die Freiheit?«, und wenn er nicht eine ganz unzweideutige Auskunft gab, so antwortete sie nicht mit *lettres de cachet*, sondern gleich mit der Guillotine. Niemals vorher, weder unter türkischen Sultanen und arabischen Kalifen noch unter russischen Großfürsten und spanischen Inquisitoren, hat es eine solche Unfreiheit gegeben wie unter der »Verfassung der Freiheitsfreunde«, denn niemals vorher stand die Todesstrafe auf eine Reihe ganz passiver Eigenschaften wie Bildung, Reinlichkeit, Toleranz, Schweigsamkeit, ja auf die bloße Existenz! Und dieser Horde von Amokläufern soll Europa seine Freiheit verdanken.

Die Sache begann mit der scheinbar ganz unschädlichen weltfremden Pedanterie eines hysterischen Journalisten namens Rousseau. Dieser hatte sich einen Naturbegriff ersonnen, der in sämtlichen Einzelheiten so ziemlich das gerade Gegenteil der Wirklichkeit darstellte und überhaupt nicht aus ernster Beobachtung der physischen Welt hergeleitet war, sondern aus der Literatur: aus irgendeiner verlogenen Reisebeschreibung oder einer schlechten Spieloper. Vollkommene Pedanten waren auch noch die Girondisten, die sich auf cartesianische Methode eine Art »Gleichung« der revolutionären Bewegung zurechtgemacht hatten und nun meinten, danach müsse sich auch unfehlbar die Kurve der Wirklichkeit konstruieren lassen. Dann aber trat mit einem Schlag der völlige Irrsinn ein, und es entrollte sich jener glänzende Schundroman, der in Europa soviel Bewunderung und Entsetzen erregt hat. Seine Helden sind: Jean Paul Marat, eine tollgewordene Kellerratte, der das Versagen des öffentlichen Kanalisationssystems die Möglichkeit gibt, plötzlich aus ihrer Latrine hervorzuschießen und alles wütend anzufressen, was nicht ebenfalls aus einer Latrine gekommen ist, Maximilian Robespierre, ein dämonisch gewordener Oberlehrer, dessen Tyrannei sich unter normalen Verhältnissen in Sittenpunkten entladen hätte, und Georges Jacques Danton, ein gänzlich verzeichneter Charakter aus der Familie der »edlen Briganten«, der als eine Art schlechter Karl-Moor-Kopie anzusprechen ist. Das letzte Kapitel dieser Kolportagegeschichte war jedoch höchst überraschend und keineswegs Zehnpfennig-Literatur, es bestand nämlich darin, daß in dieses Irrenhaus plötzlich ein Vollsinniger trat, der Mann der Realitäten: Napoleon. Hieraus, aus dieser seiner essentiellen Verschiedenheit von allen Franzosen, erklärt sich der sofortige und ungeheure Erfolg Bonapartes, der vielleicht nur ein kolossaler Condottiere war (freilich einer mit Vorkenntnissen in Chemie, Geographie und vor allem Psychologie), aber jedenfalls die in Frankreich unerhörte Fähigkeit besaß, mit Gegebenheiten zu rechnen. [...] VD 30 (1914)

Die Welt im Gaslicht

[...] In [dem] Geschichtsabschnitt [zwischen 1830 und 1848] wird Europa zum erstenmal häßlich. Wir sagten im ersten Buch, daß jeder historische Zeitraum in eine bestimmte Tages- oder Nachtbeleuchtung getaucht sei; diese Welt hat zum erstenmal eine künstliche: sie liegt im Gaslicht, das schon in den Tagen, wo der Stern Napoleons sich zum Untergang neigte, in London aufflammte, fast gleichzeitig mit den Bourbonen in Paris einzog und in langsamem und zähem Vordringen sich schließlich alle Straßen und öffentlichen Lokalitäten eroberte. Um 1840 brannte es überall, sogar in Wien. In diesem lauten und trüben, scharfen und flackernden, prosaischen und gespenstischen Licht bewegen sich dicke geschäftige Kellerasseln von Krämern, deren abenteuerlich mißgebaute Kleidung uns nur deshalb nicht voll zum Bewußtsein kommt, weil die unsrige von ihr abstammt. Der Oberkörper steckt in der schlotterichten Röhre des Gehrocks, der den Frack in die heutige Rolle des Abendfestkleids verdrängt, der Hals in dem grotesken Kummetkragen. Das triste und unpersönliche Schwarz wird immer mehr dominierend, so daß alsbald jeder Mensch, der Anspruch darauf macht, für seriös zu gelten, einem Notar oder Bestattungsbeamten gleicht; daneben ist nur noch das schmutzige Braun oder Grau zulässig, und höchstens die Weste prangt in allerhand (meist geschmacklosen) Mustern. Die Hosen sind lächerlich weit, gern abscheulich kariert, der »Steg« zieht sie nach Art der Reithosen über die Schuhe, wodurch ihre Fasson vollends unmöglich wird. Über dem Rock erhebt sich der Vatermörder, bis zum heutigen Tage Provinzkomikerrequisit, mit dem gestärkten und gefältelten Vorhemd, in dem zwei gänzlich unmotivierte Goldknöpfe stecken, und der unförmig breiten schwarzen oder weißen Halsbinde, in der zwei durch ein Kett-

Egon Friedell in seiner Wiener Wohnung, Gentzgasse.
(Hinter ihm der plakative Hinweis:
Selbst die Aufforderung noch zu bleiben
darf man nicht immer ernst nehmen!
AUCH SIE sind keine Ausnahme!)

chen verbundene Busennadeln sich höchst barbarisch ausnehmen. Dazu in Friseurlöckchen gebranntes Haar und bei der jüngeren Generation auch bereits allerhand absonderliche Haarbildungen im Antlitz: Backenbärte, Schifferbärte, Seehundsbärte, Bocksbärte, Henriquatres. Neu (zumindest in seiner Allgemeinheit) ist auch das geränderte Monokel am albern wirkenden breiten Band, das kein Dandy entbehren kann, und der »Cigarro«, der eigentlich die Urform des mexikanischen Tabakgenusses war, aber erst jetzt durch die Einführung des Deckblatts mit der Pfeife in siegreiche Konkurrenz tritt, in Preußen auf der Straße zuerst überhaupt verboten, dann durch Polizeiverordnung »wegen Feuersgefahr« in ein Drahtgestell gesperrt, von Byron besungen, von Heine refüsiert, von Schopenhauer beschimpft. Er verhält sich zur Pfeife wie die Nervosität der neuen schnelldenkerischen Zeit zur Behaglichkeit und Nachdenklichkeit der alten: man kann sich einen modernen Börsenmann nur schwer ohne eine dicke Zigarre vorstellen, aber unmöglich mit einer Pfeife. Übrigens wird erst durch die Zigarre das Rauchen salonfähig und verdrängt dadurch schrittweise das Schnupfen, das bisher gerade für elegant galt. [...]

Betrachtet man nun diese »Söhne der Jetztzeit« »mit Brillen statt der Augen, als Resultat der Gedanken einen Cigarro im tierischen Maul, einen Sack auf dem Rücken statt des Rocks«, wie Schopenhauer sie ohne Wohlwollen, aber recht zutreffend charakterisiert hat, in einer Kleidung, die an Geschmacklosigkeit nur noch von der nächstfolgenden übertroffen wurde, so muß man trotzdem sagen, daß sie einen sehr prägnanten, ausdrucksvollen Stil besaßen, nicht nur weil es [...] ein stilloses Kostüm überhaupt nicht gibt, sondern auch weil gerade sie in der Gestaltung ihrer äußeren Lebensformen eine besondere Energie entwickelten. Es ist die Tracht, wie sie die zur Herrschaft gelangte Großbourgeoisie sich geschaffen hatte: sachlich, wirklich und unspielerisch und daher langweilig, undekorativ und phantasielos wie alles, was der Financier außerhalb seines Kontors tut; praktisch, plebejisch, von tierischem Ernst; eine Tracht für Verdiener, Buchmacher und Geschäftsreisende, die in Qualm und Ruß leben, für Händler und Journalisten, rasche plumpe Agenten des Warenverkehrs oder der Nachrichtenvermittlung. Die Verkleidung ist zur Kleidung herabgesunken.

KN 1023 (1931)

Darwin

[...] Charles Darwin, dem seine Anhänger das stolze Prädikat eines »Kopernikus der organischen Welt« verliehen, ein vortrefflicher Gelehrter und reiner kindlicher Geist, der unermüdlichen Wissensdrang mit der Schlichtheit eines echten Gentleman und der Demut eines wahren Christen zu vereinigen wußte, hat seine Beobachtungen in einem 1859 erschienenen Monumentalwerk niedergelegt, dessen voller Titel lautet: »On the origin of species by means of natural selection; or the preservation of favoured races in the struggle for life«; seine übrigen Werke enthalten nur Erläuterungen, Ausbauten und Supplemente, und eigentlich steht der ganze Grundgedanke schon im Titel des Buches, das ihn bloß durch eine Fülle von Anschauungsstoff belegt. Darwin hat sich in edler Bescheidenheit, die aus weiser Selbstkritik entsprang, niemals für einen Philosophen gehalten, sondern nur für einen Naturforscher, der Tatsachen sammelt und an sie einige vorsichtige Hypothesen knüpft. [...]

Die These des Darwinismus besagt, daß die Arten konstant gewordene Varietäten, die Varietäten in Bildung begriffene Arten sind und die Entstehung neuer Rassen ein Produkt des Kampfes ums Dasein ist, der als eine Art natürlicher Zuchtwahl gewisse Exemplare begünstigt, welchen Vorgang Spencer als Überleben des Passendsten bezeichnet hat. Diese Vorstellungsweise macht die Natur zu einer Einrichtung, in der es *englisch* zugeht, nämlich: erstens *freihändlerisch,* indem die Konkurrenz entscheidet, zweitens *korrekt,* denn nur, was am wenigsten shocking ist, das Passendste, überlebt, drittens *liberal,* denn es herrscht »Fortschritt« und die Nouveautés sind immer zugleich Verbesserungen, viertens aber zugleich *konservativ,* denn der Kampf um den Fortschritt vollzieht sich »organisch«: in langsamen Übergängen und durch Majoritätssiege. Englisch ist auch die naive Gleichsetzung der künstlichen Züchtung mit der natürlichen Auslese, eine Kolonialvorstellung, die die Erde als große Tierfarm und Gemüseanlage konzipiert, und die Unfähigkeit, sich die Vergangenheit als generell verschieden von der Gegenwart zu denken: es muß alles »so ähnlich« wie heute zugegangen sein, zumindest unter Benützung derselben umbildenden Kräfte; in diesem Punkt ist der Darwinismus das biologische Gegenstück zu Lyells Geologie, die alles auf *actual causes,* unmerklich wirksame, noch heute »aktuelle« Ursachen zurückführt: sehr charakteristisch für ein unheroisches Zeitalter der gelehrten Myopie und Mikrophilie, der politischen Tagesanbetung und des weltbeherrschenden Journalismus.

Aus alledem erklärt sich sehr leicht die ungeheure Wirkung der Darwinschen Theorie, wozu noch kommt, daß sie gewissen ästhetischen und logischen Bedürfnissen des menschlichen Geistes schmeichelte, indem sie die kunstreiche Kathedrale einer Hierarchie der Lebewelt aufbaute, von den einzelligen Urtieren, den zusammengesetzten, aber festsitzenden Pflanzentieren, den beweglichen, aber weichen Würmern ansteigend zu den Stachelhäutern, die aber noch keine Gliedmaßen besitzen, den Gliederfüßlern, die noch der Wirbelsäule entbehren, den kiemenatmenden Fischen, den kiemen- und lungenatmenden Lurchen, den bloß lungenatmenden Kriechtieren, den warmblütigen Vögeln, den milchdrüsenführenden Säugetieren, den hand- und vernunftbegabten Primaten und deren Krone, dem Menschen, der bereits die Fähigkeit zum Darwinismus besitzt. Diese dem Auge wie dem Gedanken höchst gefälligen Fiktionen sind zwar pure Begriffsdichtungen, »regulative Ideen«, besitzen aber vermöge ihrer schönen klaren Architektur einen hohen Faszinationsreiz: sie machen die Welt lichtvoller, gegliederter, rhythmischer, komponierter. [...]

KN 1153 (1931)

*Bismarck**

[...] Bismarck wurzelte mit der einen Hälfte seines Wesens im Vormärz, ja, sogar mit gewissen Zügen im achtzehnten Jahrhundert. In seiner Ära hatte ein Politiker nur die Wahl, liberal oder reaktionär, Demokrat oder Absolutist, positivistisch oder orthodox zu sein; Bismarck war nichts von alledem, weil er alles zusammen war. Er war nämlich ein Seigneur des Rokokos, und daher vertrugen sich in seiner Seele der Legitimist und der Revolutionär, der Freigeist und der Pietist, der Citoyen und der Feudale auf eine Weise, wie es in seiner Zeit keinem anderen mehr möglich war. Doch war dies, wie gesagt, nur die eine Hälfte seines Wesens, die andere gehörte weder der Vergangenheit noch der Gegenwart, sondern der Zukunft an: in ihm lebte bereits der Gedanke einer *demokratischen Diktatur* und eines *paneuropäischen Staatensystems,* der unser Jahrhundert beherrscht. Daß er als geheimnisvolle schöpferische Janusgestalt an der Wegscheide zweier Zeitalter stand und daß sein ganzes Leben eine Art Kampf mit dem Teufel (auch mit dem eigenen) war, ist sein Gemeinsames mit Luther; die stärkste Verwandtschaft aber hatte er mit Friedrich dem Großen. Fast alle Züge, die wir an diesem hervorgehoben haben, finden sich bei ihm wieder. Zunächst jene paradoxe Mischung aus Realismus und Idealismus, aus anpassungskräftiger Elastizität und unerschütterlicher Prinzipientreue, die den Preußenkönig zu einem so fruchtbaren Staatsmann gemacht hat. Sodann das ebenso paradoxe Verhältnis, das beide zur Wahrheit hatten: scheinbar nämlich haben sie bisweilen gelogen (Bismarck übrigens höchst selten); aber dies war nur ihr Berufsjargon, im Innern waren sie die aufrichtigsten Menschen, die sich denken lassen. Man kann nämlich sein ganzes Leben lang äußerlich stets die Wahrheit gesprochen haben und dabei die Seele eines gottverdammten Heuchlers, Spiegelfechters und Falschmünzers besitzen; aber auch das Umgekehrte ist denkbar. Wer nur einige Kapitel der »Gedanken und Erinnerungen« gelesen hat und nicht spürt, daß hinter ihnen ein Elementargeist steht, dessen Grundpathos der leidenschaftliche Drang war, allen Menschen, Dingen und Ereignissen ihr wahres Gesicht abzulesen, aber auch ihnen ein wahres Gesicht zu zeigen, daß sich in ihnen eine kristallene Seele spiegelt, offen und klar und freilich auch unergründlich tief wie ein Bergsee: der hat überhaupt kein Organ für Wahrheit oder will absichtlich nicht sehen. Und hierin stand Bismarck noch höher als Friedrich der Große, wie er denn auch, was zweifellos damit zusammenhängt, der noch viel größere Schriftsteller war. Seine betont geistreiche, stets leicht ironische, in apart gefaßten Epigrammen, funkelnd geschliffenen Antithesen und zitatreifen Aperçus sich bewegende Betrachtungsart ist ganz dix-huitième und hat, so paradox dies angesichts seines Vulgärbilds klingen mag, ebenso wie die Friedrichs des Großen etwas Französisches. Gänzlich unfranzösisch hingegen waren seine tiefe Religiosität, sein Gemüt und sein Humor, mit welch letzterer Eigenschaft es wiederum zusammenhängt, daß er von allen Personen, die je auf dieser Erde Macht besessen haben, eine der uneitelsten war. Wir konnten dies auch an Friedrich dem Großen konstatieren und müssen hinzufügen, daß Bismarck ebenfalls kein ernster Mensch war. [...]

Wir könnten die Parallele noch bis in viele Details fortführen. Besonders bemerkenswert scheint mir, daß auch Bismarck, obgleich so oft das Gegenteil behauptet worden ist, *kein* Militarist war, indem er den Krieg ebenfalls nur als »Brechmittel« betrachtete, allerdings aber, wenn er ihn für unvermeidlich ansah, im günstigsten Zeitpunkt zu führen suchte, wodurch er scheinbar zum Angreifer wurde; und daß er auch kein Monarchist war. Er war nämlich Royalist, was durchaus nicht dasselbe ist: seine Anhänglichkeit an die Dynastie wurzelte in den feudalen Traditionen *seines* Hauses, und seine Stellung zu den Hohenzollern hatte immer etwas von unterirdischer Fronde. Am überraschendsten aber ist es, daß ihm mit Friedrich dem Großen sogar die »physiologische Minderwertigkeit« gemeinsam war. Er war durchaus nicht der steinerne Roland, als den das Volk sich ihn denkt, sondern der Typus des Dekadenten; vor allem darin ein geradezu klassisches Exemplar des Neurotikers, daß sich psychische Attacken bei ihm regelmäßig in physische umsetzten: zum Beispiel Ärger und Enttäuschung in Trigeminalschmerzen. Kein Maléquilibré des Fin de siècle übertraf ihn an Reizbarkeit und Labilität des Nervensystems. Ein »eiserner Kanzler«, der Weinkrämpfe bekommt, wenn er seinen Willen nicht durchsetzen kann, ist doch eine recht sonderbare Erscheinung, in ihrer Art ebenso sonderbar wie ein »deutscher Heldenkönig«, der zwischen zwei Schlachten französische Alexandriner dichtet. Und schließlich haben die beiden auf dem Wege zum Tode und nach dem Tode ganz ähnliche Schicksale gehabt, indem sie sich in ihren letzten Lebensjahren bis zur Unwirklichkeit vergeistigten und von der Nachwelt bis zum heutigen Tage wild umstritten werden, bald wie Halbgötter verehrt, bald als Bösewichter, ja Verbrecher gebrandmarkt. [...] KN 1234 (1931)

Wilhelm Busch

Wie der deutsche Bürger in der zweiten Hälfte des neunzehnten Jahrhunderts ausgesehen hat, werden spätere Zeiten nur von *einem* Meister zuverlässig erfahren, der auf seine Weise auch eine Art »Gesamtkunstwerk« geschaffen hat: von Wilhelm Busch. Über ihn ist aber schwer etwas zu sagen. Ludwig Speidel bemerkt einmal über den Schauspieler Fichtner: »Sonst ist der Tadel die Handhabe, an der man auch das im Grunde Vortreffliche zu ergreifen pflegt; Fichtner aber, als eine durchaus abgerundete Erscheinung, ist so schwer zu fassen wie eine Kugel. Das Einfachste wäre, ihn in Bausch und Bogen zu bewundern, sich in Superlativen zu ergehen und die Ausrufungszeichen nicht zu sparen.« Ebenso verhält es sich mit Busch. Er ist die personifizierte Vollkommenheit; und man kann das eigentlich bloß konstatieren.

Nachdem sein Œuvre jahrzehntelang als ein harmloses Kasperltheater gegolten hat, gut genug für die Kinderstube und den Nachmittagskaffee, ist es neuerdings Mode geworden, ihn als dämonischen Pessimisten und Nihilisten aufzufassen. Beides ist gleich irrig. Die unvergleichliche, undefinierbare Wirkung, die von Wilhelm Busch ausgeht, beruht einfach darauf, daß er niemals selber etwas macht, sondern das Leben machen läßt. Wirklichen Humor hat nämlich nur das Leben, und das einzige, was die Humoristen tun können, besteht darin, daß sie diesen Humor abschreiben. Das tun sie aber fast niemals, sondern sie denken sich allerlei verzwickte Situationen und Konflikte aus, die bar jeder echten Lustigkeit sind. Sie erreichen damit nur eine imitierte, konstruierte, zusammengeklebte Lustigkeit, die nichts Lebendiges und Überzeugendes hat, eine Panoptikumlustigkeit. Nehmen wir zum Beispiel jene Dichtung Buschs, die vermutlich seine allerbeste ist, obgleich sie verhältnismäßig am wenigsten bekannt ist: den Zyklus *Die Haarbeutel*. Busch schildert darin eine Reihe von typischen Formen der Betrunkenheit; es sind geradezu klassische Studien, bis ins kleinste Detail lebensechte Kopien der Wirklichkeit. Busch setzt nichts hinzu und nimmt nichts weg, er schreibt einfach ab, welche Komplikationen sich ereignen, wenn der Mensch betrunken ist. Er läßt den Humor des Lebens in sich einströmen, ohne etwas aus seinem eigenen Ich dazuzutun; denn das wäre nur eine Abschwächung. Er sitzt da und wartet, ob das Leben sich entschließen will, lustig zu sein: geschieht dies, so trägt er diese Lustigkeit einfach ein.

Wie bei allen großen Künstlern ist man auch bei Busch in Verlegenheit, wohin man ihn eigentlich rangieren soll. Ist das Primäre seiner Kunst die eminente zeichnerische Begabung, die eine ganz neue Technik der Karikaturistik geschaffen hat, nach der höchsten Kunstregel: *»le minimum d'effort et le maximum d'effet«*? Mit sechs Bleistiftstrichen umreißt er einen ganzen Lebenstypus, eine ganze Gesellschaftssphäre, ein ganzes Menschenschicksal. Ein gleichschenkliges Dreieck als Mund drückt mit der Spitze nach unten freudiges Entzücken aus, mit der Spitze nach oben herzliches Bedauern, ein schräges Linienpaar über den Augen ernsteste Bedenken, ein Punkt in der Mitte des Antlitzes bitteren Seelenschmerz. Oder war auch bei ihm im Anfang jene unbegreifliche Fähigkeit, der Sprache durch die allereinfachsten und allernatürlichsten Satzbildungen die ungeahntesten Wirkungen zu entlocken?; wie etwa in dem schlichten Referat: »Heut bleibt der Herr mal wieder lang. Still wartet sein Amöblemang. Da kommt er endlich angestoppelt. Die Möbel haben sich verdoppelt.« Die höchste Meisterschaft der Lautbehandlung zeigt er unter anderem auch in der Erfindung der Namen. Bisher hatte man die Komik auf diesem Gebiet in *Begriff*sassoziationen gesucht, was aber bloß *witzig* ist. So verfährt selbst noch Nestroy, wenn er zum Beispiel einen

Wirt Pantsch oder einen Dieb Graps nennt. Buschs Namen hingegen sind *gefühls*deskriptiv, onomatopoetisch, sie malen nicht mit Anspielungen, sondern mit Klängen, wie dies der große Lyriker und das kleine Kind tut. Ein milder salbungsvoller Rektor heißt Debisch, ein barscher plattfüßiger Förster Knarrtje, ein grauslicher alter Eremit Krökel, ein dicker Veterinärpraktikant Sutitt, ein flotter Kavalier Herr von Gnatzel. Schon bei dem einfachen Namen Nolte steigt die ganze muffige und doch anheimelnde Hinterwelt eines kleinen deutschen Landnestes auf.

Man wird Busch vielleicht noch am ehesten gerecht werden, wenn man ihn einen großen Philosophen nennt. Sein frommer naturnaher Panpsychismus erinnert an Andersen. In der Beseelung aller Wesen und Dinge erreicht er das Äußerste. Gibt es eine rührendere und intimere Tierbiographie als *Hans Huckebein* oder *Fips der Affe*? Neben ihnen schrumpft der dicke Brehm zum dürren Nachschlagewerk zusammen. In dem Gedicht *Die ängstliche Nacht*, dessen Anfangsverse soeben zitiert wurden, bildet das Mobiliar eine förmliche organisierte Gegenpartei, und zwar eine anarchistische: Kleiderhaken, Wanduhr und Stiefelknecht befinden sich in voller Revolution; der unparteiische Bericht über den Kampf mit diesen boshaften hinterlistigen Geschöpfen verursacht Herzklopfen. Zudem besitzen Buschs Porträts, wie gesagt, auch einen außerordentlichen kulturhistorischen Wert. Da steht er vor uns, der deutsche Philister, mit seinen Konventionen und Schrullen, seinen täglichen Wünschen und Meinungen, seiner Art zu gehen, zu stehen, zu essen, zu trinken, zu lieben, zu leben und zu sterben. Karikiert, und merkwürdigerweise: doch nicht im geringsten verzerrt, ein Gesamtbild, an dem die verstehende Güte ebenso mitgearbeitet hat wie die scharfe Kritik. Denn der Künstler kann nicht polemisieren, befeinden, er ist ein Verklärer und Rechtfertiger des Daseins, und wenn die Menschen und Dinge durch sein Herz hindurchgegangen sind, so kommen sie schöner wieder ans Tageslicht, als sie jemals vorher gewesen sind. [...]

Busch macht sich über den deutschen Bürger ununterbrochen lustig. Aber man hat alle diese Menschen gern: den Tobias Knopp, den Vetter Franz, den Balduin Bählamm, den Pater Filucius sogar. Das Gegenstück ist die Konzeption des goethischen Mephisto. Mephistos Ironie ist die echt satanische Ironie, die in der Bosheit ihre Wurzel hat, und darum kann sie auch nicht lachen machen; denn die Bosheit ist das Ernsteste und Traurigste, was es auf der Welt gibt. Und darum muß Mephisto immer wieder unterliegen, er ist zu ewiger Sterilität verurteilt. Denn der Haß ist niemals produktiv, sondern immer nur die Liebe. KN 1322 (1931)

*Nietzsche**

[...] Luther [hat] in seiner Biographie Häckels »Biogenetisches Grundgesetz« verkörpert, indem er den ganzen Entwicklungsgang des Mittelalters in seinem eigenen Lebenslauf rekapitulierte. Dasselbe gilt von Nietzsche im Hinblick auf die Neuzeit. Er nimmt, als Sproß eines pastoralen Milieus, seinen Ausgang vom deutschen Protestantismus. Er empfängt seine Jugendbildung auf dem Gymnasium Schulpforta, dem Sitz der edelsten humanistischen Traditionen. Er studiert in Bonn und Leipzig unter berühmten Lehrern Theologie und alte Philologie und lehrt in Basel, der Stadt des Erasmus, als jüngster Kollege Jacob Burckhardts. Der Oberlauf seines Lebensstromes fließt durch die Geisteswelt der Reformation und der Aufklärung, des Pietismus und des Klassizismus. Darauf folgt eine ausgesprochen romantische Epoche und dieser eine ausgesprochen naturwissenschaftliche, schließlich eine agnostizistische, und ganz zuletzt deutet sich eine mystische an. Kurz, er hat alle Phasen der Neuzeit von Wittenberg bis zum Weltkrieg durchlaufen. Er war Lutheraner, Cartesianer, Wagnerianer, Comtist, Darwinist, Pragmatist, vorübergehend sogar Nietzscheaner. Auf seine Stellung in der Geschichte der Philosophie geprüft, müßte er zweifellos als Schopenhauerianer angesprochen werden; sein »System« läßt sich auf die Formel bringen: die Welt als Wille zur Macht.

Vor der Erinnerung der Nachwelt wird er wohl immer in seiner letzten und stärksten Metamorphose stehenbleiben: der düstern und magisch umglänzten Gestalt des einsamen Wanderers, der durch die blaue Eiswelt der Berghöhen irrt, bisweilen zu Tal steigend, aber auch im Gewühl der bunten Städte immer allein und fremd; Prophetenworte formend, die ihm aus einem unterirdischen Brunnen zuströmen; schließlich sogar sich selber fremd, in fassungslosem Staunen erschauernd vor dem überreichen Wunder seines Schaffens und eines Tages aus dem eigenen Schatzhause auswandernd: wohin? ...

Die geheimnisvolle Verrechnung, die zwischen dem Genius und der Welt vor sich geht, ist bei Nietzsche, im Gegensatz zu Wagner, noch nicht zu einem vorläufigen Abschluß gelangt. Klar umrissen ist bis jetzt erst seine artistische Bedeutung, die zu der Wagners insofern ein Pendant bildet, als er für die deutsche Prosa eine ähnliche Rolle gespielt hat wie dieser für die Sprache der Musik. Jeder nach Nietzsche geborene Schriftsteller (und dies bezieht sich sogar fast auch auf das Ausland) steht ganz unentrinnbar unter dessen Einfluß, wofern er überhaupt auf diesen Titel Anspruch erheben will. Thomas Mann, selber einer der begnadetsten Erben und reifsten Schüler dieser Prosa, hat dies in seinen *Betrachtungen eines Unpolitischen* eindringlich bekannt. Seit diese noch weit über Lessing hinausschießende Feder- und Stoßkraft der Satzbildungsstrategie, dieser betäubende und befeuernde Rhythmus eines in solcher Ariosität deutsch noch niemals vernommenen Tonfalles, diese verschwenderisch reiche und doch niemals lastende Fülle von schwebenden, opalisierenden, hintergründigen Wortgeburten, diese Reinheit und Buntheit einer mit tausend Pinseln haarscharf schattierenden Ausdruckskunst erklang, besitzt die deutsche Sprache ein neues Tempo, ja mehrere neue Tempi und zahllose neue Valeurs. Wie sich das Meer am Schiffskiel unaufhörlich anders koloriert, bald orange oder fleischrosa, bald purpurrot oder glasblau und dann wieder milchweiß, giftgrün, schwefelgelb oder lackschwarz: so wechselt diese Prosa ruhelos unheimlich ihre Farbe; aber stets glaubt man, sie könne in diesem Augenblick, dieser Situation, diesem Konnex unmöglich anders getönt sein. [...]

Nietzsche fühlte sich mit vollem Recht als der Gegenspieler seines Zeitalters: man könnte ihn in dieser Hinsicht mit Savonarola vergleichen, an den er vor allem durch die fanatische Unbedingtheit seines Wahrheitswillens und die grausame Askese der Selbstzerfleischung erinnert; aber ebensosehr war er auch der stärkste Ausdruck jener Gründerzeit: in seiner Vergötterung des Lebens und seinem anthropozentrischen Sophismus. Die Sophistik, deren Weltbild in dem Satz beschlossen ist: »der Mensch ist das Maß aller Dinge«, ist nämlich keine griechische Spezialität, sondern die unausweichliche Philosophie aller geistreichen Niedergangszeiten. Es gibt auch eine indische und eine arabische Sophistik; die Spätscholastik, mit der wir uns im ersten Buche beschäftigt haben, trägt deutliche sophistische Züge; die gesamte Philosophie des Rokokos war sophistisch orientiert. Nietzsches »Lebensphilosophie«, unnietzscheisch flach, eine schale Tautologie: das Leben will das Leben, zu der es wahrhaftig keines dämonischen Alleszermalmers bedurft hätte, läßt sich nur begreifen aus der Konterimitation des Theologen in ihm.

Und dies führt uns zu dem wahren Kern seiner Wesenheit.

Es kann, wie wir bereits angedeutet haben, gar keinem Zweifel unterliegen, daß er in die Geschichte des Christentums gehört: als eine Art »gewendeter« Christ, als Antichrist *malgré lui* und zugleich als Christ *malgré lui*, als die letzte und seiner Zeit einzig mögliche Form des Christen. Sein Antichristentum ist nichts als eine Metamorphose des Christentums, eine »allotrope Modifikation«, wie die Mineralogen sich auszudrücken pflegen: es verhält sich zu diesem wie die düster glühende Kohle zum Diamanten, äußerlich unverwechselbar verschieden, in Wirklichkeit von ganz demselben Stoff. [...]

Auch diese Zusammenhänge hat Nietzsche selber erkannt. Im *Ecce homo* heißt es: »Ich habe eine erschreckliche Angst davor, daß man mich eines Tages heiligspricht. Ich will kein Heiliger sein, lieber noch ein Hanswurst. Vielleicht bin ich ein Hanswurst.« Hier empfindet er sich deutlich als die erhabene Trinität aus dem Narren, dem Ketzer und dem Heiligen, die das Wesen aller religiösen Genies bildet. Sie erscheint bereits in der Gestalt des Sokrates verkörpert, der als ein Narr gelebt hat, als Ketzer verurteilt wurde und wie ein Heiliger gestorben ist. Seiner äußeren Form nach unterscheidet sich Nietzsches Erdenwallen in nichts von einer Heiligenlegende. Vom niederen Volke verehrt, von seinen Freunden mißbraucht oder mißverstanden, in der Bedürfnislosigkeit und Weltflucht eines Eremiten dahinlebend, niemals ein Weib berührend, von steten körperlichen Leiden und seelischen Anfechtungen geplagt, Tag und Nacht mit seinem Gott ringend, unermüdlich das Heil seiner Brüder suchend, geht er den Weg des Martyriums bis zur Selbstvernichtung. Niemand bemerkte den Heiligenschein über seinem Haupt; aber auch das gehört zum echten Heiligen. Der Weltgeist liebt es, sich in den sonderbarsten Verkleidungen zu offenbaren: einmal in einem Bettler wie dem heiligen Franziskus, einmal in einem Prinzen wie Buddha, in einem Bauernmädchen wie Jeanne d'Arc, einem Schuster wie Jacob Böhme, einem Komödianten wie Shakespeare, warum nicht auch einmal in einem sanften deutschen Professor?

Nietzsche sagt in der *Morgenröte*: »Diese ernsten, tüchtigen, rechtlichen, tief empfindenden Menschen, welche jetzt noch von Herzen Christen sind: sie sind es sich schuldig, einmal auf längere Zeit versuchsweise ohne Christentum zu leben, sie sind es *ihrem Glauben* schuldig.« Seine Abkehr von der Religion war nur eine der Formen seiner Askese; er verbot sie sich, wie die Romantik, wie Wagner, wie Schopenhauer, wie alle seine Heiligtümer. Und in der Tat war dieses Ausbiegen vor dem Glauben unbedingt nötig zum neuen Glauben, einer der unerläßlichen Umwege in der menschlichen Heilsgeschichte: das Christentum war zu billig geworden, wie am Ende des Mittelalters der Papismus. Hier liegt der wahre Sinn des nietzschischen Bildersturms, ja vielleicht der Sinn des ganzen Intermezzos der Neuzeit. KN 1404 (1931)

Untergang der Logik

Das deutlichste Anzeichen, daß das rationalistische Intermezzo zu Ende geht, ist darin zu erblicken, daß sogar das Palladium des »modernen Denkens«, die kanonische Logik, bereits zu wanken beginnt. Ihr Schöpfer ist Aristoteles; Plato war noch kein Logiker im abendländischen Verstande. Die beiden Grundpfeiler, auf denen er sie errichtete, sind das *principium contradictionis,* welches gebietet: Widersprechendes darf nicht zusammengedacht werden, und das *principium exclusi tertii,* welches festsetzt: es gibt nur A oder non-A, ein Drittes oder Mittleres ist nicht denkbar; oder, wie es Aristoteles selber ausdrückt: »Es ist unmöglich, daß einem und demselben eine und dieselbe Bestimmung zukomme und nicht zukomme«, »zwischen den Gliedern eines kontradiktorischen Gegensatzes kann nichts mehr in der Mitte liegen.« Diese Sätze haben bloße Papiergültigkeit.

Denn sowohl alles künstlerische wie alles natürliche Denken (also fast alles Denken) ist überlogisch, nämlich symbolisch. Unter einer »symbolischen« verstehen wir eine Vorstellung, die etwas bedeutet und gleichzeitig etwas anderes, das nicht selten das Gegenteil davon ist. Völlig symbolfreies Denken ist wahrscheinlich nicht einmal in der Wissenschaft möglich: sie täuscht sich nur darüber. Es herrscht uneingeschränkt nur in der Welt der reinen Zahlen und Größen, der Welt der Tautologie und (wie beim Kugel- oder Kartenspiel) in der Welt der reinen Zeichen, der Welt der Idiotie.

Die aristotelische Logik, die ganz einfach *Denken* mit Grammatik verwechselt, hat unangefochten Geltung gehabt: bei den Römern, deren ganze Begabung sich auf Jurisprudenz und Taktik erstreckte, während der Ausbildung des Alexandrinismus und der Spätscholastik, der Zerfallsprodukte der hellenischen und der gotischen Kultur, und während der ganzen Neuzeit. Ihre Auflösung kündigt sich jedoch bereits bei Hegel an, der wegen seines mißverstandenen »Panlogismus« als extremer Rationalist gilt, tatsächlich aber die »Wahrheit« in der Vereinigung der These und der Antithese erblickte, also in etwas Irrationalem. Seine unvergängliche Erkenntnistat war die Einsetzung oder vielmehr Wiedereinsetzung der *synthetischen Denkform,* welche höchst antiaristotelisch sowohl den Satz vom Widerspruch wie den Satz vom ausgeschlossenen Dritten aufhebt, indem sie behauptet: Widersprechendes *muß* zusammengedacht werden, denn gerade darin besteht die Aufgabe des Denkens, und zwischen den zwei Gliedern eines kontradiktorischen Gegensatzes gibt es ein Drittes, ja es gibt *nur* dieses Dritte, A allein und non-A allein sind beide falsch. Dasselbe meinte Tertullian, als er von den christlichen Heilswahrheiten erklärte, sie seien glaubwürdig, *weil* sie ungereimt, sicher, *weil* sie unmöglich seien. Das Akzeptieren der Absurdität ist nicht, wie oberflächliche Meinung glaubte, ein Aufgeben der Vernunft, sondern bloß eine andere Form der Vernunft. Sie hat schon deshalb die reicheren Entwicklungsmöglichkeiten, weil die logische Vernunft nur *eine* ist, die überlogische ein Regenbogen, dessen Farbenfülle alle Seelenformen zu spiegeln vermag. Die Alleinherrschaft des Syllogismus gilt nur vom Standpunkt des Positivisten, der, wie man auch sonst über ihn denken mag, jedenfalls doch nur eine historische Spezialität ist; das Zwölftafelgesetz der Kategorien ist eine Realität nur für den Kulturhistoriker.

Die geschichtliche Bedingtheit des Rationalismus hat der Dadaismus instinktiv erkannt, als er ihn in einem seiner Manifeste als »bürgerlichen Bluff« bezeichnete. [...]

KN 1502 (1931)

*Amerika und Rußland**

[Der Kinematograph] wurde schon gegen Ende des neunzehnten Jahrhunderts erfunden, gelangte aber erst ein Jahrzehnt später zur Weltherrschaft. Er hat für unser Leben dieselbe Bedeutung wie der Scherenschnitt für das Spätrokoko und das Panorama für das second empire. Anfangs sah es so aus, als ob sich in ihm eine neue Kunstform ankündige, wozu er aber lediglich durch seine Stummheit verleitete. Die Phantasie auch des nüchternsten und beschränktesten Menschen ist nämlich immer noch hundertmal packender und pittoresker als alle gesprochenen Worte der Welt; die schönsten und tiefsten Verse können nicht annähernd ausdrücken, was der einfachste Galeriebesucher *unartikuliert* empfindet. Solange der Kinematograph stumm war, hatte er außerfilmische, nämlich seelische Möglichkeiten. Der Tonfilm hat ihn entlarvt; und vor aller

Augen und Ohren breitet sich die Tatsache, daß wir es mit einer rohen toten Maschine zu tun haben. Das Bioskop tötet nur die menschliche Gebärde, der Tonfilm auch die menschliche Stimme, dasselbe tut das Radio; zugleich befreit es vom Zwang zur Konzentration, und es ist jetzt möglich, gleichzeitig Mozart und Sauerkraut, Sonntagspredigt und Skatspiel zu genießen. Kino wie Radio eliminieren jenes geheimnisvolle Fluidum, das sowohl vom Künstler wie vom Publikum ausgeht und jede Theatervorstellung, jedes Konzert, jeden Vortrag zu einem einmaligen seelischen Ereignis macht. Die menschliche Stimme hat Allgegenwart, die menschliche Gebärde Ewigkeit erlangt, aber um den Preis der Seele. Es ist der Turmbau zu Babel: »Und der Herr sprach: wohlauf, laßt uns herniederfahren und ihre Sprache verwirren, daß keiner des andern Sprache vernähme.« Es werden durch Rundfunk bereits Nachtigallenkonzerte und Papstreden übertragen. Das ist der Untergang des Abendlandes.

Es gibt keine Realitäten mehr, sondern nur noch Apparate: eine Welt von Automaten, ersonnen im Gehirn eines boshaften und wahnsinnigen Doktor Mirakel. Es gibt auch keine Ware mehr, sondern nur noch Reklame, der wertvollste Artikel ist der am wirksamsten angepriesene: in dessen Reklame das meiste Kapital investiert wurde. Man bezeichnet all dies als Amerikanismus. Man könnte es ebensogut Bolschewismus nennen, denn auf politischem und sozialem Gebiet kennzeichnet sich die planetarische Situation als doppelseitig bedroht von einem medusenhaften Vernichtungswillen, dessen Vollstreckungsmächte bloß im Osten und im Westen verschiedene Namen tragen: beide Verkörperungen desselben materialistischen Nihilismus, beide durch die Nemesis der Selbstverzehrung zum Untergang bestimmt.

In Rußland und in Amerika herrscht dieselbe Anbetung der Technik und Verachtung der Ideologie. Der Bolschewismus spricht von der Maschine als dem »sichtbaren Gott«, predigt »Nachfolge der Maschine« statt Imitatio Christi und betrachtet überragende Individualitäten wie Lenin bloß als »größere Schrauben«. Er verfolgt nicht nur alle Formen des Monotheismus, sondern auch jede Art von Teleologie, Psychologie, Vitalismus, Indeterminismus, Geschichtsphilosophie, denn jeder Glaube an Zwecke, Seele, Lebensgeist, Willensfreiheit, Weltvernunft und überhaupt an irgendeinen Sinn ist, wie er mit Recht annimmt, verkappte Religion. Das ist ganz einfach Positivismus, bloß in höchster Reinkultur. In ihrer äußeren Politik ist die Sowjetunion genauso imperialistisch wie der Westen: in einer ihrer Denkschriften heißt es: »Persien ist der Suezkanal der Revolution«; sie will aber auch Afghanistan und die Mandschurei, die Mongolei hat sie schon verschluckt. Daß die Randstaaten Finnland, Estland, Lettland, Litauen, Polen durch Rußland nicht dasselbe Schicksal erleiden werden wie seinerzeit die Pufferstaaten Lothringen, Burgund, Franche Comté durch Frankreich, ist sehr unwahrscheinlich. In der inneren Politik ist der Bolschewismus nichts als ein linker Zarismus mit Terror, Sibirien, Tscheka (die genau der früheren Ochrana entspricht), drakonischer Zensur, Index, einer höchst unduldsamen Staatsreligion (nur ist eben an die Stelle der Orthodoxie der marxistische Materialismus getreten) und einer millionenköpfigen ebenso faulen wie korrupten Bürokratie: und dies alles »zum Besten des Volks«, wie ja auch Väterchen Zar behauptete. Und überhaupt ist das ganze System bloß die konsequente Fortführung des Petrinismus, ein grausames von einigen Westlern unternommenes Experiment, vergleichbar der Einimpfung fremder Blutstoffe in unglückliche Versuchstiere. Nicht ein einziger Gedanke des Bolschewismus ist autochthon russisch, sondern alles aus dem Weltbild des verhaßten »Bursui« bezogen.

Andrerseits hat die amerikanische Monopolwirtschaft der

riesigen Trusts, Syndikate, Kartelle in der *Form* die größte Ähnlichkeit mit dem Staatssozialismus. Kongruent ist auch, trotz umgekehrtem Vorzeichen, die amerikanische und sowjetrussische Wirtschaftsgesinnung, indem sie beide Male die Wirtschaft von einem notwendigen Übel zum Selbstzweck und Lebensinhalt erhöht. Amerikanisch und bolschewistisch ist die Ausschaltung der Seele aus den sozialen Beziehungen, die infernalische Devise »Zeit ist Geld« (es gibt auch in Rußland eine »Zeitliga«, die ihren Mitgliedern die höchste Ausnützung der Zeit zur Pflicht macht) und die restlose Mechanisierung der Arbeit: in beiden Ländern herrscht das »Taylorsystem«, wonach mit der Stoppuhr festgestellt wird, unter welchen Bedingungen eine Bewegung in der kürzesten Zeit ausgeführt werden kann; da dies den Arbeiter zum auswechselbaren Maschinenbestandteil macht, so wird er hierdurch auch im Frieden zum »Menschenmaterial« und völlig unfrei, einerlei ob er kapitalistisch ausgenützt oder kommunistisch gepreßt wird.

Die offizielle Sowjetphilosophie ist die »Reflexologie«, die Professor Pawlow schon vor der Revolution in Petersburg begründete. Sie deckt sich vollkommen mit der amerikanischen Philosophie des Behaviourismus, deren Urheber John Watson ist. Diese läßt sich in einem einzigen Satz zusammenfassen: es gibt nur Tun; »mind is, what body does«. [...] Sollten, wie man behauptet, Behaviourismus und Reflexologie in ihren Geburtsländern wirklich das allgemeine Glaubensbekenntnis sein, so würde dies die traurige Feststellung beinhalten, daß auf der östlichen und der westlichen Halbkugel je ein Riesenvolk geisteskrank geworden ist.

Es gibt nun folgende fünf Möglichkeiten: der Amerikanismus siegt materiell: Weltherrschaft der Vereinigten Staaten und am Ende dieses Zwischenreichs Untergang des Abendlandes durch Übertechnik; der Amerikanismus siegt geistig, indem er sich sublimiert: Wiedergeburt Deutschlands, von dem allein dies ausgehen kann; der Osten siegt materiell: Weltbolschewismus und Zwischenreich des Antichrist; der Osten siegt geistig; Erneuerung des Christentums durch die russische Seele. Die fünfte Eventualität ist das Chaos. Diese fünf Möglichkeiten sind gegeben, andere nicht: weder politisch noch ethisch noch psychologisch. Der intelligente Leser ist sich aber hoffentlich darüber im klaren, daß keine von ihnen eintreten wird, eintreten kann, denn die Weltgeschichte ist keine Gleichung, auch keine mit mehreren Lösungen. Ihre einzige reale Möglichkeit ist die irreale und ihre einzige Kausalität die Irrationalität. Denn sie wird von einem höheren Geiste gemacht als dem menschlichen. KN 1512 (1931)

Die Atomzertrümmerung

[Die] Elektronentheorie, die in ihren Grundlagen auf Helmholtz zurückgeht, [ist] mit der Hertzschen Wellentheorie offenbar ganz unvereinbar. Infolgedessen versuchte der holländische Physiker Lorentz 1892 aus beiden eine Synthese zu bilden, indem er annahm, daß alle elektrischen Vorgänge, die sich *innerhalb* der Körper vollziehen, auf der Basis der atomistischen Stofftheorie, also durch die Annahme von Elektronen zu erklären seien, dagegen alle elektrischen *Fernwirkungen* durch Schwingungen, also nur unter Zuhilfenahme des Äthers. Dieser Ausgleich ist allgemein akzeptiert worden; ich muß ihn jedoch zu meinem Bedauern ablehnen, da er, an die Abgrenzung nach Einflußsphären erinnernd, wie sie in der Kolonialpolitik üblich ist, eine reine Verlegenheitslösung, ja eine unbewußte Bankerotterklärung der gesamten theoretischen Physik bedeutet, die mit einer plumpen und einseitigen Weltformel in eine Sackgasse geraten ist, dies aber vor sich selber nicht wahrhaben will. Materialistisch läßt sich die Materie eben nicht erklären: dies verkannt zu haben war der Grundirrtum der ganzen modernen Naturwissenschaft. Auch in der Lichttheorie hat man neuerdings, um die Elektronen um jeden Preis zu retten, zu einer Mischhypothese gegriffen, die sich als eine verkappte Rückkehr zu Newton darstellt, indem man annimmt, daß das Atom durch Übergang der Elektronen von einer höheren zu einer niedrigeren Energiestufe elektromagnetische Wellen aussendet, die sich als Lichtstrahlen kundgeben. Alle diese Theorien sind nichts als geistreiche Spielereien, deren Lebensdauer zu dem Ewigkeitsgehalt, mit dem sie sich zu brüsten pflegen, in lächerlichem Kontrast steht. Berufen sie sich darauf, daß sie »experimentell bewiesen« seien, so ist ihnen zu erwidern, daß sich *alles* experimentell beweisen läßt: dies hängt nur von der Geschicklichkeit und Glaubensbereitschaft des Experimentators ab. Auch das »Phlogiston« ist experimentell bewiesen worden, und obgleich es ein offenkundiges Hirngespinst war, hat dies doch keineswegs verhindert, daß Lavoisier, Haller und andere große Gelehrte mit seiner Hilfe die aufschlußreichsten chemischen Entdeckungen und die wohltätigsten medizinischen Kuren vollbracht haben. Auf Grund des ptolemäischen Systems wurden die Sonnen- und Mondfinsternisse ebenso exakt vorausgesagt wie heutzutage; was zugleich der experimentelle Beweis für seine Richtigkeit war. Theorien sind Überzeugungen; und Überzeugungen werden dadurch bewiesen, daß man sie hat. Physikalische und chemische Allgemeinbegriffe, die man für die richtigen hält, stecken immer schon im Ansatz der Anfangsgleichung, von der man ausgeht; kein Wunder, daß sie am Schluß der Operation wieder herausfallen. Was Wundt, natürlich vom »wissenschaftlich orientierten« Standpunkt, einmal gegen die spiritistischen Experimente Zöllners vorbrachte, läßt sich auf alle Experimente anwenden, auch auf die seinigen: »Wer an Zauberei glaubt, macht über sie Experimente, und wer nicht an sie glaubt, macht in der Regel keine. Da aber der Mensch bekanntlich eine große Neigung hat, was er glaubt, bestätigt zu finden, und zu diesem Zwecke sogar einen großen Scharfsinn anwendet, um sich selbst zu täuschen, so beweist mir das Gelingen solcher Experimente zunächst nur, daß die, die sie machen, auch an sie glauben.« Gerade die staunenswerten Entdeckungen der Radiologie hätten dem Naturforscher das Ignorabimus eindringlich ins Bewußtsein rufen müssen, denn durch sie wurden drei seiner Fundamentalvorstellungen depossediert, indem deren Definitionen sich vollkommen auflösten. Einer der grundlegenden Begriffe war in der Chemie bis dahin das Element, dessen Kardinaleigenschaft in seiner Unverwandelbarkeit besteht, in der Physik das Atom, dessen entscheidendes Merkmal die Unteilbarkeit ist, in der Optik der opake oder dunkle Körper, dessen Wesen darauf beruht, daß er die Lichtstrahlen verschluckt. Alle diese Definitionen sind nunmehr unhaltbar, ja fast zum Unsinn geworden.

Man hat hieran aber noch weitergehende Folgerungen geknüpft. Wenn bei dem Vorgang der Radioaktivität sich vom Atomkern Elektronen abspalten, so besteht die Hoffnung, daß dies auch künstlich bewirkt werden kann. In der Tat gelangen Rutherford (...) im Jahre 1911 solche »Atomzertrümmerungen«, wenn auch nur in sehr geringem Ausmaße und unter besonders günstigen Bedingungen. Immerhin besteht die theoretische Möglichkeit, daß man eines Tages, auf diesem Wege fortschreitend, imstande sein wird, die ungeheuren, aber für gewöhnlich gebundenen Energiemengen, deren Sitz das Atom bildet, freizumachen und zu verwerten. Es ist berechnet worden, daß durch die Dissoziation eines einzigen Pfennigstücks etwa dreizehneinhalb Milliarden Pferdekräfte aktiv werden würden. Die Entbindung der »intraatomischen« Energie würde selbstverständlich eine vollkommene Umwälzung aller irdischen Verhältnisse zur Folge haben. Hingegen können nur sehr naive Personen glauben, daß dies auch die Lösung der sozialen Frage bedeuten würde. Da der »Normalmensch«, der freilich gar nicht der normale ist, aber unser Wirtschaftsleben beherrscht, als gedankenloser Schurke geboren wird und stirbt, so ist zu vermuten, daß derartige Errungenschaften der Technik, ganz ebenso wie die bisherigen, nur zu neuen Formen der allgemeinen Habsucht und Ungerechtigkeit führen würden. Man stelle sich vor, daß vor zweihundert Jahren jemand prophezeit hätte, in welchem Maße es der Menschheit gelingen würde, die magnetische Energie, die elektrische Energie, die Sonnenenergie, die in der schwarzen Kohle, und die Wasserenergie, die in der »weißen Kohle« aufgespeichert ist, nutzbar zu machen: welche ganz selbstverständlichen Schlüsse auf paradiesische soziale Zustände hätten die Philanthropen daraus gezogen! Statt dessen ist alles viel schlimmer geworden, und Europa zerfällt in kapitalistische Staaten, in denen die meisten Bettler sind, und in Sowjetstaaten, in denen alle Bettler sind. Nein: durch die »Aktivierung des Atoms« würden bloß die Oberen noch gieriger, die Unteren noch ärmer, also beide noch hungriger werden und die Kriege noch bestialischer; zur Lösung der sozialen Frage bedarf es einer *moralischen* Emanation, Strahlenerzeugung und Atomzertrümmerung.

KN 1355 (1931)

Die Entdeckung der Seele

Wollte man das Ereignis, das sich soeben in Europa vollzieht, mit einem Schlagworte bezeichnen, so könnte man es die Entdeckung der Seele nennen. Zuerst entdeckte der Mensch den *Menschen,* sich selbst: als abgegrenzt durch unübersteigliche Klüfte von allen übrigen Wesen, abgegrenzt von der Natur, die er nicht versteht, abgegrenzt von den Tieren, die ihn nicht verstehen, einsam, nur auf sich selbst gestellt, ohne Echo im weiten Reich des Werdens. Dies muß ein ungeheures Ereignis gewesen sein, es ist prähistorisch, und wir können seine tieferschütternde umwühlende Wirkung nur von fern her ahnen: in gewissen grausamen, selbstzerstörerischen, sehnsuchtsvollen Mysterienkulten der Alten, in denen der Mensch sich als losgerissen von der Natur erkennt und ihr nachtrauert. Es war nur die negative Seite, die er erkannt hatte, und darum war diese Wendung ein tragisches Geschehnis und ihr Gefühlsausdruck eine tiefe Wehmut um den unwiederbringlich verlorenen Zustand der Tierheit. Es folgte, schon im Lichte der Historie, die Entdeckung des *Individuums,* die auch eine Losreißung war, aber diesmal eine selbstgewollte und freudig empfundene. Bisher hatte sich der Mensch nur als Gattung gefühlt, als Teil und Glied irgendeines höheren Ganzen, der *civitas* dei oder des Heiligen Römischen Reiches oder der Zunft und Kaste, in der er wirkte, zuletzt als Menschheitsbürger, um in dieser letzten sublimiertesten Form der Gebundenheit den Begriff aufzulösen. Aber er hatte inzwischen das Alleinsein gelernt und das Glück des Alleinseins. Der Mensch, abgegrenzt als Mikrokosmos nicht bloß von der Natur, sondern auch von allen übrigen Menschen, ganz für sich, aber *eine Welt* für sich: das ist die große Errungenschaft des Individualismus.

Indes: jeder geistige Prozeß ist unendlich, und obschon man im ersten Rausch dieser außerordentlichen Entdeckung glaubte, nun den Gipfel der Selbsterkenntnis und der Freiheit genommen zu haben, so begann sich doch allmählich, zunächst nur in dunklen Regungen des Unterbewußtseins, eine neue Differenzierung herauszubilden. Es stellte sich heraus, daß auch das Individuum selbst nichts in sich Gleiches, nichts Unveränderliches und Ganzes ist, daß es noch *unterdifferenziert* ist. Die menschliche Seele als ein Vielfaches, als eine Art Gesellschaftsstaat von Unterseelen und Gegenseelen, die in stetem labilem Gleichgewicht gegeneinanderstehen, das war die neue Entdeckung. Damit im Zusammenhang stand die Entdeckung der *Irrationalität* der Seele, ihrer Unberechenbarkeit und Unentwirrbarkeit und die Anfänge einer Art psychologischer Infinitesimal- und Differentialrechnung, einer Seelenmikroskopie, die erkennt, daß gerade die unscheinbarsten, dem freien Auge gar nicht mehr sichtbaren Veränderungen und Unterschiede das ausmachen, was man Seelenleben nennt. [...]

Das Ich ist für uns nicht mehr der Mittelpunkt eines Koordinatensystems: es ist selbst eines. Man kann in der Entwicklung dieses Problems drei große Stufen unterscheiden: zuerst galt der Mensch überhaupt als unwandelbar; sodann als wandelbar im Laufe der Geschichte, diese Auffassung kulminiert in Lessing; schließlich als wandelbar im Wechsel des ganzen eigenen Lebens. Parallel zu diesen Auffassungen entwickelte sich die Ethik in drei Stufen, auf denen sich der Geltungskreis des moralischen Gesetzes zunehmend verengert. Und zwar sowohl räumlich wie zeitlich. Zuerst galt das Gesetz Gottes, wie es in den monotheistischen Religionen formuliert ist: es ist überirdisch und umspannt die ganze Welt; zugleich ist es ewig. Dann kam das Gesetz der Gattung, wie es Kant im »kategorischen Imperativ« am klarsten kristallisiert hat: es umspannt die ganze Menschheit, aber nur diese, es ist irdisch; und es ist zeitlich; und zuletzt kam das Gesetz der Seele: dieses geht nur das Individuum an; und selbst für dieses gilt es nur als Augenblicksgesetz. Um es in drei Schlagworten zusammenzufassen, können wir sagen: die erste Stufe ist theonom, die zweite anthroponom, die dritte *idionom.*

Es ist jedoch ganz klar, daß zu dieser dritten Stufe der Selbstgesetzgebung und Augenblicksgesetzgebung, der »goldenen Regel, daß es keine goldene Regel gibt« *(Shaw),* die höchste moralische Verantwortlichkeit und Kraft der Erkenntnis gehört und daß sie sich zuletzt entwickeln mußte, weil sie eben nur im entwickeltsten Menschen möglich ist. Nur der Mensch der stärksten und zartesten, der höchsten und tiefsten Sittlichkeit ist natürlich imstande, die Moral zu überwinden, zu überwinden in der einzig angemessenen Bedeutung, daß er sie aufhebt; aufhebt im Hegelschen Sinne, d. h. auf eine höhere Stufe, in der sie enthalten ist. EP 49 (1912)

*Descartes und Freud**

[...] Am Anfang der Neuzeit steht Descartes, der nichts anerkennt als die *clara et distincta perceptio* und daher in ganz konsequenter Weise den Menschen für einen Automaten erklärte; am Ende der Neuzeit steht Freud, der, noch immer mit rein cartesianischen Mitteln, zu der Erkenntnis gelangt, daß die Seele ein geheimnisvolles Ungreifbares ist, das nur mit seinen letzten Ausläufern in die dreidimensionale Empirie ragt. Für Descartes erschöpft sich das Leben der Seele in jenen Äußerungen, die im taghellen Strahlenkegel der klaren Ratio liegen; Freud erklärt, daß diese Sonnenwelt des reinen Denkens nur ein geringer Bruchteil unseres psychischen Kosmos ist: hier erhebt Leibniz, der Entdecker der »bewußtlosen, schlafenden Vorstellungen«, seine Stimme aus dem Grabe; daß dieses Taglicht nur Schein ist, Reflex eines wahren Seins, das für unser Bewußtsein in Nacht gehüllt liegt, bloße Erscheinung eines irrationalen Realen: hier meldet sich, ein ewiger Revenant, der Geist Kants.

Die Psychoanalyse ist ein System des Irrationalismus, begründet mit den Methoden des Rationalismus; ein Transzendentalismus, errichtet von einem extremen Positivisten. Im Mittelpunkt der letzten Konzeptionen Freuds steht die Lehre vom »Es«. Dieses entsendet als Vertreter ins Bewußtsein das »Gewissen«, das die moralische Zensur ausübt, das »Über-

Ich«, die Repräsentanz unserer Elternbeziehung, den Erben des Ödipuskomplexes. Was wir »Schuldgefühl« nennen, entsteht aus der Spannung zwischen Ich und Ich-Ideal. »Außer dem Ich erkennen wir ein anderes seelisches Gebiet, umfangreicher, großartiger und dunkler als das Ich, und dies heißen wir das Es [...] ›Es hat mich durchzuckt‹, sagt man, ›es war etwas in mir, das in diesem Augenblick stärker war als ich‹ [...] Das Ich liegt zwischen der Realität und dem Es, dem eigentlich Seelischen.« Hier stößt die Psychoanalyse bereits tief ins Okkulte vor. Sollte es möglich sein, daß Freud dies entgangen ist? Es ist ihm nicht entgangen; er hat es bloß verdrängt. [...]

Die experimentelle Psychologie und die experimentelle Physik gelangen zu demselben Resultat. Die Seele ist überwirklich, die Materie ist unterwirklich. Zugleich aber erscheint ein schwacher Lichtschimmer von der anderen Seite.

KN 1522 (1931)

*Die Zukunft**

[...] Der Ägypter schüttelte den Kopf. »Es gibt kein London mehr. Es ist verschwunden.«

»Aber wieso denn?« fragte ich entsetzt.

»Nun, wie es immer geht... Kriege... Revolutionen... es ist immer dasselbe. Euch Abendländer erschreckt das noch, weil ihr zu jung seid. Eure Geschichte hat kein Alter, und euer Alter hat keine Geschichte. Aber wie sollte es denn anders sein? Jeder Krieg gebiert eine Revolution, und jede Revolution einen Krieg. Aber wenn es Sie interessiert? Es begann mit dem Streit um die Polkappen...«

»Nein!« wehrte ich hastig ab. »Es interessiert mich gar nicht! Wenn Sie mir jetzt die Geschichte der nächsten zweihundert Jahre nach rückwärts erzählen, so bleibt mir nichts übrig, als mich aufzuhängen. Wenn ich den Roman vorblättere, wie dies gewisse törichte und ungezogene Leser tun, so hat er jeden Reiz für mich verloren. Die beiden großen Mächte, die uns zwingen, unser Dasein auch unter widrigen Umständen fortzusetzen, sind die Hoffnung und die Neugierde. Sie sind die starken Fittiche, die unser Leben tragen und emportragen. Unsere Unwissenheit ist der Motor, der uns zu unseren kühnsten Abenteuern antreibt, die Wurzel unserer Tatkraft. Ein Mensch, der alle Verknotungen und Verschränkungen des Schicksals in ihrem Zusammenhange zu erblicken vermöchte, brächte nicht mehr den Mut zu einer Tat auf. Wer weiß, kann nicht mehr handeln.«

»Das ist sehr weise gesprochen«, sagte der Ägypter, »aber muß man denn handeln?« RZ 61 (1935)

Briefe von und an Friedell

Der Brief war im [achtzehnten Jahrhundert] *der vollendetste geistige Ausdruck des Menschen. Heute aber ist es die Postkarte. Und wenn einmal das Problem der drahtlosen Telegraphie derartig gelöst sein wird, daß jedes Haus seine selbsttätige telegraphische Station hat, so wird jeder gesunde Mensch eben hierin das normale Verständigungsmittel erblicken.*
EP 140 (1912)

Von Otto Erich Hartleben (6. 8. 1902)

[Das Berliner Pendant zu Peter Altenberg; 3. 6. 1864 – 11. 2. 1905]

Mein lieber Sohn!

Deine Eltern haben zu ihrer großen Freude erfahren, daß du dem Teufel des Alkohols entsagt, ihm gleichsam Valet gesagt hast. Recht so: nun wird gewiß ein guter Dichter aus dir werden.

Herzlich dein Otto Erich Hartleben.

An Lina Loos (ca. 1914)

[Friedells »lebenslängliche« Freundin; 9. 10. 1882 – 6. 6. 1950]

Lina, ich kann mich vor Dir nicht retten! Wohin sollte ich mich auch vor *Dir* retten! Mit einer Frau kann man fertig werden, sexuell, geistig, seelisch u.s.w., aber *Dich* liebe ich *leidergottes* objektiv, als *Mensch*! Ich glaube, ich weiß, ich *fürchte,* mit *Dir* werde ich *nie* fertig werden! Weil *Du* eine *Wirklichkeit* bist. Die »Frau«, die »Liebe« ist ein Phantom, ein vorübergehender Reinigungszustand, ein Rausch, ein Traum, eine Vergiftung, eine Narkose, was Du willst, aber sie ist nichts Wirkliches. Aber von *Dir* kommt man nicht los. Und gerade *ich,* der so leicht loskommt, der eigentlich in der Frau nie etwas anderes gesehen hat als eine »Notwendigkeit« oder bestenfalls eine Unterhaltung! Das muß doch seine Gründe haben.

Mögest Du glücklich sein: mehr will ich nicht vom Schicksal. Lina soll glücklich sein, so wie *sie* es versteht, genau so glücklich, Du liebe Lina.

An Lina Loos (ca. 1915)

Liebste Lina,

ich will doch wohl hoffen, daß Du so weit mich kennst, um erkannt zu haben, daß dieses Mitbringen und Vorlesen von Kritiken nur *Deinetwegen* stattfand und alle andren mir natürlich wurst sind! Also *gar nicht* Eitelkeit im landläufigen Sinn, sondern nur Eitelkeit *in bezug auf Dich.* Auf die sog. »Menschen« hingegen habe ich immer gepfiffen. Ein *Miß*erfolg, der *Dir* gefällt, wäre mir zehntausendmal lieber als ein »Erfolg«, der Dir *nicht* gefällt. Aber bisher war leider immer nur das *Gegenteil* die Regel. Wenn Du mich beobachten könntest, wie ich bin, wenn Du *nicht* da bist, würdest Du erst sehen, daß das »Lob« der anderen für mich *nur* Wert hat, wenn *Du* es hörst, nur dann und nur deshalb höre ich es gern. Desgleichen sind mir Totschläger vollkommen egal, wenn sie nicht von Dir kommen oder von Dir kolportiert werden. Ich, der *vom Urteil der Menschen Unabhängigste,* bin der Abhängigste vom Urteil *eines* Menschen. Da ich alle Sachen *nur für Dich* mache, so ist es höchst begreiflich, daß ich eben auf Dein Urteil *allein* und *besonders* Wert lege und daher auf dieses und nur auf dieses »eitel« bin. Ich denke, das ist so *einfach,* daß es nicht erklärt zu werden braucht. So ist die Sache, und diese »pathologische«, »kindische« Sache ist eben das Wesen der Liebe.

Dein E

An Hermann Bahr (August 1921)

[Literarischer Wegbereiter alles Neuen in Wien;
19. 7. 1863 – 15. 1. 1934]

Vielen Dank, lieber hochverehrter Herr Bahr, für Ihr wunderschönes Vorwort, in dem Sie nicht nur über das Jesusproblem das Letzte gesagt haben, sondern auch nebenher den innersten, mir selbst bisher unbewußten Kern des Friedellproblems erleuchtet haben, freilich, wie dies nun einmal seit mehr als einem Menschenalter Ihre Art und Mission ist, immer nur das Beste an den Menschen und Dingen herausfindend und auch das noch steigernd und verklärend. Aber vielleicht ist diese Betrachtungsart die einzig berechtigte, sicher ist es die wahrhaft christliche und – was für mich dasselbe bedeutet – die wahrhaft künstlerische. Wenn die Erde nicht genug gute und wertvolle Menschen trägt, so erfinden Sie sich ganz einfach welche, und vielleicht werden diese Geschöpfe Ihrer Gestaltungskraft dann am Ende vielleicht mit der Zeit wirklich so, wie Sie sie sehen, indem sie sich bemühen, sich an Ihrem produktiven Idealismus hinaufzuarbeiten. [...]

In alter herzlicher Verehrung
Ihr Egon Friedell

An Julius Bauer (Mai 1924)

[Redakteur des »Illustr. Wiener Extrablattes«;
15. 10. 1853 – 11. 6. 1941]

Verehrter Meister,

ich wäre Ihnen sehr dankbar, wenn Sie in möglichst aufdringlicher Weise Ihren Lesern bekanntgeben wollten, daß ich bei Reinhardt das Repertoire Gustav Waldaus übernommen habe und den Dottore in »Diener zweier Herren« und den Hofmarschall in »Kabale und Liebe« spiele (während zu den Vorstellungen des »Schwierigen« Waldau immer aus München kommt).

Herzlichen Dank im voraus
Ihr Egon Friedell

An Oskar Maurus Fontana (14. 12. 1927)

[Wiener Journalist und Schriftsteller; 13. 4. 1889 – 4. 5. 1969]

Lieber Freund,

dieser Versuch, die Kulturgeschichte aus dem Schauspielerischen zu erklären, ist doch wohl das Geistreichste und Treffendste, was bisher über mich geschrieben wurde. Also vielen Dank!

Herzlichst
Ihr Egon Friedell

An Franz Servaes (1928)

[Wiener Kritiker und Schriftsteller aus Köln; 17. 6. 1862 – 14. 7. 1947]

Lieber und verehrter Herr Doktor!

Mit Ihrem Brief haben Sie mir eine große und herzliche Freude bereitet. Daß ich gerade von Ihnen, den ich schon so lange verehre, eine so überaus schmeichelhafte Zustimmung erhielt, ist für meine fernere Arbeit von unschätzbarem Wert.

Band II ist bereits unterwegs. Ich wäre Ihnen riesig dankbar, wenn Sie mir auch Ihr Urteil über diesen mitteilen wollten und ob er Sie nicht enttäuscht hat. Selber habe ich da gar kein Urteil, für mich sind meine Arbeiten nie etwas anderes gewesen als eine Spielerei zur Selbstunterhaltung wie Laubsäge oder Ankersteinbaukasten, weshalb ich immer (allerdings aufs angenehmste) überrascht bin, wenn man sie als Kunstwerke ansieht, ja auch nur ihren Fleiß nachrühmt.

Und nun gar von solcher Seite. Also nochmals herzlichen Dank und beste Wünsche für die Sommererholung.

Ihr aufrichtig ergebener
Egon Friedell

An Bert(h)a Zuckerkandl (1931)

[Inhaberin eines »geistigen Schönheitssalons«; 12. 4. 1863 – 16. 10. 1945]

Geliebte Bertha, vielen Dank für Deine beiden Briefe [...] und für Deine wie immer höchst betamte Intervention bei Geyer. Ich bin sehr überrascht, daß er sich in dieser Sache nicht als der übliche Hamlet erwiesen hat, und kann dies nur wieder auf

Deinen unwiderstehlichen Charme zurückführen. Die Hauptsache wäre, daß er, wie Du sogleich richtig erkannt hast, nicht wieder nach dem Leben besetzt. Mein Fach sind a) Bonvivants, b) scharfe, womöglich schurkische Charaktere, obgleich ich privat weder scharf noch schurkisch und auch kein prononcierter Bonvivant bin. Kulturhistoriker, Kabarettiers und B.Z.-Verehrer wünsche ich jedoch nicht darzustellen, weil man eben sich selbst nicht darstellen kann. Meine beiden bisherigen besten Rollen waren der Verteidiger in *Hokuspokus* (in Wien von Beer gespielt), ein ausgesprochener Bonvivant, und der Untersuchungsrichter im *Lebenden Leichnam*, ein böser Mensch. Ich werde nun, Deinem Rate folgend, versuchen, ob Horch Geyers Pläne kennt und sie ausstottern will, sicherer wäre es aber, wenn Du noch einmal Dein diplomatisches Genie in den Dienst dieser Sache stelltest und aus Geyer herausbekämst, was für Stücke er vorhat und an welche Rollen er denkt, vielleicht gleich, indem Du ihm meine Theorie entwickeltest. Wenn ich unrecht habe, kann er ja nach zwei Proben umbesetzen, ich bin da nicht empfindlich. Ich hoffe jedenfalls vor Deiner Abreise noch Genaueres über Deinen Pariser Aufenthalt zu hören. Grüße Bauer herzlich von mir, hoffentlich geht es diesmal noch vorüber.

Es küßt Dich und Trude
Dein Egon

An Gusti Adler (1931)

[Privatsekretärin Max Reinhardts; 1890–1985]

Teure Gusti,

es tut mir schrecklich leid, aber ich habe von halb neun bis jetzt angestrengt nachgedacht, und mir ist gar nichts [für die

Schöne Helena] eingefallen. Ich habe auch versucht, aus dem *Zerrissenen* von Nestroy etwas zu stehlen, aber dem ist auch nichts eingefallen. Ich glaube daher, es wäre am besten, Rössler die Sache machen zu lassen. Dem wird zwar auch nichts einfallen, aber der merkt es nicht.

Herzlichst Ihr Egon Friedell

An Annie Hellenstainer (ca. 1933)

[Gastwirtin aus Kufstein, wo Friedells Sommerhaus stand]

Geliebte Annie,

[...] Leider muß dieses Briefchen nur kurz ausfallen, da ich zwischen zwei Proben bin, es ist nämlich plötzlich wieder Theater ausgebrochen. Schöner wäre es freilich in Kufstein, aber Pfrillsee, Rosen und Du, das wäre fast zu viel des Glücks. Umstechen soll man! Hingegen brauchen die Schlüssel nicht abgezogen zu werden! Für liebenswürdige Beistellung des Dungmittels herzlichen Dank, es ist doch schön, wenn man seinen eigenen Mist hat und damit seinen Nachbarn aushelfen kann! Aber auch ich besitze einen solchen in Form der *Kulturgeschichte* und erlaube mir, Dir sie zu dedizieren. Wenn Du den zweiten Band durch hast, bekommst Du den dritten ... Hier ist jetzt, wie gesagt, viel zu tun, außerdem arbeite ich an einem neuen Werk. Ob das alles einen Zweck hat, weiß ich allerdings nicht, da Europa vermutlich demnächst zusammenkrachen wird. Sollte dies nicht der Fall sein, so habe ich fest vor, im Winter in Deine Arme zu eilen.

Viele Grüße an Dich [...]

[...] von [...] Deinem Dich herzlich küssenden Egon

Von Franz Sedlaczek (1. 9. 1933)
[Lehrer aus Kärnten]

Sehr geehrter Herr Doktor!

Ihre Arbeiten auf dem Gebiete der Dichtkunst haben mir immer ausgezeichnet gefallen, weshalb ich mir höflichst gestatte, Sie mit einer Bitte zu belästigen.

Ich sammle nämlich Gratulationsgedichte für den Muttertag u. zw. solche, die die Kinder *daheim* ihrer Mutter aufsagen können. Sie möchten mich überglücklich machen, wenn ich auch von Ihnen, sehr verehrter Herr Doktor, 1 oder *2* derartige Gedichte noch im Laufe dieses Monats – verzeihen Sie mir, daß ich einen Termin anführe – erhalten würde.

Anbei übersende ich zwei Muttertagsgedichte von Käthe Dorn und Franz Stein. Mit der Versicherung meiner bleibenden Dankbarkeit für Ihre Mühe nebst herzlichen Grüßen zeichnet

Ihr ganz ergebenster Fz. Sedlaczek.

Von Heinrich Beck (16. 1. 1935)
[Friedells Verleger in München; 28. 2. 1889 – 25. 4. 1973]

Lieber, verehrter Herr Doktor!

[…] Ihr Manuskript zur Kulturgeschichte Ägyptens habe ich mit größtem Genuß gelesen. Sie haben m. E. mit diesem Kapitel eine ganz neue Form der Darstellung gefunden. Diese übertrifft Ihre Kulturgeschichte der Neuzeit an Gemeinverständlichkeit und Volkstümlichkeit des Erzählertons, ohne deshalb auf feine Lichter und Pikanterien der Gedankenführung irgendwie zu verzichten. Wenn es Ihnen möglich ist, diesen Stil durch das ganze Buch durchzuhalten, werden Sie, glaube ich, die erste Darstellung des Altertums geben, die nicht schulhaft belehrend, sondern wirklich volkstümlich unterhaltend ist und dabei den geistigen Horizont erweitert mindestens in dem Maße wie ein großes Kunstwerk. Ich möchte glauben, daß Frauen geradezu begeistert von diesem Werk sein müssten, aber selbstverständlich auch Männer, denn wer bringt im Grunde die Voraussetzungen mit, die die vielen gelehrten Verfasser historischer Werke an ihre Leser zu stellen pflegen. Vom Standpunkt des Verlegers ist Ihre Darstellungsart geradezu als ideal zu bezeichnen. Ich hatte diesen Eindruck, schon gleich nachdem ich die ersten Seiten überflogen hatte, und habe dies auch schon Herrn Goldarbeiter mitgeteilt, der Ihnen darüber, wie ich hoffe, berichtet hat [...]

Mit besten Wünschen für Ihr Ergehen und in der Hoffnung spätestens im Frühjahr wieder von Ihnen zu sehen und zu hören, verbleibe ich

Ihr ergebener
H. Beck

Von Lina Loos (August 1937)

Lieber Egon!

Also darum hast Du so lange nicht geschrieben!? Ich habe es nicht geglaubt, aber schließlich gewöhnt man sich das Wundern ab, die Menschen sind erstaunlich wandelbar!

Aber aufgrund unserer alten, wie ich zugebe etwas verwickelten Beziehung hättest Du mir doch etwas davon sagen können!

Schließlich können Menschen nie wissen, »wozu« und »warum« etwas geschieht. Geschehen muß.

Es hat mich ein wenig traurig gemacht, aber habe ich denn irgendein Recht, etwas zu erwarten, was ich mir anders vorgestellt habe? Glaube mir, *Minderwertigkeitsgefühl kommt nur aus Mangel an Gläubigkeit!*

Wer glaubt, dem kann eigentlich nichts mehr geschehen auf dieser Welt – also war ich nicht mehr traurig!

Ich wünsche Dir ebenfalls alles Gute von Herzen!

Lina

An Lina Loos (30. 8. 1937)

Liebste Lina,

jetzt habe ich vierzehn Tage lang über Deinen Brief nachgedacht und muß zu meiner Beschämung gestehen, daß dies der erste Text ist, mit dem ich als Philologe nichts anzufangen weiß. Ich verstehe nicht ein Wort und kann auch nicht entfernt erraten, worauf Du anspielst. Also bitte kläre mich auf, ich warte auf die Lösung mit fast ebenso großer Spannung wie auf die des Romans im *Neuen Wiener Journal*: »Kopf hoch, Lieserl!«

Also Kopf hoch, Linerl!
Es küßt Dich
Dein Egon

Von Lina Loos (1. 9. 1937)

Sehr geehrter Herr! Erklärung des Rätselbriefes:
Eine Frau sucht von Ihnen zu erpressen: erstens, daß Sie an sie denken, zweitens, daß Sie ihr antworten. Sie schreibt sinnloses Zeug, da sie anscheinend auf nette Briefe keine Antwort erhält!

An Lina Loos (September 1937)

Liebste Lina,

da bin ich Dir also wirklich vollständig hineingefallen. Der Brief war ein Meisterwerk, und ich habe tatsächlich sehr lange über ihn gegrübelt. Ich habe sogar Olga Pollak ersucht, sie möge vorsichtig (was bei O. P. schon »vorsichtig« heißt!) nachforschen, ob Du nicht übergeschnappt bist. Übrigens sind solche Experimente nicht ungefährlich. Wenn man zu jemandem sagt: »ich weiß alles«, so werden neun unter zehn Menschen infolge Butter am Kopf einen furchtbaren Choc bekommen. Nur mit einem so reinen Gemüt, wie ich es bin, kann man ohne böse Folgen einen solchen Scherz machen.

Im übrigen komme ich Ende des Monats nach Wien und freue mich schon sehr. Das Wetter ist vorwiegend scheußlich, was aber agile Personen nicht zu genieren pflegt. In Wien müssen wir unbedingt mal wieder ins Dianabad gehen, denn etwas Seeleben will der Mensch doch auch haben. Die Taineübersetzung ist fertig und ebenso das Kapitel über das perikleische Zeitalter. Da war viel »Patina« abzukratzen, die ja bekanntlich nichts andres ist als Dreck. Im übrigen hat Ilse mit vortrefflicher Intuition erkannt, daß mich diese Arbeit gar nicht mehr interessiert, weil ich schon bei der Geschichte der Philosophie halte. Zum Glück habe ich mich mit dem Thema griechische Kultur so viel befaßt, daß es sich ganz von selber schreibt. Man sollte eigentlich überhaupt nur Sachen machen, die sich ganz von selber schreiben, wie nach Diktat. Deshalb wird die Geschichte der Philosophie gut werden, der Alexanderroman hingegen schlecht, weil er mir Mühe machen wird. Dies ist mein Haupteinwand gegen Richard Wagner, daß er schwitzt.

Egon Friedell. Zeichnung von Urban Janke

Überhaupt, was Rich. Wagner anlangt, so werden mir die hiesigen Nazigespräche nachgerade unerträglich. Sogar mein ältester Freund Professor Gschrey (Ilse kennt ihn, Du auch, wirst Dich aber wahrscheinlich nicht mehr an ihn erinnern), bisher Anthroposoph, ist jetzt ein kompletter Nazi geworden. Und dabei berufen sich alle auf mich! Ich lese jetzt wieder einmal Nietzsche und ersehe zu meiner Beruhigung, daß er denn doch noch bedeutend mehr Schuld hat als ich. Dieser war nämlich ein verspielter Mensch, der aus reinem artistischen Vergnügen einmal zeigen wollte, daß man die Sache auch umgekehrt machen kann, indem er alle bürgerlichen Ideale bekämpfte. Natürlich dachte er im Innern genauso bürgerlich wie die andern, weil überhaupt kein anständiger Mensch anders denken kann, ihn verletzte nur die alberne und selbstgefällige Form, in der diese Ideale auftreten. Alle sogenannten »modernen Geister« bekämpfen den Liberalismus aus *Liberalismus.* Dies verstanden aber weder die Freimaurer noch die Nazi. Sie hielten sich an die Zeilen, statt zwischen den Zeilen zu lesen. Wenn ein Trottel ein schlechtes Buch liest, so ist das schon sehr bedauerlich, schrecklich aber sind die Folgen, wenn ein Trottel ein gutes Buch in die Hand bekommt.

Heute muß es in Sievering sehr gemütlich sein. Ich nehme an, daß dort ein ebenso herrlicher Herbsttag ist wie hier. Ich schließe nunmehr, da ich mit Schack zum Wettschwimmen eile.

Bitte schreibe doch wieder
es küßt Dich vielmals
Dein Egon

Von Emil Horwitz (14. 1. 1938)

[Generaldirektor aus Wien]

Lieber Herr Friedell!

Ich wußte es schon längst, daß ich Sie schon seit langer Zeit her kenne und daß ich im Laufe unseres Daseins mit Ihnen schon öfter zusammengetroffen sein mußte.

Nur wann und wo, ist mir bisher immer unklar geblieben! Ich habe Sie nie gesehen, nur vielleicht flüchtig einmal irgendwo ein Bild von Ihnen vor Augen bekommen!

Seit gestern aber, als ich Ihren netten Brief im Tagblatt las, sind mir endlich die Schuppen von den Augen gefallen. Jetzt weiß ich mit einem Male, wer Sie sind! Niemand anderer als Till Eulenspiegel, redivivus!

Wiedererstanden! Der geistreiche, harmlose Schalk, der so ausgezeichnet sich und seine ehrenwerten Mitbürger, auf deren Kosten, zu unterhalten verstanden hat; der genau wie Sie sein tiefes Wissen und philosophisch geläutertes Denken unter der Schellenkappe vor seinen Zeitgenossen zu verbergen wußte und daher diesen immer amüsant und niemals langweilig geworden ist.

Sie haben sich übrigens in den vergangenen Jahrhunderten in keiner Weise verändert!

Als ich Sie vor etlichen Jahren zum ersten Male in Braunschweig als Denkmalfigur auf dem Brunnen sah, der dort auf dem Platze steht, der den Namen ihrer früheren Reinkarnation trägt, umgeben von Ihren damaligen Werken, in Erz gegossen, kannte ich Sie nicht, trotzdem Sie mir schon damals, als Urbild des Bohemiens, ebenso sympathisch waren, als zur Zeit, als ich Ihre ausgezeichnet geschriebenen Aufsätze über menschliche Vorgeschichte in der *N.F.P.* gelesen habe. (Nebenbei gesagt, bilde ich mir sogar ein, eine Kleinigkeit von Paläontologie, Anthropologie, Zoologie und ähnlichem Plunder selbst zu verstehen!)

Aber jetzt gaben Sie sich mir durch Ihren famosen Brief zu erkennen!

Nun, nach Ihrer erfolgten Demaskierung, habe ich mich für verpflichtet gefühlt, Sie im Namen aller Verehrer aus der Zeit des unvergeßlichen Tills zu Ihrem diesmaligen 60. Geburtstage zu beglückwünschen und Ihnen mitzuteilen: »Sie sind erkannt! Till Eulenspiegel, liebenswürdiger Schalk des zwanzigsten Jahrhunderts, gleichgültig, ob Sie Bäcker, Schauspieler oder Schriftsteller geworden sind!«

Antworten brauchen Sie mir nicht, halten Sie das, wie Sie wollen! Mir genügt es, daß Sie diese Entlarvung Ihrer lieben Person als Dank für die netten Stunden, die mir Ihre Betrachtungen über die Vorwelt seinerzeit verschafft haben, so freundlich, wie sie gemeint sind, zur Kenntnis nehmen.

Trotz unserer persönlichen Unbekanntschaft also, nochmals alles Herzliche zu Ihrem Sechzigsten!

Herzliche Grüße
Ihr Emil Horwitz

An alle Gratulanten

Tief erſchüttert, daß Sie meinen beſcheidenen 60. Geburtstag nicht vergeſſen haben, danke ich Ihnen von Herzen für Ihre mich ſo großmütig überſchätzenden Zeilen. Von allen Glückwünſchen hat mich der Ihrige am meiſten gefreut.

Wien, im Januar 1938

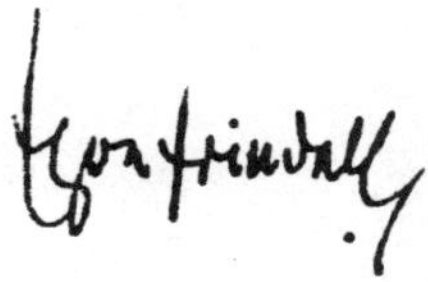

Über Friedell

... und im Anfang war Friedell!
Berta Zuckerkandl, WAZ 25. 2. 1913

Herr Friedell zum Beispiel, in engerem Kreise gewiß ein munterer Seifensieder, aber als Essayist ein ganz unerträglich intelligenter Auseinanderleger von Problemen...
Karl Kraus, *Die Fackel* (546) 35, Juli 1920

Peter Altenberg: Eine Abhandlung

Was ist eigentlich das Wesentliche einer *philosophischen Natur*?!? Das Wesentliche einer philosophischen Natur ist mein Freund Dr. E. F. Er beschäftigt sich intensiv, leidenschaftlich, in einer Konzentration, die Ähnlichkeit mit einer idée fixe hat, in starrköpfiger Beharrlichkeit mit der *Sanierung der Menschheit*, obzwar ihn die Menschheit selbst gar nicht interessiert, ja sogar ihm unsympathisch ist! Das Unbewußte in ihm, sein immanenter Idealismus zwingt ihn jedoch, gegen sich selbst, sich mit der Lösung von Problemen selbstlos zu beschäftigen, deren praktisch-wertvolle Folgen ihm gleichgültig, ja sogar unangenehm sind! Wie wenn man einem Arzte, der sein Leben der Lösung des Problems der Heilbarkeit irgendeiner Krankheit widmete, sagte: »Nun, ist es kein erhebendes Bewußtsein für Sie, so viele Tausende vielleicht einmal zu erretten?!« Und er erwiderte uns gereizt: »Welcher armselige Triumph, diese vielen wertlosen Organisationen mühsam ihrem eigenen wertlosen Dasein zu erhalten!? Mich interessiert die ›Idee‹, das Ideal, nicht der Mensch, dem sie zugute kommt!«

Sehen Sie, so ein Mensch repräsentiert das *Wesentliche* einer sogenannten »philosophischen Natur«.

Der *Dichter* hingegen hat gerade *um soviel weniger* »philosophische Natur«, als er *wirkliche Menschenfreundlichkeit* hat! Um *soviel mehr* ihn das Schicksal der wirklich *seienden* und *werdenden* Menschheit interessiert, um soviel gerade weniger hat er kalt-abstrakte Ideen lieb; und ein geheilter von Not befreiter Mensch ist ihm eigentlich wichtiger als die kalte Lösung eines Problems. Zwischen *Philosoph* und *Dichter* steht inmitten dann der *gewöhnliche Mensch*, der, von beiden *etwas* habend, seine Gaben allernächsten Zielen, Gattin, Geliebte, Kinder, Geschwister, widmet. Im *engen Bezirke* ist er Philosoph und Dichter zu gleicher Zeit; auch er kann »genial« sein, falls er mit außerordentlicher Geschicklichkeit und Voraussicht seine kleinen guten Angelegenheiten zur Reife fördert – – –. Aber das *eigentliche Wesentliche* einer »philosophischen Veranlagung« ist, sich *intensiv* für eine Angelegenheit einsetzen und interessieren, für die man sich *eigentlich gar nicht interessiert!*

NRS Nov. 1907

Siegfried Jacobsohn: Le cabaret c'est lui

Der Herausgeber der Berliner *Schaubühne* zu einer Tourneevorstellung des Wiener Kabaretts »Die Hölle«

[...] zur »Hölle«. Da erwartet man unwillkürlich Teufeleien, Spottgeburten – meinetwegen von Dreck, aber unbedingt auch von Feuer und findet, zu vollen Kammerspielpreisen, Darbietungen, die kaum bei Wolzogens unbegabtern Nachfolgern möglich gewesen wären. Erst zum Schluß kommt Egon Friedell. Le cabaret c'est lui. Leider ist es das nicht; aber es müßte sein. Man blicke auf die nächste Seite, bemerke mit satanischem Lächeln, daß das einer meiner Mitarbeiter ist, und glaube mir kein Wort, wenn ich sage, daß dieser ulkigfreche Kunde voller Selbstironie, dieser frühe Falstaff von nüchternster Vernünftigkeit reich und bizarr genug wäre, um uns zwei bis drei Stunden mit seinen und Polgars (auch eines Mitarbeiters) Satiren und mit den Erzählungen aus seinem und Altenbergs (auch eines Mitarbeiters) Leben zu fesseln und zu entzücken. Er schicke getrost die ganze »Hölle« zum Teufel und gründe sich selbst als Cabaret. SCH 12. 5. 1910

*Berta Zuckerkandl: Der Conférencier**

[...] Vielleicht hat es seit Mitterwurzer keinen Künstler gegeben, der wie Friedell mit so souveräner Laune sein Ich in Kontakt mit dem Publikum zu bringen vermag. Keinen, dem es gelingt, trotz allem geistigen Raffinement, die Unmittelbarkeit des Erlebnisses so intensiv auf die Zuhörenden übergehen zu lassen. Das Wort »Conférence« ist so mißbraucht, ist so verstümmelt und mißhandelt worden, daß man erst wieder dessen eigentlichen Sinn durch die künstlerische Veredlung erfaßte, die Friedell jener einzigen Mitteilungsform zu geben wußte. Halb Belehrung, halb Geständnis; bald ein Zwiegespräch, bald ein Monolog; jetzt das Wesen der Dinge, jetzt ihren schillernden Glanz berührend, so meistert er seinen Stoff. Hier ist kein Gelehrter, der verkündet; hier ist kein Schauspieler, der deklamiert; kein Schöngeist, der plaudert; kein Redner, der peroriert. Hier ist ein Denker, der die plastische Darstellungskraft eines Künstlers besitzt. Hier ist auch ein Zwiespältiger (ein echtes Kind dieser Zeit, die er kündet). Ein Philosoph ohne Pathos. Ein »ästhetischer Monist«, der das Drama seiner Erkenntnisse in lachenden Erkenntnissen spiegelt. SCH 2. 5. 1912

Franz Blei: Das Friedell

[Wiener Schriftsteller; 18. 1. 1871 – 14. 8. 1942]

Nicht zu verwechseln mit dem Frettchen, da eher verwandt mit dem archaischen Enu, ein Megatherium aus der Vielsaufgruppe. Nährt sich vornehmlich von Chesterton, Kierkegaard, Shaw, Hegel, Nietzsche und anderm Kraut. Verdaut mit dem großen Kopfe; die dabei ausgestoßenen Geräusche sind weithin gefürchtet als Humor.

Das große Bestiarium, 1922

*Felix Salten: Auf der Bühne**

[Der Schriftsteller zwischen *Bambi* und *Mutzenbacher*; 6. 9. 1869 – 8. 10. 1947]

Da stand nun Egon *Friedell*, Doktor der Philosophie, Hofnarr des Publikums und, wie die meisten Hofnarren, dem Gebieter weit überlegen. Er trug Altenberg-Anekdoten vor. Er mimte auch in dem einaktigen Scherz *Goethe* die Titelrolle und stellte in der Operettenparodie *Der Petroleumkönig* eine komische Figur vor. Er war auf eine gelassen geistreiche Manier sehr spaßhaft. Am besten aber, wenn er die Altenberg-Anekdoten erzählte, die er selbst sich ausgedacht hatte. Peter Altenberg saß dabei und lachte. Abend für Abend. Friedell kopierte die fanatische, superlativisch gesteigerte Sprechweise, den überhitzten, atemlos gepreßten Ton Altenbergs. »Das Edelste, das Schönste, das Hinreißendste, was der Mensch haben kann, ist ein Eichhörnchen.« – »Aber, Herr Altenberg, ein Eichhörnchen stinkt...« Darauf ganz einfach, naiv, ernüchtert und entrüstet: »Wieso? Wenn es gezähmt ist?« Diese Anekdoten waren mit großer psychologischer Treffsicherheit erfunden; sie schlossen das menschliche Wesen Altenbergs bis in die Tiefe auf, sie öffneten die Zugänge in sein Dichtertum, sie gaben von dieser einzigen komplizierten und liebenswerten Persönlichkeit einen vollständigeren Begriff als mancher Essay. Sie hatten mehr Leben, und sie waren amüsanter.

Auch die Individualität Friedells kam in diesen Anekdoten zum Vorschein. Ein heiterer Geist, der sich in Improvisationen zu gefallen schien, ein heller Verstand, völlig losgelöst von jeder Konvention. Er hatte die Fesseln des Hergebrachten niemals getragen, beschnupperte die Menschen, die in Vorschriften, Regeln und Schulen einhertrotten, wie etwa ein wildes Tier Haustiere beschnuppert, um dann verwundert, erschreckt und heilfroh in die Freiheit, ins Ursprüngliche zu entfliehen. Später erwies sich der Spaßmacher des Kabaretts als ein blendender Schriftsteller. Sein Wesen trat stärker, deutlicher, vielseitiger hervor. Was an den Altenberg-Anekdoten so zündend gewirkt hatte, war ihm geblieben: die scharfe, psychologische Treffsicherheit der Erfindung. Das erfrischend Unfeierliche des Betrachtens wie des Ausdruckes. Das spritzend Lebendige des Vortrages. Das Überraschende, Inhaltsreiche, Schlagende der Pointen, mit denen er Fenster zertrümmerte, Türen einrannte, Perspektiven öffnete. Die freie Kühnheit des Denkens, die aus dem Ursprünglichen schöpft. Er kann lachen und zum Lachen zwingen. Er kann tanzen und die Leute dazu nötigen, daß sie tanzen, wie er pfeift. Nietzsche hätte seine Freude an ihm gehabt.

Eines Tages erschien dieser blendende Schriftsteller auf der Josefstädter Bühne Reinhardts als Schauspieler. Da er im Schauspielerberuf ein Dilettant ist, hat Friedell nichts auf der Welt so ernst und so wichtig genommen wie seine Schauspielerei. Max Reinhardt erkannte an Friedell: hier ist ein Dilettant von der gleichen Art, in der Frank Wedekind ein Dilettant war. Und Friedell, der eine so wundervolle, so überzeugende

Definition des Dilettantismus formuliert hat, folgte Reinhardts Ruf mit einem feierlichen Eifer, mit dem er im Leben sonst keiner anderen Sache sich hingegeben hatte, höchstens dem Trinken. Bei jener Vorstellung des *Eingebildeten Kranken* im großen Saale zu Leopoldskron, wo der raumverdrängende, genial wortsüchtige Pallenberg eine Meisterin wie Hansi Niese mundtot gemacht hatte, brachte es Friedell mit seinem unschuldigen, wehrhaften Dilettantismus fertig, Pallenberg niederzureden. Sie haben beide keinen Molière-Text gesprochen, sondern drauflosimprovisiert, was das Zeug hielt, Pallenberg und Friedell. Aber wie Pallenberg aus seinem Schauspielertemperament ein Improvisator ist, strömen die Improvisationen Friedell aus seinem Schriftstellertemperament zu. Deshalb ging ihm der Faden nicht aus. Er hat seither eine ganze Anzahl Rollen sehr lebendig und sehr überlegen dargestellt. Den alten, eitlen Professor in Hofmannsthals *Der Schwierige*, den Landarzt in Rehfischs Komödie und viele andere Gestalten, die er immer breit, behaglich, mit seiner ahnungslosen Natürlichkeit verkörpert. Man hatte sich fast schon gewöhnt, ihn als Mimen zu werten. Da war es, ungefähr um dieselbe Zeit, als er in Frantisek Langers *Peripherie* den zynischen Barwirt gab, die beste Leistung, die ihm auf dem Theater bisher gelungen ist, da war es also, daß seine beste Leistung als Schriftsteller erschien, der erste Band seiner Kulturgeschichte. [...]

NFP 21. 1. 1928

*Alfred Polgar: Schlaglichter auf den Schauspieler**

Dem einen von den zwei richterlichen Seelenfolterern gab Onkel Friedell die weiche Schärfe alten Pommards.

Die Koralle von Georg Kaiser (WEB 3. 10. 1918)

Dem abgeklärten Tief-Schmuser King gibt Herr Friedell geistige Schärfe, freundlich gemildert durch körperliches Volumen.

Ringelspiel von Hermann Bahr (WEB 31. 10. 1918)

Herr Friedell spielt höchst glaubwürdig einen Schauspieler, der den Tubal spielt.

Der Kaufmann von Venedig von William Shakespeare (TAG 29. 5. 1924)

Ein Genuß: Friedell als Familienoberhaupt. Behaglich, gelassen, ausgeglichen mit Gott und Menschen. Vor seiner breiten Natürlichkeit weicht das Theater zurück: trockenen Fußes gewissermaßen kommt er hindurch. Wie nützt es ihm doch als Schauspieler, daß er keiner ist.

Lob des Diebstahls von Dante Signorini (WEB 24. 11. 1925)

Friedell nimmt, »von Mal zu Mal«, an Schauspielerität zu, ohne deshalb, gottlob, an Friedellismus etwas einzubüßen.

Spleen von Noel Coward (WEB 20. 7. 1926)

Eine verläßliche Welle von Phlegma trägt ihn wie die Woge den Heiligen. Seine Schauspielerei ist absichtslos, das macht sie so schmackhaft, und ganz locker, das macht sie so ergötzlich. Man hat den Eindruck, er improvisiere seinen Text, den er ja gewiß mit viel ehrgeiziger Mühe in sich fixiert hat. Geist ist doch eine höhere Kategorie als Talent!

Regen von Colton/Randolph (WEB 19. 10. 1926)

Unter den Nebenfiguren macht sich Friedell durch Diskretion bemerkbar. Er muß Bauch umschnallen, wenn er einen Dicken spielen will. So weit ist es mit diesem Schriftsteller auf Thaliens schlüpfrigem Boden gekommen.

Der Revisor von Nikolai Gogol (WEB 4. 1. 1927)

Friedell schuf sich die Charge des Merkurs, des Gottes der Kaufleute und der andern Librettisten, der als überlegener Dialektiker fein-humorige Sätze redet und dem Partner überdies Anlaß zu einem listig vorbereiteten, auf Friedells »Kulturgeschichte« gemünzten Extempore gibt... Seltsam: außerhalb der Bühne legt er so großen Wert darauf, als richtiger Schauspieler, als Mann vom Metier, angesehn zu werden, auf der Bühne hingegen, wie jetzt als Merkur, entwickelt er ein Über-Übermaß an Nonchalance, um nur ja nicht den Verdacht, er spiele Komödie, auf sich sitzen zu lassen.

Die schöne Helena von Jacques Offenbach (WEB 7. 7. 1931)

Heinz Hilpert: Der ideale Falstaff

[Schauspieler und Theaterleiter; 1. 3. 1890–25. 11. 1967]

So dachte ich mir den idealen Falstaff!

Gut gemästet bis in die Fingerspitzen und dennoch mit der Grazie eines griechischen Tänzers. Die Ironie Voltaires und die naiv saftige Gestaltungsfreude Balzacs. Mit jenem Klarheitswillen, der, wenn er Träumeraugen öffnet – überwach und übermüde macht. Und bei alledem kindhaft verspielt, wie ein Lausejunge.

Eine habhafte Zündfläche, an der jeder sein Hölzchen entzünden konnte, und gleichzeitig ein Impressionist, ein Sinndeuter, ein Ausleger von Träumen und Albdrücken.

Ein geistiger Mensch mit metaphysischen Wurzeln und journalistischer Prägekraft, und einer fanatischen Besessenheit, Theater zu spielen. […]

Als ich ihn einmal bat, eine Rolle bei mir zu spielen, sagte er mir: »Hören Sie, ich muß jetzt nach Wien, um meine Kulturgeschichte zu Ende zu bringen. Da habe ich auch die Bücheln, aus denen ich abschreibe, das heißt, ich behaupte natürlich immer das Gegenteil von den zeitgenössischen Experten, und so erst bringe ich das einigermaßen Gültige zustande. Denn nichts fließt so trübe als die ›Quellen‹. Ich tu' sie filtrieren. Das ist alles.«

Gedanken zum Theater, 1951, S. 163

Arthur Kahane: Der Verkehr mit Friedell

[Chefdramaturg bei Max Reinhardt; 2. 5. 1872 – 7. 10. 1932]

Egon Friedell bin ich im Laufe einiger Jahre fast täglich begegnet, und diese Begegnungen dauerten meistens von acht Uhr abends bis acht Uhr morgens des anderen Tages. Er war in diesen Dingen sehr gewissenhaft und hielt auf eine genaue Zeiteinteilung.

Ich kann nicht sagen, daß ich in jenen Jahren besonders fleißig gewesen bin. Der Verkehr mit Egon Friedell ist ein Beruf, der den ganzen Menschen in Anspruch nimmt. Egon liebt, da er selbst so ziemlich alle Berufe in sich vereinigt, es nicht, wenn seine Freunde einen zeitraubenden Nebenberuf ausüben.

Da alle unsere Begegnungen gleich schwer an Weisheit und Wein waren, wird es auch nicht leicht sein, eine herauszuheben. Die Lokale wechselten: der Inhalt blieb derselbe: die Welt. Und sie endigten alle in der Lyrik des Sonnenaufgangs, metaphysisch vertieft durch die Nachwehen einer verbummelten Nacht.

Aber zunächst muß gesagt werden, wer Egon Friedell eigentlich ist.

Denen, die ihn nicht kennen, ist er nicht begreiflich zu machen. Zum Glück gibt es niemanden, der ihn nicht kennt.

Die ihn kennen, wissen natürlich: er ist Doktor der Philosophie, und zwar nicht bloß so ein ernannter Ehrendoktor von Oxford oder Cambridge, sondern er hat seinen Doktor wirklich gemacht; er ist Kabarettist (wozu der Doktor der Philosophie unbedingt nötig war); er war der Freund, Eckermann und Biograph Peter Altenbergs, was allein schon ein Leben ausfüllen kann; er ist Berufsphilosoph und hat ein Buch über die Philosophie des Novalis geschrieben; er ist Schauspieler; er ist Naturwissenschaftler; er ist Essayist; er ist Feuilletonist; er ist Mitverfasser des *Goethe*, des witzigsten aller Einakter über den Goethe-Kult; er ist der gründliche Kenner der englischen Historiker und Philosophen und hat Carlyle übersetzt und herausgegeben; er hat ein Buch über das *Jesus-Problem* geschrieben und ist mit Recht böse, wenn man es für eine Altenberg-Anekdote hält, während es ein wirklich ernstes und gescheites Buch ist; er hat eine sehr feine Studie über den *Dichter* (sein Lieblingsthema) und eine andere *Von Dante bis d'Annunzio* geschrieben; er liest Andersens Märchen vor wie kein zweiter; und er läßt eine dicke, dreibändige Kulturgeschichte erscheinen, die nicht bloß von originellen Einfällen und Paradoxien, sondern auch von Belesenheit, Wissen und Gedankentiefe strotzt. Die Nachwelt wird erst erfahren, daß er auch Dramatiker ernsten Stils war und eine unter dem Siegel des Geheimnisses am Burgtheater aufgeführte *Judas*-Tragödie gedichtet hat. Außerdem ist er Hausbesitzer (das trägt den tragischen Unterton in seine sonst pedantisch geordneten Verhältnisse). Außerdem ist er Berufswiener. Und wenn ich recht unterrichtet bin, ist er neuestens Vorkämpfer für die Trockenlegung Österreichs, was sich wohl dahin aufklären dürfte, daß er dem Alkohol den Garaus macht, indem er ihm den Garaus macht. (Ich fürchte, dieser Witz ist nicht von mir, sondern war schon immer da.)

Das alles ist er. Aber das alles ist noch nichts. Das ist er nur so nebenbei. Was Egon Friedell wirklich ist, weiß doch nur, wer jahrelang die Nächte zwischen acht Uhr abends und acht Uhr morgens täglich und pflichtgetreu ausharrend mit ihm verbracht hat.

Das Körperliche ist nicht unwichtig an ihm. Es ist reichlich viel Körperliches vorhanden. Er ist nicht ganz so groß wie ein Riese, aber nicht viel kleiner, und er ist nicht ganz so dick wie ein Faß, aber nicht viel dünner; und sein Kopf zeigt eine durchaus gelungene, geradezu edle Mischung von Goethe und Falstaff. Wenn er lacht, wackelt der Olymp. Er lacht gerne, und es gelingt ihm auch nicht selten, sich zum Lachen zu bringen, denn er ist sich ein dankbares Publikum.

Der eigentliche Egon Friedell, Egon Friedell am Gasthaustische, im Café Egon Friedell zu Hause unter seinen Büchern, Egon Friedell im vertrauten Kreise der Freunde, Egon Friedell unter vier Augen ist der witzigste, amüsanteste, geistreichste, einfallsreichste, unerschöpflichste, unaufhörlichste Sprudelcauseur, der je mit ernsten Gedanken lustigen Fußball gespielt hat. Er ist voll Beziehung. Er ist voll Figur. Er ist spielerisch, wie nur einer sein kann, der über den Dingen steht. Er kann mit jedem Ernste spielen, weil hinter seinem Spiele ein tiefer Ernst steckt. Er spielt mit System und unerbittlicher Gründlichkeit. Er ist der virtuoseste Schauspieler seiner selbst. Er ist der Schauspieler von tausend Figuren, die er in sich hat. Seine liebsten Rollen sind der Ethiker und der Pädagoge. Natürlich ist er im Grunde selbst ein Ethiker und Pädagoge. Aber er ist ein Ethiker von pantagruelischer Lebensfülle und Freiheit, was man diesem letzten Schüler und Nachfahr von Rabelais wohl auch ansieht, und er ist der lustigste Pädagoge, der je den Prügeljungen seines Spottes die Hosen strammgezogen hat.

Nur eines kann er nicht. Er kann nicht aufhören. Wenn ich bereits im Auto saß, stellte er seinen Fuß auf das Trittbrett, im strömenden Regen, den aufgespannten Regenschirm über sich, weil ihm plötzlich einfiel, einen Professor zu kopieren, der sich mit einem Fachkollegen über den Gebrauch des *peri* bei den griechischen Tragikern zankte, oder einen anderen, der seiner Frau Professor im Ehebette ein Privatissimum über den neuesten Stand der Limesforschung hielt, und es störte ihn nicht, wenn der im Innersten aufgewühlte Chauffeur zuhörte und die Welt nicht mehr verstand. Und wenn ich schließlich, todmüde, durch das schon offene Haustor schlüpfen wollte, hatte der Erbarmungslose kein Einsehen und mußte unbedingt, in der Tür, noch einmal, meritorisch, zur endgültigen Festlegung der erzielten Resultate, in Schlagworten den vollständigen Gesprächsverlauf des ganzen Abends, mit sämtlichen Seitensprüngen, Filiationen und Marginalien, mit a und b, mit römisch I und römisch II, am roten Faden seines unwahrscheinlich zuverlässigen Gedächtnisses *in nucte* rekapitulieren. So verlangte es das geistige Reinlichkeitsbedürfnis des Systematikers ethisch-pädagogischer Observanz in ihm.

Andere Sorgen hat er nämlich nicht. Zwei Zitate aus seinem kongenialen Lieblingsdichter Wilhelm Busch drücken ihn, je zur Hälfte, wunderbar aus: »Wer Sorgen hat, hat auch Likör« und »Der Vogel, dünkt mich, hat Humor«. Er hat keine Sorgen, aber Likör. Und er ist zwar kein Vogel, dünkt mich, aber er hat Humor.

Tagebuch des Dramaturgen, 1927, S. 189

*Fingierte Selbstporträts**

[Friedell schrieb sie sich zu seinem fünfzigsten Geburtstag »mit fremden Federn«]

Neue Freie Presse

Befremdende Ehrung an einen Cabotin und unwilliges Aufhorchen in der Bevölkerung und Warnung vor starkem Drücken der Eiterbeule

Eine beunruhigende Nachricht kommt aus der Oppolzergasse. Ein Mensch ohne Grundsätze, der ernsten Männern nicht einmal die Schuhriemen lösen darf, ist zum Gegenstand abgeschmackter Huldigungen geworden [...] Dem Verfasser eines Liedes von so abstoßender Schlüpfrigkeit, wie es der Panamahut ist, sollte nur mit Kopfschütteln geantwortet werden. Persönlichkeiten zu feiern, die Goethe, das Bollwerk liberalen Empfindens, am Barte gezupft haben, ist Verderbtheit. Eine Kulturgeschichte, die die Börse, den Fruchtherd alles Schöpferischen, mit frivolen Späßen besudelt, verdient in Achselzucken begraben zu werden. Als Friedrich der Große eines Tages ein gegen ihn gerichtetes Pamphlet bemerkte, lächelte er fröhlich und sagte: »Tiefer hängen!« Man sollte diese Worte des großen Freidenkers beherzigen und sich sagen, daß Pamphlete nicht mit der Palme gekrönt, sondern tiefer gehängt werden müssen. Österreich ist der arme Mann wie Hamlet. Zehn Jahre der Nahrungsknebelung und der Geldverschlechterung und der wirtschaftlichen Verkrüppelung und des Herauspressens von Millionenwerten haben uns so auf die Knochen zermürbt, daß auch Nadelstiche empfindlich sind und der leiseste Druck auf die Wunde bewirken kann, daß alles auf die Gasse spritzt.

Rohen Trunkenbolden sollte von den besonnenen Elementen die kalte Schulter gezeigt werden. Nach der letzten katastrophalen Baisse der Bidetwerte, deren Erregung noch in aller Nerven hämmert, darf nicht auch noch die österreichische Kultur in die Kontremine getrieben werden. Wir möchten nicht vorgreifen, aber wir halten es für Entartung, eine Schellenkappe mit Lorbeerreisern zu schmücken. Frau Zuckerkandl wird eine unruhige Nacht haben. Vindobona röchelt.

Wiener Stimmen

Der völkische Dichter Erhard Friedel feiert am 21. des heurigen Schweißmonds seinen siebzigsten Geburtstag, ein Beweis, daß es unter den germanischen Langschädeln noch kraftvolle Federn gibt und unser deutsches Schrifttum nicht auf die geschäftstüchtigen Moisches angewiesen ist. Allen in Erinnerung ist seine köstliche Judaskomödie, die zu verballhornen dem feigen Pazifisten und Drückeberger Paulsen (recte Pollak) nicht gelungen ist. Bald darauf veröffentlichte er eine erquickend antisemitische Naturgeschichte, in der den p. p. Krummnasen gehörig die Wahrheit gesagt wird. Nur zwei Entgleisungen haben wir ihm vorzuwerfen: daß er die freimaurerischen Schriften des Hebräers Lichtenberg herausgab, der sich später, seh' der an da, Lie nannte, und daß er sein Trauerspiel *Goethe* mit dem Juden- und Negermischling Alfred Molnar schrieb. Er hat dies aber dadurch wettgemacht, daß er das ritualmordpredigende Wuchererstück *Dreimal Hochzeit* durch seine aufrechte Darstellung, die eine lebende Kampfansage gegen den artfremden Schmachgeist war, zu Fall brachte.

Herr Friedell, über dessen Kulturgeschichte schon viel gelacht worden ist und dessen Humor immer nachdenklicher stimmt, ist unter großem Geräusch unter die Fünfziger eingereiht worden. Da einzelne Reklamnotizen sogar bis Merseburg und Chemnitz drangen, so wäre es eine grobe Fahrlässigkeit von mir, wenn ich unter den Gratulanten fehlen wollte. Ich stehe denn auch nicht an, zu bekennen, daß ich diese Mischung aus einem Lustigmacher, dessen Witz für den Radius eines Zukkerkandltees gerade noch genug Schlagkraft hat, und einem unbotmäßigen Seminaristen, der dem Professor Maikäfer ins Kollegheft legt, immer sehr pikant gefunden habe. Die Zugehörigkeit zu den »Schauspielern im Theater in der Josefstadt unter der Führung von Max Reinhardt« (so was gibt's!) gönne ich ihm von Herzen. Der schwer zu vermeidende Scherz, daß die Schriftsteller ihn für einen Schauspieler, die Schauspieler ihn für einen Schriftsteller halten, wird von mir Lügen gestraft, da ich, obgleich Schriftsteller, ihn nie für einen Schauspieler gehalten habe. Als Komiker kann ich ihn nicht einmal ernst nehmen, sondern nur als Alkoholiker. Und obgleich er in seiner *Kulturgeschichte* oft und mit Nachdruck versichert, daß sie unwissenschaftlich sei, bin ich fest überzeugt, daß es sich trotzdem so verhält. Die Bemerkung des gratulierenden Herrn Salten, »daß der Kreis derer, die ihn lächelnd bewundern, immer größer werde«, kann sich unmöglich auf mich beziehen, da ich schon von allem Anfang an über ihn gelächelt habe. Hingegen billige ich vollkommen die Konstatierung des Herrn Fontana, »daß er die stärkste satirische Kraft sei, die im neueren Wien erschienen ist«. Es ist nicht auszudenken, welche Gegenmaßnahmen ich hätte ergreifen müssen, wenn der Fontana-Preis auf mich gefallen wäre. SA 206 (1928)

Dora Zeemann: Friedell im Beisel

[Wiener Schriftstellerin; *20. 4. 1909]

Egon Friedell, Walther Schneider und ich zogen in den Jahren 1936 bis 1938 nahezu täglich durch die Wiener Vorstadt jenseits der Gürtellinie – Schritt für Schritt, denn Friedell war zuckerkrank, und ihn schmerzten die Venen – von einem verdreckten Beisel ins andere. Wir waren voller Angst: Hitler ante portas!

Das aber war für Friedell nicht der Grund, in die Beisel zu gehen und den Fusel zu trinken, das tat er schon seit langem. Besonders an »Heiligen Abenden« nach der »Bescherung« suchte er die »Erniedrigten und Beleidigten« auf, um »einsame Räusche« zu finanzieren. Eine Stilisierung seiner Gefühle, Selbstdarstellung, Versuch von Identifizierung?

Friedell lebte in der »Nachfolge Christi«, aber er war kein »Stratege des Mitleids«. In der Gesellschaft war er zwar erfolgreich, aber er blieb ein Außenseiter: Er achtete die Sandler, die Verkommenen, Geächteten, Kriminellen, und zwar durchaus nicht aus oberflächlicher, sentimentaler Sozialromantik, sondern weil er sich mit seiner Bildung und seinem Intellekt gar nicht so sicher fühlte, um Mitleid haben zu können, oder das Bedürfnis hatte, »aufzuklären« und zu »erziehen«. Er wollte nur einfach mitteilen, daß auch er ein armer Teufel war. Eine Schmockerei? Manche, die ihn kannten, sagen: »Bei ihm wußte man nie, woran man war.«

Ich sehe uns noch heute in einem verstunkenen, schlecht beleuchteten Loch umherstehen, mit unserer Sympathie für »Randfiguren« und dem aufrichtigen Wunsch, uns selber loszuwerden. Denn wir hielten nichts davon, uns selbst zu bejahen, dazu waren wir zu anspruchsvoll: Es war zu leicht für unsereinen, sich auf ein fragwürdiges Besserwissen etwas einzubilden. Waren wir den Sandlern überlegen, so waren sie es uns nicht minder. Wir hatten miteinander fertig zu werden.

Friedell spielte das, große Gesten parodierend. Er warf Geldscheine in die Schnapslachen auf dem Schanktisch: »Jeder soll bestellen was er will – heute ist Weihnachten!«

Einige bestellten, einige zögerten. Aber die Wirte zierten sich nicht. Manche grölten ein anerkennendes »Hoch!«. Doch keiner glaubte Friedell – auch hier glaubte ihm keiner. Wenn einer »Danke« sagte, brachte das Friedell in Wut: Man glaubte ihm den Christen nicht, nicht den Gelehrten; das Kabarett verfolgte ihn, den »schmähreißenden Conférencier«. Wenn er einer »Dame« in den Ausschnitt griff, nahm ihm keiner die Geilheit ab, und wenn er wie Rumpelstilzchen herumtanzte, weil ihm die Anbiederung nicht gelang, glaubte ihm keiner die Wut. Schließlich mußten ihm alle den Selbstmord glauben und daß er imstande gewesen ist, ein Leben lang Lina Loos zu lieben, die schön, aber ein »Biest« war.

Theatrum mundi: spielen oder zuschauen. Außer Krankheit und Tod widerfuhren ihm nur zweifelhafte Erkenntnis und ein philosophisches Leben, sprich: Weisheit und Verzicht.

So machte er zur Entlastung auf gut wienerisch Theater, spielte Szenen, setzte Emotionen barock um und provozierte dadurch neue: Er grinste ängstlich die Typen an, stieß an ihre Köpfe, drehte an ihren Knöpfen, nannte sie »Brüder« und dann wieder »Schweine«, um ihnen schließlich wie der »heilige Fjodor Michailowitsch« zu Füßen zu fallen und sie um Verzeihung zu bitten: »Ihr werdet mich umbringen! Verzeiht mir, daß ich ein Opfer bin!« Vorsichtig lallte er und deutete damit Trunkenheit und Unzurechnungsfähigkeit an, die er nicht beanspruchen konnte: Er wollte hier ganz und gar ein Armer im Geiste sein. [...]

Walther Schneider teilte Zigarren aus, um den Bann zu brechen. Ich ließ die üblichen Wirtshauspfiffe und Bemerkungen über mich ergehen, die meine Figur abschätzten. Die pralle Jugend, die hier gefiel, war trügerisch – ich strotzte gar nicht, wie man zu sehen glaubte: ich zitterte. Friedell legte den Arm um meine Schultern und nuschelte: »Töchterchen, bring mich nach Hause – dein alter Vater schämt sich und ist müde – du aber mußt jetzt weinen – dich trifft ein schweres Los …«

Er sprach Text. Immer sprach er Texte: seine Räusche, seine Obsessionen, alles brachte er in Form, um nicht vor Angst den Verstand zu verlieren. Bei mir kam der Verdacht auf, daß der »Säufer« Friedell gar nicht die Fähigkeit zu einem primitiven Rausch gehabt hat. Zumindest nicht seit Ausbruch des Dritten Reiches, nicht, seit Ossietzky im KZ gefoltert wurde und die Kunde davon aus der Schweiz zu uns kam – Ossietzky, dem der Friedensnobelpreis verliehen wurde, den anzunehmen ihm Hitler verbot. »Es ist nicht Selbstmord, wenn man es vorzieht, selber Schluß zu machen«, sagte Friedell, ohne zu nuscheln.

Ob Friedell nun tatsächlich volltrunken war oder nicht, er ließ sich von uns die Mauern entlang nach Hause rollen. Lustig? Lustig. Wir sollten ihn lieben, ihn beschützen, uns um ihn sorgen, ihm ganz nahe sein. Aber wir hatten Respekt. Viel zuviel Respekt.

»Würde« war eine Rolle, die er nicht abbeuteln konnte, sie war ihm auf den behäbigen Leib geschrieben, und sie zeitigte immer wieder ihren Effekt. Den einzigen, den er nicht in der Hand hatte – das machte den Entertainer so einsam inmitten seiner Freundschaften.

Der Dr. Egon Friedell und der Philosoph Walther Schneider waren »Herren« ohne Herrschaftsanspruch. Sie gehörten zu einer Spezies mit aussterbender kultureller Tradition. Sie waren auch keine »reichen Herren«. Sie verdankten ihr würdevolles Selbstgefühl der Geistesgeschichte, nicht der wirklichen, in der sie nichts vermochten. In der Wirklichkeit wurden sie immer unsicherer. Die Reichen hatten keinen Grund zur Unsicherheit. Sie haben sich's gerichtet. Intellektuelle wie Friedell fühlten sich verantwortlich und schuldig und wurden immer unsicherer. Friedell sah sich nicht fähig, dem, was drohte, zu entkommen – Emigration galt ihm nicht als Ausweg. Zwischen allen rechten und linken Parteikombinationen fand sich Friedell, so wie er nun einmal war, überflüssig. Am 16. März 1938 beging er Selbstmord. EXT Mai 1978

Heribert Illig: Schuld und Sühne

Am 15. März 1938 gellten über den Wiener Heldenplatz die ebenso unbeholfenen wie unheilschwangeren Worte: »Als der Führer und Kanzler der deutschen Nation und des Reiches melde ich vor der Geschichte nunmehr den Eintritt meiner Heimat in das Deutsche Reich!« Der »Anschluß« war im Handstreich vollzogen worden, Hitler wurde umjubelt, und die bis dahin in Österreich verbotenen Nationalsozialisten warfen ihre Tarnung ab.

Am folgenden Tag, gegen 22 Uhr, klingelten zwei frisch rekrutierte SA-Männer in der Gentzgasse 7, im dritten Stock. »Wohnt da der Jud Friedell?« Die Haushälterin palaverte noch mit den ungebetenen Gästen, da hatte Friedell von seinem Zimmer aus die Situation eingeschätzt. Er muß sich unmittelbar entschieden haben: zog den Rolladen hoch, wuchtete seinen Körper auf die Fensterlaibung, stieß einen Warnungsruf aus und sprang in die Tiefe. Der herbeigerufene Arzt protokollierte den Tod, vermutend, daß er noch im Sprung durch Herzschlag eingetreten sei. Das neue Regime unterdrückte Nachrufe und Todesanzeigen, auf dem Wiener Zentralfriedhof wagte es nur ein knappes Dutzend Leidtragender, dem Sarg zu folgen.

Die Debatte darüber, ob dieser Freitod erzwungen oder gesucht, notwendig oder vermeidbar gewesen sei, ist bis heute nicht verstummt. Rein logistisch gesehen war er natürlich überflüssig. Viele Gefährdete hatten sich rechtzeitig abgesetzt, und noch am Vortag der Annexion stand ein Diplomatenwagen bereit: Seine Vertraute und »Impresaria« Berta Zuckerkandl, mit einem französischen Politiker verschwägert, konnte und wollte Friedell mit ins Exil nehmen. Doch der lehnte Flucht für sich ab.

Glaubte er, in Wien unbehelligt weiterleben zu können, hatte er Fürsprecher? Knut Hamsun, der ein besonderes Verhältnis zum Dritten Reich pflegte, hätte den Schutzheiligen spielen können. Die *Kulturgeschichte des Altertums* war ihm dediziert, und er fühlte sich dadurch stärker geehrt als durch den Nobelpreis. Von Dubrovnik aus, wo er sich damals gerade aufhielt, wäre Intervention möglich gewesen, aber Hamsun unternahm nichts. Als er in Wien eintraf und sich nach Friedell erkundigte, war es zu spät *(Thorkild Hansen: Knut Hamsun. Seine Zeit – sein Prozeß; Hamburg 1978, S. 60).*

Aber ein anderer Helfer hatte im verborgenen Sorge getragen. Oskar Haaf, Mitarbeiter der Reichssendeleitung in Berlin, war als Freund Hans Saßmanns 1937 nach Kufstein gekommen und Friedell begegnet. Er wollte jetzt den Schriftsteller schützen. Dank seiner Stellung beim Rundfunk rechtzeitig über den Einmarsch unterrichtet, konnte er offenbar Friedells Namen auf eine SS-Sonderliste bringen. Nur so scheint erklärlich, daß der in Deutschland verbotene jüdische Schriftsteller nicht bereits in den ersten Stunden von SS oder Gestapo verhaftet worden ist *(Oskar Haaf: Beim Gongschlag… Meine Leidenschaft war der Rundfunk; München 1983, S. 150).* Ungeklärt bleibt, ob Friedell davon wußte und der Botschaft auch Glauben schenkte.

Träfe diese »Schutzjuden-These« zu, dann »hätte er sich's richten können« und wäre nur »aus Versehen« in den Tod gesprungen. Bei der Legendenbildung entstanden hierzu zwei Varianten. Ins Phantastische wies der Verdacht eines Neffen: Sein Onkel wäre nicht von sich aus gesprungen, sondern erschossen worden. Diese Version, mit der lediglich Friedells Testament angefochten werden sollte, war zu abstrus, um sich halten zu können. Länger wurde das Gerücht kolportiert, die SA-Männer hätten gar nicht ihn, sondern lediglich einen ihrer Kollegen gesucht. Doch ganz unabhängig davon, ob es sich um einen tragischen Zufall handelte: Friedell hatte bereits abgeschlossen. Gedanken an Selbstmord beherrschten ihn seit Wochen, die Freunde waren alarmiert durch seine Versuche, an Gift oder an eine Schußwaffe zu gelangen; in den letzten Tagen verweigerte er jede Nahrung und verfiel zusehends.

Peter Haage konstatierte: »Das Sterben war alles andere als heiter. Es war qualvoll.« Überhaupt sei »sein Leben, als einsamer Weg von der Selbstkonzeption bis zur Selbstverwirklichung, ein von Anfang an verlorenes Spiel« gewesen *(Der Partylöwe, der nur Bücher fraß. Egon Friedell und sein Kreis; Hamburg 1971, S. 160f.).* Doch Friedells erster Biograph spürte nicht, was hinter der Verzweiflung lauerte, und mutmaßte, der festgewurzelte Bücherwurm vertrage keinerlei Störung seiner bürgerlichen, ja pedantischen Ordnung. Damit griff Haage zu kurz. Natürlich hing Friedell an seinen Büchern, aber er war deshalb nie immobil. Schließlich hatte er für Max Reinhardt oftmals Gastspiele in Berlin gegeben – bis zu neun Monate en suite – und pendelte regelmäßig zwischen seinen Wohnsitzen Kufstein und Wien.

Vollends düster wird das Bild, das Gordon M. Patterson in seiner Dissertation zeichnet: »Es war ein verwirrter, gebrochener Mann, kein ›genialer Dilettant‹, der am 16. März 1938 in den Tod sprang« *(The Misunderstood Clown: Egon Friedell and his Vienna; Los Angeles 1979, S. 247).* Er sieht einen von Zuckerkrankheit schwer gezeichneten Juden, der es aufgegeben hat, seine mißglückte *Kulturgeschichte des Altertums* zu beenden *(S. 227)*, und auch die Hoffnung begraben mußte, seine finanzielle Sicherheit dadurch zurückzugewinnen, daß er mit den Nazis paktiert *(S. 181, 246)*. Patterson bewies damit souverän, wie gründlich man Friedell, seine Sprache, Ironie und Persönlichkeit mißverstehen kann.

Immerhin, Friedells Gesundheit hatte 1937 tatsächlich gelitten: Offene Wunden an einem Bein und Venenschmerzen signalisierten den gefürchteten Diabetes, an dem bereits Friedells Bruder nach einer Beinamputation gestorben war. Doch eine Zuckerdiät brachte Besserung. Gänzlich unberührt blieb seine Schaffenskraft. Nachdem er zügig Hippolyte Taines *Ancien Régime* übersetzt hatte, arbeitete er in gewohnter Schnelligkeit am Zweiten Teil des *Altertums*, der posthum als *Kulturgeschichte Griechenlands* erschien. Anhand eines präzisen Entwurfs, der auch das nicht mehr ausgearbeitete dritte Kapitel einschloß, schrieb sich gerade der *Welttag Athens* »ganz von selbst« *(vgl. S. 266)*. Die »Instrumentierung« betrachtete er gar nicht mehr als kreative Herausforderung, sondern disponierte bereits eine *Geschichte der Philosophie*. Gleichzeitig verfolgte er den Plan, einen Höhepunkt des Altertums in einem Bild mit mehreren hundert Personen festzuhalten, im *Alexanderroman*.

Damit waren seine Aktivitäten nicht erschöpft. Noch 1938 liefen Verhandlungen, die *Kulturgeschichte der Neuzeit* und *Ecce Poeta* ins Italienische zu übersetzen. Denn spätestens seit dem Ersten Weltkrieg führte Friedell nicht mehr das sorgenfreie Leben eines »Realitätenbesitzers«, sondern verdiente sich seinen Lebensunterhalt selbst – allen von ihm in Umlauf gesetzten Gerüchten zum Trotz. Ab 1933 lebte er hauptsächlich von Tantiemen für die *Neuzeit* und Vorauszahlungen für das *Altertum*. Diese Quelle versiegte 1935, als der Beck-Verlag weder Devisenzahlungen nach Wien transferieren noch die neue Kulturgeschichte selbst herausgeben konnte. Damals im Sommer 1935 spielte er – im Verlauf vielfältiger Verhandlungen – ein einziges Mal mit dem Gedanken, seine immer noch unveröffentlichte Novelle über die »Zeitmaschine« von Nazis drucken zu lassen. Tatsächlich aber sah das Dritte Reich von ihm weder einen Auftritt noch ein neues Buch. Statt dessen bemühte er sich außerhalb um Alternativen: Kabarett- und Theaterauftritte, Bearbeitungen von Theaterstücken, Editionen großer Geschichtswerke.

Am 23. 2. 1938 erhielt er von der C. H. Beck'schen Verlagsbuchhandlung den Bescheid, daß für seine *Neuzeit* nunmehr definitiv das Auslieferungsverbot erlassen worden sei. Damit war er als Schriftsteller in Deutschland endgültig liquidiert. Da dies auch für ein annektiertes Österreich gelten müßte, lag eine Flucht in die Schweiz um so näher. Dort wurde der Erste Teil des *Altertums* verlegt, warum nicht auch der Zweite? Er hätte mit einem Dutzend Büchern im Gepäck abgeschlossen und als Lebensgrundlage dienen können. Und selbst wenn er den Selbstmord dem Exil vorgezogen hätte: Warum sollte er nicht für wenige Monate in die Schweiz gehen, dort den Zweiten Band mit dem Kapitel *Der Schatten der Antike* beenden und erst dann, nach Niederlegung seiner wichtigsten Gedanken, aus dem Leben scheiden?

Auch diese Fragestellung ist natürlich zu rational; Friedells innerster Antrieb zum Selbstmord wird so nicht greifbar. Selbst sein engster Freund, Walther Schneider, konnte ihn nicht nennen, versuchte aber das Skandalon dieses Todes mit dem heiteren Leben des Lausbubs zu versöhnen, indem er Friedell die gelassene Haltung eines Senecas attestierte *(Friedell-Brevier; Wien 1947, S. 11)*. Was verbindet Schneiders Ideal-Stoiker, der lebenssatt und freiwillig in den Tod geht, mit Pattersons Zerrbild eines charakterschwachen, entnervten Mitläufers, den die braunen Kolonnen verschmähen?

Friedell fühlte sich mitschuldig an Hitler! Sein Werk bot ebenso viele Rechtfertigungsgründe für den »großen Diktator« wie das von Nietzsche, und er wußte es. Seine *Neuzeit* beurteilte er als »betont anti-›modernes‹, antikapitalistisches, antitechnisches, antirationalistisches, kurz antiangelsächsisches Werk« *(Brief an Lina Loos, ca. 1930)*. Sie »hat in der Studentenschaft und überhaupt in der Jugend viele Anhänger, nicht, wie Du gehässig freimaurerisch schreibst, wegen Antisemiteln, sondern wegen ihrer kerndeutschen Weltanschauung, die die Linie Luther–Fichte–Rembrandt als Erzieher–Chamberlain fortsetzt«, schreibt er mit gewohnt ironischem Unterton an Berta Zuckerkandl *(Undatierter Brief, ca. August 1934)*. Daß er seine jüdische Umgebung nicht mochte, verschwieg er nie, daß er Helden und nicht die Demokratie verehrte, wußte man seit 1914.

Genügend Wasser auf die Mühlen der Nationalsozialisten, die aber bald feststellten, daß Friedell keineswegs einer der ihren war. Was sollten sie auch mit seiner eigenwilligen Gläubigkeit, seiner Originalität und Geistigkeit, seiner anarchischen Frechheit und Staatsfeindlichkeit oder mit seinem Postulat, die Seele allen Handelns sei Blindheit, so daß selbst ein Napoleon niemals an Jesus gemessen werden könne? 1935 charakterisierte er das Regime: »Es ist dort das Reich des Antichrist angebrochen. Jede Regung von Noblesse, Frömmigkeit, Bildung, Vernunft wird von einer Rotte verkommener Hausknechte auf die gehässigste und ordinärste Weise verfolgt« *(undatierter Brief an Lina Loos)*.

Aber man mißverstand ihn als »Führer zum Führer«! Immer mehr Freunde, Bekannte und Leser wurden zu Nazis. »Und dabei berufen sich alle auf mich!« mußte er 1937 entsetzt feststellen *(vgl. S. 268)*. Wie Oswald Spengler hatte er »den Nationalsozialismus verkündet, aber den *richtigen*, den es auch heute noch nicht gibt« *(Brief an Lina Loos, ca. März 1935)*.

Deshalb sah er sich jetzt wie Spengler vor den falschen Karren gespannt, ohne das Mißverständnis aufklären zu können.

In seinen letzten Wochen bedrängten ihn politische Ängste, gesundheitliche Sorgen, wirtschaftliche Schwierigkeiten; Selbstmordgedanken wurden unabweisbar. Die Zulässigkeit des Freitodes durchzog die Diskussionen mit den Freunden und die Sauforgien mit Carl Zuckmayer. Diese Fragestellung blieb intellektuell faßbar, moralisch-vordergründig. Dahinter aber stand dunkel und unauslotbar die Frage nach dem Maß *seiner* Schuld, die Frage, ob er sich dem braunen Schicksal entziehen dürfe, das er ohne Absicht möglicherweise gefördert hatte. Durfte er ins Exil, während Österreicher, Deutsche, Juden unter Hitler litten? Und war Selbstmord tiefster Ausdruck des Mitleidens, Wahrung der eigenen Würde oder Flucht wie vielleicht das Exil? Mit diesem unauslotbaren, tief philosophischen und für ihn existentiellen Schuldgefühl hat er gerungen wie Jakob mit dem Engel. Vergeblich. Im Kampf um die für ihn zulässige Lösung ging er zugrunde, der Sprung verkürzte nur sein Leiden. Ein Jahr zuvor hatte ihn erneut *(vgl. S. 140)* das einzige erhaltene Anaximander-Fragment beschäftigt, das von Strafe und Buße aller Dinge spricht: »Dies ist einer der tiefsten Gedanken, die jemals gedacht wurden: die Individualität eine Schuld, ein Abfall vom ewigen Urgrund, und die Sühne dafür die Rückkehr in den Schoß der Weltseele!«

(KG 140).

Biographische Zeittafel

1878 21. 1. Geburt in Wien als zweiter Sohn des Ehepaares Friedmann; bald darauf verläßt die Mutter die Familie

1887 28. 11. Scheidung der Eltern

1889 15. 12. Tod des Vaters Mori(t)z Friedmann. Die drei Kinder werden nun getrennt, Egon wird von einer Tante in Frankfurt aufgenommen

1894 22. 2. Relegation vom Städtischen Gymnasium Frankfurt, danach im Internat Horn und in Baden bei Wien

1896 Am 7. 7. in Baden nicht zum Abitur zugelassen, danach Hospitant an einem Wiener Gymnasium; anschließend mit Privatlehrer in Heidelberg als Schüler und gleichzeitig als Philosophiestudent

1897 12. 7. Konversion vom jüdischen Glauben zum Augsburger Bekenntnis; anschließend vergeblicher Abiturversuch in Berlin, daraufhin Rückkehr nach Wien. Café Central wird nach dem Abriß des »Griensteidl« Literatentreffpunkt; so für den Kreis um Peter Altenberg, dem sich Friedell bald anschließt

1898 11. 10. Abitur in Wien nicht bestanden

1899 20. 9. Abitur in Bad Hersfeld im vierten Anlauf bestanden; Studiumsbeginn in Wien

1900 Bezug der Wohnung in der Gentzgasse 7 (bis zum Lebensende); sein Kindermädchen wird seine Haushälterin

1902 Erste Theaterkritiken für Zeitungen

1904 18. 11. im zweiten Anlauf promoviert, nachdem Dissertation *Novalis als Philosoph* gedruckt

1905 Beiträge für *Die Fackel*; erster Theaterauftritt

1906 Ab Anfang Januar beim neuen Cabaret »Nachtlicht« (Kabarettauftritte bis 1919). Erster Artikel für die *Schaubühne* (später *Weltbühne*, Mitarbeit bis 1932); Herausgabe von *Emerson*

1907 Dramaturg am »Intimen Theater«; im Oktober Auftritte im Cabaret »Hölle«, anschließend bei der »Fledermaus«

1908 1. 1. Uraufführung von *Goethe*. Ab Februar künstlerischer Leiter der »Fledermaus«. In den nächsten eineinhalb Jahren schreiben Friedell und Polgar weitere Kabarettstücke; das Duo hat auch in Berlin mit einer Nestroy-Bearbeitung Erfolg

1909 Im Mai wechselt die »Fledermaus« den Besitzer; Friedell tritt als Leiter ab und nur noch als Gast auf. Herausgabe *Hebbel;* erste Artikel für das *Neue Wiener Journal* (Mitarbeit bis 1938) und den *Merker* (bis 1921)

1910 Buchausgaben *Lichtenberg* und *Soldatenleben im Frieden*

1911 Friedell reüssiert erstmals mit Conférencen

1912 An Ostern erscheint *Ecce Poeta;* 300. *Goethe*-Aufführung

1913 Gastspiel im Berliner »Linden-Kabarett«; im November erster Auftritt bei Max Reinhardt als Schauspieler. Platonische Liebesaffäre mit Lina Loos

1914 Übersetzung von *Carlyles Heldenverehrung;* Herausgabe von *Andersen-Satiren*

1915 *Von Dante zu d'Annunzio* erscheint

1916 *Judastragödie* abgeschlossen. Am 6. 4. wird das Pseudonym zum amtlichen Namen. Erstmals festes Mitglied eines Theaterensembles (bis 1919 bei A. Bernau, A. Rundt und H. Ziegler). Engagement im »Simplicissimus«

1917 Bis 1924 intensive Arbeit für Periodika. Seine Haushälterin stirbt, Nachfolgerin wird das 1904 eingestellte Dienstmädchen Hermine Schimann

1918 Friedell wird fast Direktor des »Volkstheaters«

1919 8. 1. Tod von Peter Altenberg; ab Herbst setzt Friedell als Schauspieler aus und schreibt bis 1924 Theaterkritiken. Mitarbeit für acht Monate beim Wiener *Morgen* (bis zur Pleite), bei der *Berliner Zeitung am Mittag* (bis 1922) und bei der Berliner *Freien Deutschen Bühne* (später *Das blaue Heft*, bis 1928)

1920 *Die Judastragödie* erscheint als Buch; Beiträge für *Wiener Mittagszeitung* bis 1922

1921 *Das Jesusproblem* (entstanden 1919) erscheint. Erste Faschingszeitung mit A. Polgar (weitere vier bis 1925)

1922 Editionen: *Altenbergbuch, Das ist klassisch* (Nestroy-Worte) und die Aphorismensammlung *Steinbruch.* Rolle als Filmschauspieler; Verlust seines Hausbesitzes

1923 3. 3. Premiere der *Judastragödie* am Burgtheater; ab 17. 4. Mitarbeit an der *Stunde* (bis 1924). Beteiligt an der legendären

Molière-Aufführung in Reinhardts Salzburger Schloß Leopoldskron

1924 Erste Auftritte an Reinhardtbühnen in Wien (Josefstädter Theater) und Berlin (bis 1932), Übersetzung von *Macaulays Essays*

1925 Erster Band der *Neuzeit* bei Ullstein gedruckt, aber nicht ausgeliefert

1926 Erste Bearbeitung mit H. Saßmann: *Alles und Nichts*

1927 Im Mai erscheint bei Beck der Erste Band der *Kulturgeschichte der Neuzeit.* Bei Friedell leben mittlerweile vier Angehörige seiner Haushälterin

1928 Zweiter Band der *Neuzeit.* Friedells Mutter taucht wieder auf und strebt Alimentationsprozeß an, worauf er seine Haushälterin als Universalerbin einsetzt

1929 *Das letzte Gesicht* erscheint; Tod des Bruders; 9 Monate in Berlin dank En-suite-Erfolg eines Stücks von Shaw

1930 *Kleine Philosophie* als Auszug aus dem *Steinbruch.* Blinddarmoperation

1931 Dritter Band der *Neuzeit* erscheint; Erfolge in Berlin als Merkur in der von ihm überarbeiteten *Schönen Helena* und mit seiner Bearbeitung von *Hoffmanns Erzählungen.* Danach nur noch gelegentliche Bühnenauftritte

1932 Hausbau in Kufstein, wo er ab jetzt die Sommermonate verbringt

1933 Keine Auftritte und Veröffentlichungen mehr in Deutschland; Tod der von ihm unterstützten Mutter

1935 Buchprojekte bei Beck gehen auf den Phaidon-Verlag über

1936 *Kulturgeschichte Ägyptens und des alten Orients* erscheint in der Schweiz. Letzter Theaterauftritt

1937 Diabetes manifestiert sich

1938 Letzter Auftritt im und als *Goethe;* Verbot der *Neuzeit* in Deutschland. Am 16. 3. Sprung vor SA-Leuten in den Tod. Posthum veröffentlicht werden die unvollendete *Kulturgeschichte Griechenlands* und *Die Reise mit der Zeitmaschine*

Quellenangaben

Dem Charakter eines Lesebuchs entsprechend werden Kürzungen in den Texten jeweils durch drei Punkte gekennzeichnet, Textmodifikationen des Herausgebers stehen in eckigen Klammern.

Nachdrucke aus Friedells Büchern werden mit Buchstabenkürzeln (der hier genannten Ausgaben) und Seitenzahl zitiert. Darüber hinaus wird immer das Jahr des Erstdruckes angegeben, da viele Arbeiten schon früher in Zeitungen erschienen sind oder in Auswahlbänden vorliegen. Bei Essays, die noch nie in Buchform erschienen sind, wird auf die Ursprungsquelle verwiesen. Sie wurden in der Wiener Stadt- und Landesbibliothek aufgespürt; bei ihr und ihren Mitarbeitern möchte sich der Herausgeber für geleistete Hilfestellung herzlich bedanken.

AG Abschaffung des Genies. Essays bis 1918; Wien 1982
AL Das Altenbergbuch; Wien 1922
DK Das ist klassisch, Nestroy-Worte; Wien 1922
EP Ecce Poeta; Berlin 1912
GJ Goethe und die Journalisten. *Mit Alfred Polgar;* Wien 1986
HE Hebbel; Stuttgart 1909
JP Das Jesusproblem; Wien 1921
JT Die Judastragödie; Wien 1920
KA Kulturgeschichte Ägyptens und des Alten Orients; München 1963
KG Kulturgeschichte Griechenlands; München 1966
KN Kulturgeschichte der Neuzeit; München 1960
LI Lichtenberg; Stuttgart 1910
MD Meine Doppelseele; Wien 1985
NP Novalis als Philosoph; München 1904
RZ Die Rückkehr der Zeitmaschine; Zürich 1974
SA Selbstanzeige. Essays ab 1918; Wien 1983
SB Steinbruch; Wien 1922
VD Von Dante zu d'Annunzio; Wien 1915

Abkürzungen von Periodika:

BTB	Berliner Tageblatt
EXT	Extrablatt; Wien
FZE	Frankfurter Zeitung
MOR	Der Morgen; Wien
NFP	Neue Freie Presse; Wien
NRS	Die Neue Rundschau; Berlin
NWJ	Neues Wiener Journal
SCH	Die Schaubühne; Berlin
TAG	Der Tag; Wien
WAZ	Wiener Allgemeine Zeitung
WEB	Die Weltbühne; Berlin
WMZ	Wiener Mittagszeitung
ZET	Die Zeit; Wien

Der Herausgeber hat die vorliegenden Brieffassungen in Zusammenarbeit mit Frau Annemarie Kotab, Kufstein, erstellt; ihr gilt sein Dank für Überlassung der Druckrechte an den Briefen Friedells sowie für den Abdruck der Fotos, die aus ihrem Privatbesitz stammen.

Personenregister

Bitte beachten Sie auch die folgenden Seiten

Egon Friedell im Diogenes Verlag

Kulturgeschichte des Altertums

Kulturgeschichte Ägyptens und des alten Orients / Kulturgeschichte Griechenlands

Leben und Legende der vorchristlichen Seele

Von Ägypten und dem alten Orient bis zur Hochblüte und dem Niedergang Athens – anschaulich, pointiert und stets unterhaltsam zeichnet Egon Friedell »Leben und Legende der vorchristlichen Seele« nach. Er bietet ein vielschichtiges und farbiges Bild von Leben und Kultur des Altertums, vom grauen Alltag bis zur hohen Politik, von der Haustierhaltung und der Vasenmalerei bis zur Philosophie.

»Ein Kompendium an Weisheit und Einsicht, an historischer Klugheit und dichterischer Inspiration, an stilistischer Bravour, fachwissenschaftlicher Genauigkeit und aller Freiheit der Phantasie.«
Saarländischer Rundfunk, Saarbrücken

Auch als Diogenes Hörbuch im MP3-Format erschienen, gelesen von Achim Höppner

Kulturgeschichte der Neuzeit

Die Krisis der Europäischen Seele von der Schwarzen Pest bis zum Ersten Weltkrieg

Mit einem Nachwort von Ulrich Weinzierl

Mit der *Kulturgeschichte der Neuzeit* – seinem Meisterwerk, das Geschichte in spannenden Geschichten erzählt und in einer zeitlos klaren Sprache geschrieben ist – wurde Egon Friedell weltberühmt. Vom Schwarzen Tod bis zum Ersten Weltkrieg umspannt Friedells Panorama alles, was die europäische Seele bewegte und erschütterte.

»Mit einer unglaublichen Belesenheit, einem bestrikkenden Witz, einem exakt wissenschaftlichen Verstand und wahrhaft subtilen Kunstgeschmack gibt Friedell unzählige Aspekte der kulturellen Entwicklung des europäischen – und amerikanischen – Menschen von der Renaissance bis zum Ersten Weltkrieg wieder.«
Hilde Spiel

Auch als Diogenes Hörbuch im MP3-Format erschienen, gelesen von Achim Höppner

Vom Schaltwerk der Gedanken

Ausgewählte Essays zu Geschichte, Politik, Philosophie, Religion, Theater und Literatur
Herausgegeben von Daniel Keel und Daniel Kampa

Egon Friedell war ein philosophischer Schriftsteller und ein schriftstellerischer Philosoph – das zeigen auch seine weniger bekannten Essays. Blitzgescheit, enthusiastisch, polemisch, immer anregend, immer geistreich zeigen sie Egon Friedell als Aufklärer, Polemiker, Zeitdiagnostiker und zeitlosen Querdenker, der über die verschiedensten Aspekte tiefsinnig leicht schreiben konnte.

»Eine esprit-dralle Sammlung. Egon Friedell, dieser ganzheitlich interessierte Philosoph und Theaterkritiker, Schauspieler und Kabarettist, war ein Denker, der stets auf das große Ganze ging – und sich die Freude am Leben dennoch nicht verbieten lassen wollte.«
Die Welt, Berlin

Die Rückkehr der Zeitmaschine

Phantastische Novelle

Nach unerhört lebhafter Korrespondenz mit Mr. Wells (bzw. seiner Sekretärin, Miss Hamilton) kommt Egon Friedell einem weiteren Vertrauten des Zeitreisenden auf die Spur, der endlich das Geheimnis lüftet und von der letzten großen Reise mit der Zeitmaschine berichtet – darunter übrigens ein schrecklicher Besuch im Jahre (nein, nicht 1984, sondern:) 1995.

»Mit viel Esprit umgeht Egon Friedell die Tücken der Zeitparadoxa in einer ironischen Fortsetzung des Wellsschen Vorbilds. Er wirft darin unter anderem die von Wells gänzlich vernachlässigte Frage auf, ob die Zeitmaschine überhaupt in die Vergangenheit reisen könne, da die Maschine vor einem bestimmten Zeitpunkt ja noch nicht existierte. Eine Wirkung, so schreibt das Kausalitätsgesetz vor, darf ihrer Ursache nicht vorhergehen.« *Bücherpick, Zürich*

Das Egon Friedell Lesebuch

Das Beste aus dem Werk des Schöpfers
der legendären *Kulturgeschichte*
Herausgegeben von Heribert Illig

Egon Friedell – ein Mensch »in seinem Widerspruch«: Doktor der Philosophie und Enfant terrible Wiens, jüdischer Herkunft, doch überzeugter Christ, Aphoristiker, Feuilletonist und Dramatiker, ausgeprägter Individualist im Dienst anderer Geistesgrößen, Satiriker, Parodist und Pamphletist, Novellist, Theaterkritiker und nicht zuletzt Kulturhistoriker – präsentiert sich in diesem Auswahlband frisch und lebendig: in einer wortmächtigen, ebenso prägnanten wie eigenwilligen Prosa, durchsetzt von beißender Ironie und ernst-fröhlicher Lebensweisheit.
Heribert Illig, einer der besten Kenner des Friedellschen Lebenswerkes, hat neben den besten Essays und Auszügen aus der *Kulturgeschichte* auch schwer greifbare Artikel und Briefe von und an Egon Friedell zusammengetragen sowie Erinnerungen und Zeugnisse wichtiger Zeitgenossen, unter anderem von Peter Altenberg, Franz Blei und Felix Salten. Das *Lesebuch* enthält auch den berühmten Sketch *Goethe,* den Egon Friedell gemeinsam mit Alfred Polgar schrieb.

Luciano De Crescenzo
Geschichte der griechischen Philosophie

Die Vorsokratiker

Aus dem Italienischen von Linde Birk

»Jetzt gibt es Grund zum Aufatmen für alle, die sich Geschichte wieder einmal als fröhliche Wissenschaft wünschen. Während in Deutschland viele Seiten mit vielfältigen Fragen danach bedruckt wurden, ob der Historiker wieder erzählen dürfe – oder gar müsse –, hat der italienische Ingenieur und Autor Luciano De Crescenzo sich unbekümmert ans Erzählen gemacht. Seine *Geschichte der griechischen Philosophie* ist ein neuerlicher Beleg für das Verlagsmotto, daß Diogenes Bücher ›weniger langweilig‹ seien. Weniger langweilig als fast alles, was über die Geschichte nicht nur der antiken Philosophie geschrieben wurde, ist De Crescenzos Buch allemal.«
Deutsches Allgemeines Sonntagsblatt, Hamburg

»Philosophen wie du und ich – ein italienischer Ex-Manager hat die *Geschichte der griechischen Philosophie* so unterhaltsam aufbereitet, daß sie ein Bestseller wurde. Das Erfolgsrezept ist einfach: Er schreibt verständlich.« *Stern, Hamburg*

»Was philosophisches Denken sein kann, woher es entspringt und wie es weiterwirkte – das alles vereint De Crescenzo auf wenigen Seiten. Philosophie ist auch etwas Vergnügliches – diese längst verschüttete Einsicht ruft er uns wieder ins Gedächtnis.«
Die Furche, Wien

Von Sokrates bis Plotin

Deutsch von Linde Birk

»Eine solche Verbindung von Gescheitheit, nein: philosophischer Gabe mit Lustigkeit und Anmut ist ein-

malig. Wahrhaftig: mal ein Stück fröhlicher Wissenschaft. Bringen Sie mehr von ihm heraus!«
Günther Anders

»Als letzter Beweis dieser – übrigens von seiner riesigen Lesergemeinde hochgeschätzten – Übersetzertätigkeit liegt nun seine *Geschichte der Philosophie – Von Sokrates bis Plotin* vor. Ein schwieriger Stoff ist das allemal, vor allem ein weites Feld, reicht doch der Bogen von Sokrates über Platon, Aristoteles, Epikur und Zenon bis hin zu Plotin und den jeweiligen Nachfolgern.
Nur durch einen klugen und klaren Blick auf das Wesentliche konnte also De Crescenzo diese höchst unterschiedlichen Schulen auf so engem Raum versammeln.« *Die Presse, Wien*

»Was nützt uns denn die ganze Philosophie mit ihren wunderbaren Erklärungen, wenn keiner sie versteht oder wenn er dabei aus lauter Langeweile einschläft! Dem hat Luciano De Crescenzo wirkungsvoll vorgebeugt.« *Norddeutscher Rundfunk, Hamburg*

»Klar, schnörkellos, mit Witz geschrieben.«
Neue Zürcher Zeitung

Die beiden Titel sind außerdem als
Sonderausgabe in einem Band lieferbar

Johann Wolfgang Goethe im Diogenes Verlag

»Goethe ist unerschöpflich. Er kann nicht klassifiziert werden, weder als Dichter noch als Naturforscher, noch als Künstler, noch als Schriftsteller, weder als Verwaltungsbeamter noch als Hofmann, noch als Politiker. Er war alles und noch mehr.« *Karl Jaspers*

»Goethe zum Beispiel hat in allen Formen und Gattungen der Poesie Kunstwerke produziert.«
Georg Wilhelm Friedrich Hegel

Faust
Der Tragödie erster und zweiter Teil
Herausgegeben von
Ernst Merian-Genast
Mit einem Nachwort von
Thomas Mann

Die Leiden des jungen Werther
Roman. Mit einem Kommentar
des Autors aus dem Jahre 1814

Die Wahlverwandtschaften
Roman. Mit einem Nachwort von
Reinhard Baumgart

Die schönsten Gedichte
Ausgewählt von Franz Sutter

Denken mit Johann Wolfgang Goethe
Herausgegeben und mit
einem Vorwort von
Ernst Freiherr von Feuchtersleben
Mit einer Schlußbemerkung
von Hans Tabarelli
(vormals: *Gedanken und Aussprüche*)

Außerdem erschienen:

Johann Wolfgang Goethe
Sein Leben erzählt von
Otto A. Böhmer

Arthur Schopenhauer im Diogenes Verlag

Der komplette Schopenhauer: Jeder Band bringt den integralen Text in der originalen Orthographie und Interpunktion Schopenhauers; Übersetzungen und seltene Fremdwörter sind in eckigen Klammern eingearbeitet; ein Glossar wissenschaftlicher Fachausdrücke ist als Anhang jeweils dem letzten Band der *Welt als Wille und Vorstellung*, der *Kleineren Schriften* und der *Parerga und Paralipomena* beigegeben. Die Textfassung geht auf die historisch-kritische Gesamtausgabe von Arthur Hübscher zurück; das editorische Material besorgte Angelika Hübscher.

Gesammelte Werke
10 Bände in Kassette
Alle Bände auch als Einzelausgaben erhältlich

Die Welt als Wille und Vorstellung I
in zwei Teilbänden

Die Welt als Wille und Vorstellung II
in zwei Teilbänden

Über die vierfache Wurzel des Satzes vom zureichenden Grunde / Über den Willen in der Natur
Kleinere Schriften I

Die beiden Grundprobleme der Ethik: Über die Freiheit des menschlichen Willens / Über die Grundlage der Moral
Kleinere Schriften II

Parerga und Paralipomena I
in zwei Teilbänden, wobei der zweite Teilband die ›Aphorismen zu Lebensweisheit‹ enthält

Parerga und Paralipomena II
in zwei Teilbänden

Außerdem erschienen:

Denken mit Arthur Schopenhauer
Vom Lauf der Zeit, dem wahren Wesen der Dinge, dem Pessimismus, dem Tod und der Lebenskunst
Herausgegeben und mit einem Nachwort von Otto A. Böhmer

Friedrich Nietzsche im Diogenes Verlag

»Der Geist braucht von Zeit zu Zeit einen dämonischen Menschen, dessen Übergewalt sich auflehnt gegen die Gemeinschaft des Denkens und die Monotonie der Moral ... Tritt man in Nietzsches Bücher, so fühlt man elementarische, von aller Dumpfheit, Vernebelung und Schwüle entschwängerte Luft: man sieht frei in dieser heroischen Landschaft bis in alle Himmel hinauf und atmet eine einzig durchsichtige messerscharfe Luft, eine Luft für starke Herzen und freie Geister.«
Stefan Zweig

»Nietzsche ist, was sich immer deutlicher zeigt, der weitreichende Gigant der nachgoetheschen Epoche und seit Luther das größte deutsche Sprachgenie.«
Gottfried Benn

Gedichte
Ausgewählt von
Anton Friedrich. Mit einer Rede von
Thomas Mann

Denken mit Friedrich Nietzsche
Ausgewählt, herausgegeben
und mit einem Vorwort
von Wolfgang Kraus (vormals: *Brevier*)

Außerdem erschienen:

Walter Nigg
Friedrich Nietzsche
Mit einem Nachwort von Max Schoch

Friedrich Nietzsche
Sein Leben erzählt von Otto A. Böhmer

Walter Muschg im Diogenes Verlag

»Walter Muschg sagt nicht: Jean Paul war ein Sprühgeist. Sondern er sprüht. Er sagt nicht: Kleist war zerrissen. Sondern er ist zerrissen und mitgerissen und reißt mit. Er springt aus sich heraus, wagt sich bis zum Menschen, der sich seines Herzens nicht schämt und sich darstellt in seiner Ergriffenheit, in seiner Verzücktheit und dessen Rede ein Kampf ist, ein augenblicklich in Worte gegossenes Erleben, ein Bekennen. O wären es doch alle, welche diesen Titel tragen: Professoren, das heißt: Bekenner!« *Max Frisch*

»Walter Muschg war eine Ausnahme in seinem Fach. Zur Literatur unterhielt er ein leidenschaftliches Verhältnis, das er jedoch seinem poetischen, moralischen und politischen Urteilsvermögen unterstellte. Er scheute sich nicht, seine Zu- und Abneigung gegenüber bestimmten Autoren der Vergangenheit mit solcher Entschiedenheit zu bekunden, als wären ihre Werke eben jetzt erschienen.« *Süddeutsche Zeitung*

Die Zerstörung der deutschen Literatur und andere Essays
Mit einem Nachwort von Julian Schütt

Tragische Literaturgeschichte
Mit einem Nachwort von Urs Widmer
und einer Vorbemerkung von Walter Muschg

Walter Nigg im Diogenes Verlag

»Es ist in der theologischen, vor allem in der historisch-biographischen Literatur heutzutage selten geworden, daß einem Autor noch ein wirklicher Fund gelingt. Bei Nigg begegnet man solchem auf Schritt und Tritt, das ist das Große an seinen Büchern.«
Süddeutscher Rundfunk, Stuttgart

»Die nüchtern-klare Diktion Niggs rückt die mystischen Gestalten der Heiligen in die geistige Reichweite des modernen Menschen.«
Die Zeit, Hamburg

Große Heilige
Von Franz von Assisi bis Therese von Lisieux

Vom Geheimnis der Mönche
Von Bernhard von Clairvaux bis Teresa von Avila

Des Pilgers Wiederkehr
Drei Variationen über ein Thema

Friedrich Nietzsche
Mit einem Nachwort von Max Schoch

Das ewige Reich
Geschichte einer Hoffnung

Sören Kierkegaard
Dichter, Büßer und Denker

Vincent van Gogh
Der Blick in die Sonne
Ein biographischer Essay. Mit 26 Abbildungen

Rembrandt
Maler des Ewigen
Ein biographischer Essay. Mit 27 Abbildungen